HEYNE BÜCHER

W0352900

BLAUE REIHE

Von John D. MacDonald
sind als Heyne-Taschenbücher erschienen:

Das John D. MacDonald Krimi Lesebuch · Band 02/2092
Tausend blaue Tränen / Alptraum in Rosarot /
Tod in der Sonne · Band 02/2174
Rote Lady Schwarz auf Weiß / Gold wirft blutige Schatten /
Giftgrün für Vivian · Band 02/2188
Geld oder Leben · Band 02/2192
Dunkler als Bernstein / Die gelben Augen /
Grau auf weißer Weste · Band 02/2200
Das Mädchen im braunen Paket / Der Hippie im Indigo-Dress /
Die Frau im Silbersarg · Band 02/2217
Das blutrote Schweigen / Der Trick ist schmutziggrau /
Mord in Türkis · Band 02/2233
Der Tod wirft gelbe Schatten / Der dunkelschwarze Betrug /
Der grüne Tod · Band 02/2249
Mord in Karminrot / Zimtbraune Haut /
Gefangen im Silberregen · Band 02/2267
An einem Sonntag · Band 01/6858
Die Inselhaie · Band 01/6965
Der letzte Ausweg · Band 01/7850
Vogelfrei · Band 01/7855
Du lebst nur einmal · Band 01/7980

JOHN D. MACDONALD

HOCHSPANNUNG

Die besten Kriminalstories

Deutsche Erstausgabe

Aus dem Amerikanischen übersetzt von
Helmut Anders und Lutz Bormann

WILHELM HEYNE VERLAG
MÜNCHEN

HEYNE BLAUE REIHE
Nr. 02/2299

Herausgegeben von
Bernhard Matt

Titel der Originalausgabe
MORE GOOD OLD STUFF

Printed in Germany 1990
Umschlagfoto: Klaus Schmäh, München
Umschlaggestaltung: Atelier Ingrid Schütz, München
Satz: IBV Satz- und Datentechnik GmbH, Berlin
Druck und Bindung: Elsnerdruck, Berlin

ISBN 3-453-04050-3

Inhalt

Vorwort 7

Ein Platz zum Leben
(A Place to Live) 11

Gute Nachbarn
(Neighborly Interest) 39

Verurteilt
(Verdict) 53

Die offene Rechnung
(Even Up the Odds) 83

Der dunkle Fleck
(Secret Stain) 94

Die ledige Witwe
(Unmarried Widow) 113

Die Leiche in seinen Träumen
(A Corpse In His Dreams) 150

Mord auf Bestellung
(Death For Sale) 216

Selbstanklage
(I Accuse Myself) 240

Der Tod war ihr Begleiter
(Deadly Damsel) 252

Johnnys Flucht
(State Police Report That . . .) 292

Vorwort

Im Vorwort zu *The Good Old Stuff* sprach ich von dem Vorschlag von Martin H. Greenberg und Francis M. Nevins, beide Fans des anspruchsvollen Kurzkrimis, einen Sammelband meiner früheren Detektivgeschichten herauszugeben, und wie ich darauf reagiert hatte – geschmeichelt, zögernd und etwas unschlüssig – und wie sie mit der unschätzbaren Hilfe von Jean und Walter Shine Hunderte meiner in den 40er und 50er Jahren erschienenen Groschenhefte durchforsteten und schließlich eine Auswahl von dreißig Stories präsentierten.

Nach der Lektüre dieser Auswahl war ich angenehm überrascht, daß auch mir siebenundzwanzig von dreißig Geschichten für eine Neuveröffentlichung geeignet schienen. Da ein Buch mit allen siebenundzwanzig Stories zu dick geworden wäre, teilte ich die Geschichten in zwei Gruppen und bemühte mich dabei, daß beide in etwa gleichwertig wurden.

The Good Old Stuff erschien 1982 bei Harper & Row, und Fawcett brachte es im November 1983 als Taschenbuch. Im September 1983 erwarb Collins die Nachdrucklizenz für England, und möglicherweise wird Pan Books bald mit einer Taschenbuchausgabe nachziehen.

In meinem Vorwort zu *The Good Old Stuff* erklärte ich, daß ich die Veröffentlichung der allzu überladenen Geschichten vermieden und mir dafür die Freiheit genommen hatte, Nebensächliches der Gegenwart anzupassen, wie Taxigebühren, Gehälter, das Führen von Telefonaten und den Preis eines Drinks, und das auch nur in jenen Geschichten, deren Verständnis und Handlung nicht an die damalige Zeit gebunden waren. Ebenso mußte ich manche Ausdrücke der Umgangssprache verändern, da einige Worte in der Zwischenzeit einen Bedeutungswandel erfahren haben, der den Sinn dieser Ausdrücke entstellt. Früher bedeutete ›gay‹ soviel wie fröhlich oder heiter, heute bedeutet es vor allem homosexuell.

Ich erhielt ein paar ablehnende Briefe von Lesern, die der Meinung waren, ich hätte die Geschichten nicht verändern sollen. Ich bin da immer noch anderer Ansicht. Meine Stories sollen unterhaltsam sein. Wenn eine Geschichte einen Leser fesselt, so kann man diese Spannung mit Sicherheit dadurch unterlaufen, indem man ihn auf die Tatsache aufmerksam macht, daß er nur eine Geschichte liest. Wenn der Held in einen Süßwarenladen stürzt und einen Groschen in den Münzfernsprecher wirft, dann hört er allenfalls ein häßliches Scheppern, aber kein Freizeichen. Wenn er den Liter Milch für fünfzig Pfennig kauft, ist die Spannung weg.

Wären diese Geschichten vor hundert Jahren geschrieben worden, es wäre vielleicht eine Sünde, sie auf diese Weise aufzupolieren. Die Ereignisse in diesen Geschichten gehören jedoch einer derart jungen Vergangenheit an, daß sie genausogut in der Gegenwart geschrieben sein könnten. Gerade das ist ja auch Teil meiner Aussage, zu zeigen, wie wenig sich die Welt im Grunde verändert.

Einige Stories, zum Beispiel ›Mord auf Bestellung‹, konnten nicht in die heutige Zeit übertragen werden. Ich änderte daher kaum etwas an dieser Geschichte, muß aber gestehen, daß ich versucht war, die gespreizten Dialoge zu überarbeiten und etwas glaubhafteres zu erfinden als den Dreh mit dem Feuerzeug in der Handtasche. Die Beziehung zwischen der Hauptfigur und der Frau geriet am Ende auch zu gefällig und platt. Andererseits wäre es unehrlich, die Warzen herauszuschneiden und mich besser zu machen als ich damals war.

›Schwelender Haß‹ ist auch ein zeitgebundenes Stück, das nicht so einfach aufpoliert werden konnte, da es von den zu jener Zeit üblichen Praktiken des Zahlenlottos handelt, mit den gehefteten Abreißlosen und deren Vertrieb in Süßwarenläden.

Ich entschied mich dafür, ›Das Ende der Nacht‹ im Jahr 1947 zu belassen, als die Geschichte entstand, da die zeitlichen Umstände die Leere und Verzweiflung des Helden verständlicher machen. Dies ist eine der beiden längsten und vielleicht auch unbeholfensten Stories. In meiner jugendlichen Unwissenheit erschwerte ich mir die Arbeit, indem ich allzu verschwommene Handlungsmotive entwarf.

›Gute Nachbarn‹ zeigt beispielhaft, wie ich Geschichten erneuerte, die sich heute oder morgen ereignen könnten. Aus dem 38er Plymouth wurde ein 68er, und das Lösegeld erhöhte ich von $ 150000 auf $ 400000. Während ich so daran arbeitete, änderte ich einen Namen der drei Hauptfiguren. In der Erstfassung von 1949 hießen sie Stan, Steve und Art. Damals dachte ich mir nicht viel dabei, den Leser unnötig zu verwirren. Nun heißen sie Stan, Howie und Art.

Mit den Titeln der Stories habe ich es genauso gemacht wie in *The Good Old Stuff*. Die Geschichten erscheinen wieder unter ihren Originaltiteln.

Mein besonderer Dank gilt den vier Herausgebern, Greenberg, Nevins und den Shines, die mit diesem Projekt an mich herantraten, und denen ich, ebenso wie Ihnen, lieber Leser, hiermit versichern möchte, daß es keine weiteren Folgen von *More Good Old Stuff* geben wird. Dies ist das Ende der Goldader.

Ein Platz zum Leben

Die blutrote Neonreklame spiegelte sich auf dem nassen Gehsteig. Manchmal ließ der windgepeitschte Regen einen Moment nach, und er hörte das Rattern der Rangierloks auf dem Güterbahnhof. Langsam schlenderte er dahin und stemmte sich gegen die Windstöße, den Gürtel seines Regenmantels festgezurrt, den braunen Filzhut tief über die Augen gezogen, die Zigarette in der hohlen Hand, um sie vor den dicken Regentropfen abzuschirmen.

Er war müde, völlig erschöpft von den Ereignissen der letzten zwei Wochen. Doch in einer Stunde würde alles vorbei sein. Dann würde er die Sache jemand anderem übergeben, das ganze schmutzige Bündel auf jemanden abladen, der es gewohnt war, mit solchen Dingen umzugehen. Und er würde woanders hinziehen, denn im Amberton gab es zu viele Leute, denen daran lag, ihn in einer Seitengasse auf dem Rücken liegen zu sehen, mit weit aufgerissenen Augen. Doch bis der Zug einfuhr...

Er blickte sich nervös um. Die Straße war leer, nur ein Taxi brauste vorbei, die Federn und Stoßdämpfer rumpelten durch die Löcher in der Straße. Alle Straßen waren voller Löcher. Amberton war eine stumpfsinnige Stadt. Eine behäbige, selbstgefällige, schlecht verwaltete kleine Stadt, voller heuchlerischer, habgieriger Politiker. Der Steuersatz war auf fünfundfünfzig Dollar pro tausend gestiegen, die Maschinen in den Fabriken am Fluß standen still, und neue Industrien siedelten sich nicht an.

Doch die Politiker lächelten, die Bürger zahlten ihre Steuern, und die Slumviertel wurden immer größer. Amerika liegt im Sterben, dachte er, hier in Amberton und in all diesen behäbigen kleinen Städten, und niemand schert sich darum. Nun, er tat, was er konnte. Und danach würde er schnellstens von hier verschwinden.

Es war Zeit, zum Bahnhof zurückzugehen. Er kehrte um

und begann schneller zu gehen. Er ging durch die hallende Bahnhofshalle, über den schmutzigen weißen Marmor, vorbei an den zerschrammten Holzbänken. Am Zeitungsstand kaufte er sich eine Schachtel Zigaretten und wartete.

Nach zehn Minuten fuhr der Zug ein, und ein paar Leute schlenderten durch die Sperre hinaus zu den wartenden Taxis, bestrebt ins Bett zu kommen. Sie sahen todmöde aus – bis auf einen. Einen schmächtigen Mann mit einer Aktentasche.

Bill Davo ging auf ihn zu und sagte: »Berman?«

»Ja. Und Sie sind Davo? Wo wohnen Sie?«

»Im Hotel Amberton. Ganz in der Nähe. Kann nur sein, daß sie mich an der Rezeption festnehmen. Macht mir nichts aus – aber dann können wir erst morgen miteinander reden. Falls sie's tun, machen Sie bitte keinen Krach.«

Berman war ein schlanker, dunkelhaariger Mann mit flinken Bewegungen. Sein Gesichtsausdruck änderte sich nicht, als er sagte: »Gehn wir. Hier hinunter?«

Sie gingen nebeneinander quer über die Straße und den Häuserblock entlang zum Seiteneingang des Amberton. Bill Davo war so angespannt, daß er nicht imstande war, beim Gehen die Arme natürlich zu schwenken. Trotz des gleichgültigen Tons, in dem er mit Berman gesprochen hatte, waren seine Bauchmuskeln vor Angst verkrampft.

Als Berman sich ins Meldebuch eintrug, stand er neben ihm und wagte nicht, sich im Foyer umzusehen. Sie fuhren mit dem Aufzug hinauf. Erst als Berman dem Liftboy ein Trinkgeld gegeben hatte und die Tür zuschlug, atmete Davo mit einem langen Seufzer auf.

Es war ein kleines Zimmer mit einem scharfen, antiseptischen Geruch. Davo sah sich um und sagte: »Merken Sie, wie's hier riecht? Nach Staub und Moder. Wie überall in dieser stinkenden Stadt.« Er hörte, wie seine Stimme sich hob und senkte.

Berman legte seine Hand auf Davos Arm. »Beruhigen Sie sich, Davo. Einen Moment – ich hole nur meine Flasche aus der Aktentasche. Ja, im Bad stehen zwei Gläser.«

Bill Davo saß auf dem Bettrand, das Glas in der Hand. Der Schnaps brannte in seiner Kehle. Berman setzte sich an den kleinen Schreibtisch, legte einen Schreibblock darauf und holte einen Bleistift hervor. Er grinste Davo an. »Also, worum geht's?«

»Okay. Ich mach's kurz, und Sie können ja später Fragen stellen. Ich bin vor zwei Jahren aus der Armee ausgeschieden und habe eine Stellung als Ingenieur beim städtischen Bauamt hier im Amberton angenommen. Ich habe in Santon gewohnt, ein paar Kilometer flußaufwärts. Ich kannte ein paar Leute in der Stadt und hielt es für das beste, mir hier eine Arbeit zu suchen.

Bis vor einem Monat oder so war alles okay. Ich fühlte mich irgendwie als Außenseiter, habe aber meine Arbeit gemacht. Dann habe ich bei Vermessungsarbeiten festgestellt, daß eine Stützmauer, die etwa eineinhalb Meilen den Western Boulevard entlangläuft, baufällig ist. Ich habe einen Bericht geschrieben, ihn von dem Mädchen im Büro abtippen lassen und ihn über meinen Chef, Stanley Hoe, an Westcott, den Leiter der Behörde für Öffentliche Bauten, weitergeleitet. Ein anderer Mitarbeiter des Büros, ein gewisser Jim Danerra, der Sohn des städtischen Finanzreferenten, wußte davon.

Nichts geschah. Dann, vor dreieinhalb Wochen, erfuhr ich, daß ein Auftrag erteilt worden war, den Western Boulevard auf zwei Meilen Länge aufzureißen und neu zu pflastern, und zwar an die Baufirma Benet Brothers, die das niedrigste Angebot gemacht hatte. Fünfhundertneunzigtausend Dollar. Ich habe mir die Pläne angesehen und festgestellt, daß eine Befestigung der Stützmauer nicht vorgesehen war. Schließlich bin ich zu Arthur Westcott gegangen und habe ihn danach gefragt. Er sagte, ich solle mich um meine eigenen Angelegenheiten kümmern, und wurde ziemlich ausfallend.

Ich weiß nicht, ob Sie was von Straßenbau verstehen, aber es ist einfach Wahnsinn, über dieser baufälligen Mauer eine neue Straße anzulegen. Es war mir völlig unbegreiflich. Deshalb bin ich vor zwei Wochen hingegangen, um mir die Bauarbeiten mal anzusehen und den Leuten von der Baufirma die Mauer zu zeigen. Und da hab' ich gesehen, daß sie gar nicht die vorgesehenen Arbeiten machten, sondern einfach die alte Straße mit einem neuen dünnen Belag versehen – alle vier Fahrbahnen. Und dann wurde mir alles klar.

Jemand von meinem Büro wird das Ganze genehmigen, und die werden die Arbeiten fertigstellen – zu einem Preis von vielleicht hundertfünfzigtausend. Dann wird man die Straße für den Verkehr freigeben, und bald darauf wird die Behörde die Mauer für baufällig erklären und alles wieder aufreißen lassen. Diesmal wird man die Mauer in Ordnung bringen. Mit dem großen Gewinn von dem ersten Auftrag wird Benet imstande sein, bei der zweiten Ausschreibung das niedrigste Angebot zu machen und so die Spuren zu verwischen. Die Firma dürfte einen Reingewinn von dreihundertfünfzigtausend herausschlagen – mindestens. Ich bekam eine Riesenwut und...«

Berman unterbrach ihn: »Einen Moment. Hab' ich richtig verstanden, Davo? Die Firma macht also eine Pfuscharbeit, weil sie weiß, daß die Straße sowieso nach ein paar Monaten wieder aufgerissen wird?«

Davo grinste. »Genau«, sagte er. »Jemand muß, als er meine Empfehlung las, auf die Idee gekommen sein, die Mauer für baufällig zu erklären. Ich bin wieder zu Arthur Westcott gegangen und hab ihm alles offen ins Gesicht gesagt. Er hat mich einen Spinner genannt, einen übergeschnappten Fantasten, und ich hab' ihm gesagt, daß ich mit solchen Machenschaften nichts zu tun haben will, und gedroht, die ganze Sache publik zu machen.

Als ich an meinen Schreibtisch zurückkam, hatte Stanley Hoe eben eine Flasche Schnaps gefunden, die jemand in die Schublade gelegt hatte. Es gibt eine alte Verordnung, nach der Alkohol in städtischen Amtsgebäuden verboten ist. Innerhalb von zwanzig Minuten war ich meine Stellung los und stand auf der Straße. Doch vorher habe ich mir das hier geschnappt. Meine Kopie von dem Bericht über die Stützmauer – mit Datum und Jane Fays Initialen. Das ist das Mädchen im Büro.«

Berman warf einen Blick darauf und runzelte die Stirn. »Ihre Behauptungen und das da allein werden nicht viel nützen, Davo.«

»Und wenn sie bereit ist, das Datum und den Inhalt zu beeiden?«

»Das wäre etwas anderes. Weiß dieser Westcott von dem Mädchen?«

»Ich hoffe nicht. Aber er weiß, daß ich diese Kopie habe. Ich habe sie an mich selbst geschickt, postlagernd. Am gleichen Abend erschienen ein paar von den Jungens bei mir und haben mich zusammengeschlagen. Dann haben sie mein Zimmer danach durchsucht und alles auf den Kopf gestellt. Ich mußte sechs Tage im Bett liegen. Meine Rippen sind noch bandagiert.«

Berman pfiff durch die Zähne. »Sie sind in Amberton sehr beliebt, wie?«

Bill lächelte mühsam. »Sieht so aus. Sobald ich jedenfalls aufstehen konnte, hab' ich einen Besuch bei der Zeitung gemacht und mit dem Chefredakteur gesprochen, einem ruhigen kleinen Mann namens Johnson Vincens. Er hat mich in sein Büro geführt, sich meine Geschichte angehört und mir sein Herz ausgeschüttet. Er sagte, daß es ihn seine Stellung kosten würde, wenn er etwas darüber bringt. Dem Bürgermeister, einem früheren Brauereibesitzer namens Stobe Farner, gehören fünfzig Prozent der Zeitung.

Vincens sagte mir, wenn ich etwas erreichen will, soll ich mich mit Ihrem Büro in der Hauptstadt in Verbindung setzen. Hier dürfte aber niemand was davon erfahren, daß er mir das geraten hat – sonst würde er genauso auf der Straße stehen wie ich. Daraufhin hab' ich bei Ihnen angerufen, und wir haben ausgemacht, daß Sie kommen.«

Berman sagte: »Also, kurz zusammengefaßt – Stanley Hoe und Jim Danerra vom städtischen Bauamt wissen von der Sache. Ebenso Westcott, Jane Fay und dieser Zeitungsmann – Vincens. Vielleicht noch andere, aber Sie wissen nicht, wer.« Er schwieg einen Moment und dachte nach. »Wieso ist dieses Mädchen bereit, Ihnen zu helfen und als Zeugin auszusagen? Steht sie auf Sie?«

Davo grinste. »Ich auf sie. Und vielleicht bin ich ihr auch nicht ganz egal. ... He, fast hätte ich das Wichtigste vergessen.«

Berman zuckte zusammen, als Davo ein Bündel Fünfzigdollarscheine aus seiner Jackentasche zog. »Das sind tausend Dollar. Ich habe eben zufällig meine Bankauszüge angeschaut und gesehen, daß sie jemand auf mein Konto eingezahlt hat. Die Bank sagt, es war eine Bareinzahlung. Diese Burschen sind ganz schön raffiniert. Vielleicht dachten sie, ich merke es nicht oder würde annehmen, daß es ein Irrtum von der Bank ist und nichts sagen. Dann hätten sie das Ganze auffliegen lassen können, und ich wäre erledigt gewesen. Hier ist eine Fotokopie des Einzahlungsbelegs. Mit Maschine geschrieben. Vielleicht können Sie feststellen, mit was für einer Maschine.«

Berman nahm das Geld, zählte es nach und steckte es ein. Er stellte eine Quittung aus und gab sie Davo. Dann zündete er sich eine Zigarette an und starrte Bill Davo nachdenklich an.

Schließlich sagte er: »Einiges ist mir nicht ganz klar. Zum Beispiel – was ist Ihr Motiv? Ich meine, warum liegt Ihnen daran, diese Leute hinzuhängen?«

Davo blickte auf den Fußboden. »Es klingt vielleicht komisch, aber ich glaube, einfach weil ich eine Riesenwut auf sie habe. Erstens haben sie mich die ganze Zeit nicht in die Sache eingeweiht. Dann haben sie mich für dumm verkauft und, ohne mir ein Wort zu sagen, diesen Straßenbauauftrag vergeben. Vielleicht bin ich nicht im mindesten ehrlicher als sie. Manchmal denke ich, wenn sie mich geschmiert hätten, bevor sie den Auftrag vergeben haben, dann würde ich genau wie sie in der Sache drinstecken und ein bißchen was absahnen. Aber sie haben mir kein Wort davon gesagt. Und als ich den Mund aufgemacht habe, haben sie mich rausgeschmissen und zusammenschlagen lassen. Ich bin einfach wütend, das ist alles. Außerdem ist es schrecklich, mit ansehen zu müssen, wie's mit dieser Stadt bergab geht. Dieser Stobe Farner hat seine Finger in hunderten von schmutzigen Geschäften drin. Ich wette, der Etat dieser Stadt braucht bloß halb so hoch zu sein. Und wenn man die Steuer halbieren würde, würde die Stadt zu neuem Leben erwachen statt langsam zugrunde zu gehen.«

»Nun, Sie haben das Ihre getan, Davo. Alles weitere sollten Sie mir überlassen und aus der Stadt verschwinden. Es könnte hier sehr ungemütlich für Sie werden. Ich werde noch ein paar von meinen Leuten herkommen lassen, und dann machen wir uns ganz unauffällig an die Arbeit. Wenn jemand etwas merkt, wird die Firma Benet davon erfahren und die Straßenarbeit richtig durchführen, statt diesen dünnen Belag aufzutragen. Dann können wir nichts beweisen. Es ist besser, wenn sie denken, sie haben Sie aus der Stadt vertrieben. Dieser Arthur K. Westcott ist wahrscheinlich ziemlich durchtrieben.«

Bill Davo hob den Kopf und sah Berman einen Moment an. »Vielleicht haben Sie recht. Vermutlich werden sie keinen Verdacht schöpfen – außer man sieht uns beide zusammen. Sie sind noch nie hier gewesen und kennen keinen Menschen?«

»Keinen Menschen.«

»Merkwürdig.« Davo starrte Berman an. Als Berman aufblickte, beugte Bill Davo sich zurück und versetzte ihm eine kurze Recht, die Berman mitten aufs Kinn traf. Er kippte rückwärts vom Stuhl, schlug mit den Schultern auf den Boden und versuchte stöhnend den Kopf zu heben.

Davo zerrte ihn an seiner Jacke hoch und warf ihn aufs Bett. Er drückte ihn nieder und zog eine flache 38'er aus einem Schulterhalfter. Dann ging er zu dem Stuhl, auf dem Berman gesessen hatte, und setzte sich. Er rang nach Luft. Nach ein paar Sekunden setzte Berman sich auf, kniff die Augen zusammen und betastete vorsichtig sein Kinn.

»Ich fresse einen Besen, wenn Sie Bermann sind«, sagte Davo. »Woher wissen Sie den Anfangsbuchstaben von Westcotts zweitem Vornamen, wenn Sie noch nie in dieser Stadt waren? Von mir haben Sie ihn nicht gehört. Machen Sie Ihre Taschen leer und werfen Sie alles auf den Fußboden zwischen uns.«

»Hören Sie, Davo, das geht zu weit. Sie können doch nicht...« sagte Berman.

»Räumen Sie Ihre Taschen aus!«

Berman blickte auf die Mündung der Automatik, und

Davo merkte, daß er sich leicht anspannte. Davo begriff sofort. Er betätigte den Schieber und ließ eine Patrone ins Magazin gleiten. Berman begann Papiere auf den Boden zu werfen.

Als seine Taschen leer waren, sagte Davo: »Legen Sie sich dort aufs Bett. Aufs Gesicht. Und keine Bewegung.«

Nach einer Minute sagte er: »Okay, Vittano. Setzen Sie sich auf. Was haben Sie mit Berman gemacht?«

Vittano grinste. »Finden Sie's doch selbst raus. Berman hat beschlossen, eine längere Bahnfahrt zu machen, als er eigentlich wollte. Er hat mir eine Menge erzählt. Mein Gott, ich brauchte ihm bloß zu sagen, daß ich Sie bin.«

»Was soll das heißen?«

»Wir haben einen Freund in der Hauptstadt, der uns einen Tip gegeben hat. Ich bin hundert Meilen von hier zu Berman in den Zug gestiegen und hab ihm gesagt, daß alles aufgeflogen ist und daß ich aus der Stadt verduftet bin. Daß es hier nichts mehr für ihn zu tun gibt.« Vittano lachte. Allmählich schien er seine Selbstsicherheit wiederzuerlangen. »Er ist in Frereton, fünfzig Meilen von hier, ausgestiegen und mit dem nächsten Zug zurückgefahren. Er war stinksauer.«

Davo stand auf und begann im Zimmer auf und ab zu gehen, die Pistole schußbereit in der Hand, obwohl Vittano keinen Ansatz zeigte, etwas zu unternehmen. Er fluchte innerlich, weil er nicht daran gedacht hatte, mit Berman am Telefon Personenbeschreibungen auszutauschen.

»Stobe Farner wird ein Stein vom Herzen fallen«, sagte Vittano. »Was wollen Sie jetzt machen, Mann? Sie sollten auf mich hören und aus der Stadt verschwinden. Sie haben mir Ihre ganze Munition auf einem silbernen Tablett serviert. Zum Beispiel dieses Mädchen – diese Jane Fay.«

»Halt's Maul!«

»Stobe wird sich besonders freuen, daß mit Vincens zu erfahren. Für solche Burschen ist in dieser Stadt kein Platz.«

Davo fuhr herum und hob die Pistole. »Na los, du Trottel«, sagte Vittano achselzuckend. »Schlag zu. Wird dir nicht viel nützen. Du kannst nicht verhindern, daß ich Stobe das Ganze erzähle.«

»Ich kann dafür sorgen, daß du nicht so schnell zu ihm kommst. Nimm deine Krawatte ab und leg dich auf den Bauch.«

In drei Minuten hatte Davo ihn gefesselt – er band ihm die Hände auf dem Rücken zusammen, wickelte einen Streifen, den er vom Bettlaken herunterriß, um seine Fußknöchel und verknotete ihn, stopfte ihm ein Handtuch in den Mund und sicherte es durch ein zweites, das er um seinen Kopf schlang. Dann hob er ihn hoch, warf ihn auf den Boden des Kleiderschranks und machte die Tür zu. Er schlüpfte in seinen Regenmantel und schloß leise die Zimmertür hinter sich. Er hatte nicht viel Zeit – nur ein paar Stunden.

Es regnete wieder, und alle Lokale waren schon zu. Die Neonreklame war abgeschaltet, und die Straßen waren finster, naß, schmutzig. Die Pistole in der Seitentasche des Regenmantels schlug an seine Schenkel. Er überquerte die Straße und blieb stehen. Bis zum Bahnhof waren es nur ein paar Schritte. Er hatte tausend Dollar bei sich. Er brauchte nur in irgendeinen Zug zu steigen, in irgendeine andere Stadt zu fahren und eine neue Stellung anzunehmen. Die ganze schmutzige Angelegenheit vergessen und neu anfangen.

Er wartete. Der Regen prasselte gegen seine Wange. Fast hätte er laut gelacht. Er kam sich vor wie in einem kitschigen Film. Der Gangster im Hotelschrank und Bill Davo auf der finsteren Straße, eine Kanone in der Tasche. Irgendwo träumte Stobe Farner von riesigen Profiten, eleganten Autos, importiertem Whisky. Und Jane Fay...

Dieser Gedanke ließ ihn zu sich kommen. Ihm wurde klar, daß er nicht weg und Jane nicht den Wölfen überlassen konnte. Er ging zum Bahnhof, weckte einen dösenden Taxifahrer, stieg in den Wagen und schlug die Tür zu. Er sagte dem Fahrer Janes Adresse, lehnte sich in die Ecke zurück und biß die Zähne zusammen. Die Reifen quietschten auf dem nassen Pflaster.

Vor dem Haus stieg er aus und sagte: »Warten Sie.« Mit polternden Schritten ging er über die Holzveranda zur Haustür. Er drückte auf die Klingel und wartete. Er klingelte noch einmal. Endlich ging in der Diele das Licht an, und er sah, wie sie in einem Morgenmantel die Treppe herunterkam. Ihr blondes Haar war zerzaust, und sie war ohne Make-up – doch er fand, daß sie hübsch aussah, sehr hübsch.

Das Licht auf der Veranda ging an, und sie blickte durchs Fenster und erkannte ihn. Sie sperrte die Tür auf, öffnete sie und sah ihn erstaunt an. »Bill! Was ist denn los?«

»Ich muß mit dir reden. Ich hab' alles verpatzt.«

»Komm doch rein.« Sie lächelte. »Wenigstens haben sie dich nicht wieder zusammengeschlagen.«

Sie setzten sich im dunklen Wohnzimmer auf die Couch.

»Es ist was viel Schlimmeres«, sagte Davo. »Ich hab' die ganze Sache einem Mann vom Büro des Generalstaatsanwalts erzählt – auch daß du als Zeugin aussagen willst. Und dann hat sich herausgestellt, daß es gar nicht der richtige Mann war, daß man mich reingelegt hat. Ich Idiot!«

Sie saß eine Minute schweigend da und sah ihn nicht an. Dann sagte sie leise: »Für mich ist das nicht so schlimm. Ich kann jederzeit in einer andern Stadt Arbeit finden. Aber meiner Mutter gehört dieses Haus. Sie werden sich nicht damit zufriedengeben, mich zu vertreiben. Sie werden meiner Mutter die Steuern um ein paar tausend Dollar erhöhen. Sie werden Inspektoren schicken und sie zwingen, unnötige Reparaturen zu machen. Sie werden sich ein Dutzend Schikanen ausdenken, um ihr das Leben zu vermiesen. Und vielleicht werden sie mich nicht nur vertreiben. Im Büro eines Stadtrats war mal ein Mädchen, das Stunk machen wollte. Sie haben auf dem Rücksitz ihres Autos Büromaterial im Wert von zweihundert Dollar gefunden. Sie kam sechs Monate ins Distriktgefängnis.«

»Also, da siehst du doch, was für ein Idiot ich bin«, sagte er heiser. »Wie ich dein Leben ruiniert habe! Warum schmeißt du mich nicht raus?«

Sie nahm seine Hand. »Dazu ist es zu spät, Bill. Vielleicht können wir uns noch zur Wehr setzen.«

»Wie denn? Johnson Vincens sitzt selbst in der Tinte. Unsere einzige Chance war, sie zu überrumpeln, und die hab' ich verpatzt. Mein Gott, großartig, wie ich das gemacht hab'!«

Sie zog ihre Hand weg. »Hör auf, dich zu bemitleiden. Weiß Farner schon Bescheid?«

»Nein. Ich hab' den harten Mann gespielt und den Kerl im Amberton in einen Schrank gesperrt. Ich glaube nicht, daß es ihm gelingen wird, vor morgen früh rauszukommen. Ich dachte, das wird uns genügend Zeit verschaffen, um abzuhauen.«

»Ich glaube nicht, daß das für uns das Richtige wäre, Bill.«

»Hast du eine Idee?«

»Wir sitzen zu dritt in der Tinte, stimmt's?« sagte sie langsam. »Und drei Köpfe sind besser als zwei. Ruf Johnson Vincens an, während ich mich anziehe. Sag ihm, daß wir zu ihm kommen. Und ruf ein Taxi.«

»Draußen wartet eins. Ich kann mir nun wirklich nicht vorstellen, das du...«

»Weißt du was Besseres?«

»Also gut, dann zieh dich an. Vielleicht können wir zu dritt doch noch irgendwie Stunk machen.«

Sie lief die Treppe hinauf. Er ging in die Diele, suchte aus dem Telefonbuch Vincens' Nummer heraus und rief ihn an. Es klingelte sechsmal, bevor es klickte und sich Vincens mit verschlafener Stimme meldete. »Ja?«

»Mr. Vincens, hier Bill Davo. Ich muß Sie sofort sprechen. Ich komme zu Ihnen.«

»Hören Sie, Davo, ich brauche meinen Schlaf. Das hat doch bis morgen früh Zeit.«

»Die Sache vielleicht, aber Sie nicht.«

Ein paar Sekunden Stille. Dann: »Was soll das heißen?«

»Morgen früh sind Sie vielleicht schon arbeitslos.«

Endlich sagte er mit müder Stimme: »Also gut, kommen Sie.«

Davo legte auf.

Als das Taxi vor Vincens' Haus hielt, brannte im Erdgeschoß Licht. Vincens empfing sie an der Tür; er trug einen grauen Morgenmantel, der zu seinem grauen Haar paßte, und er sah sehr klein und hilflos aus.

»Gehen wir in die Küche. Ich hab' Kaffee aufgesetzt. Sie sind Miß Fay, nicht wahr?«

Sie folgten Vincens in den hinteren Teil des Hauses, setzten sich an den Küchentisch, und Davo erzählte die ganze Geschichte noch einmal.

Als er fertig war, sagte Vincens: »Sie haben Ihr Versprechen gebrochen, Davo. Ich verstehe nicht, wie ich Ihnen trauen konnte. Ich hätte den Mund halten sollen... Na ja, jetzt läßt sich's nicht mehr ändern. Alles völlig im Eimer!«

Die beiden saßen da und sahen Vincens an. Er sackte zusammen und starrte mit schlaffem Gesicht auf die gekachelte Tischplatte. »Vor langer Zeit hab' ich mal gedacht, ich bin ein Kreuzritter. Ich wollte die Macht der Presse benützen, um in diesem schönen Land allen Schmutz auszurotten. Und was ist aus mir geworden? Ha! Ein bezahlter Schreiberling, eine Marionette. Drei Kinder. Das eine das erste Jahr auf dem College. Komm heim, Junge. Daddy ist arbeitslos.«

Plötzlich ballte er seine kleine Hand und schlug auf den Tisch, daß die Tassen tanzten. Er blickte auf, ein irres Funkeln in den Augen. »Wißt ihr was – irgendwie tut's mir nicht mal leid! Ich mach' diese Dreckarbeit schon so lange, daß ich mich fast schon wohl dabei gefühlt habe. Und nach acht Jahren mucke ich ein bißchen auf, und schon sitze ich auf der Straße. Verdammt, ich werde mich um einen Job bei der Kanalreinigung bewerben. Das ist eine sauberere Arbeit... Geht nach Hause, Kinder. Laßt einen alten Mann seine Wunden lecken.«

Sie rührten sich nicht. Davo nagte an seiner Unterlippe.

Jane sagte leise: »Wie wär's, wenn Sie was Sinnvolleres täten, Mr. Vincens? Wenn Sie sich einen ruhmvollen Abgang verschaffen würden? Wenn Sie dieser Stadt morgen eine Titelseite hinknallen würden, die diese Bande in die Pfanne haut?«

Einen Moment ließ er sich von ihrem Eifer mitreißen und richtete sich mit glänzenden Augen auf. Dann sank er wieder zusammen und zuckte die Schultern. »Phrasendrescherei! Was würde das denn nützen? Wenn ich morgen früh vor Stobe Farner auf die Knie falle und seine Schuhe ablecke, dann läßt er mich vielleicht auf meinem Posten. Ich bin schon so tief gesunken, daß mir gar nichts anderes übrig bleibt.«

Jane beugte sich vor und legte ihre Hand auf seinen Arm. »Stobe weiß noch nichts. Bill hat den Mann im Amberton in einen Schrank gesperrt Wir haben noch genug Zeit. Vielleicht werden die Bürger dieser Stadt aufwachen und Farner zum Teufel jagen, wenn sie das Ganze erfahren.«

»Meine Liebe, die Morgenausgabe ist schon gesetzt, die Druckmaschinen brauchen bloß eingeschaltet zu werden. Stobe hat seine Spione im ganzen Haus. Außerdem – der Öffentlichkeit wär das Ganze völlig egal. Die Leute, die in dieser Stadt was zu sagen haben, tanzen alle nach Farners Pfeife.«

»Aber würde Ihnen ein ruhmreicher Rausschmiß durch eine Kampagne gegen Farner nicht zu einer guten Stellung bei einer seriösen Zeitung verhelfen? Das sollte doch einen Versuch wert sein.«

Vincens strich mit dem Daumen über die grauen Stoppeln an seinem Kinn. »Keine schlechte Idee, Davo. Hmmmmm. Wirklich nicht schlecht. Aber das wird schwierig sein. Sehr schwierig.« Er warf einen Blick auf die Küchenuhr. »Wir haben nicht mehr viel Zeit.«

Er ging zum Telefon, wählte eine Nummer und sagte: »Sam, läuft die Druckmaschine schon? Noch nicht? Gut! Nehmen Sie die erste Seite raus. Nein, nichts ändern. Wir setzen eine neue erste Seite. Na und? Warten Sie, bis ich da bin.«

In wenigen Minuten hatte Vincens sich angezogen. Mit dem Taxi rasten sie zum Verlagsgebäude. Vincens lief vor ihnen die Treppe hinauf, plötzlich von erstaunlicher Energie erfüllt. Seine grauen Wangen waren gerötet, und seine Stimme hatte eine neue Schärfe. Er schlüpfte aus seinem Mantel und schob Davo und Jane in ein kleines Büro neben der Nachrichtenredaktion.

»Miß Fay, tippen Sie Bills und Ihre Erklärung. Mit möglichst vielen Details – Namen, Orts- und Zeitangaben, Personen. Ich muß ein paar Leute aus dem Bett holen und ihnen sagen, daß sie sofort kommen müssen.«

Jane setzte sich an die Schreibmaschine, und Davo ging vor

ihr auf und ab und diktierte: »Bis vor dreizehn Tagen war ich Angestellter des Städtischen Bauamts. Hier ist ein Bericht darüber, warum ich hinausgeworfen, verprügelt und bedroht wurde. Es ist die Geschichte einer Schiebung größten Ausmaßes. Eine Geschichte über den Plan einiger kleiner Männer, die Öffentlichkeit um Hunderttausende von Dollar zu betrügen...«

Die Schreibmaschine ratterte, und ein Wort reihte sich an das andere. Fakten. Zahlen. Namen. Ein Bericht über all die Betrügereien in Amberton, die korrupten Machenschaften von Farner, Westcott, Danerra, Hoe...

Der Regen hatte aufgehört. Draußen dämmerte es, grauer Nebel stieg vom Fluß auf. Die Redakteure von der Nachtschicht warfen Vincens verstohlene Blicke zu, zogen ihre Mängel an und gingen. Vor dem Seiteneingang warteten die Lastwagen auf die Morgenausgabe. Die Fahrer saßen in der Kantine und tranken Kaffee. Das Gebäude erbebte vom Donnern der großen Druckmaschinen. Männer schleppten die Zeitungsstapel weg, banden sie zu Bündeln zusammen und warfen sie in einen Schacht, durch den sie zu den wartenden Lastern hinunterrutschten. Als der erste voll war, brauste er davon.

Im Büro des Chefredakteurs standen Davo und Jane Fay hinter Vincens und lasen die noch druckfeuchte neue Seite eins.

FARNER UND WESTCOTT DES BETRUGS BEZICHTIGT... BESCHULDIGUNGEN GEGEN DANERRA... SKANDAL UM STRASSENBAU

Dicke, feuchte Schlagzeilen. Fotos von Farner und Westcott. Fakten, Zahlen. Ein Bild vom Western Boulevard.

Vincens schlug mit der Hand auf das feuchte Blatt und sagte: »Großartig!« Im gleichen Moment brach das Donnern der Druckmaschinen ab. Sie sahen einander an. Vincens' Miene verdüsterte sich plötzlich. Er rannte vor ihnen die Treppe hinunter zu dem Raum mit den Druckmaschinen. Ein paar Drucker standen herum und neben den Maschinen zwei untersetzte Männer mit finsteren Gesichtern, die Hände tief in den Hosentaschen.

»Was ist hier los?« fragte Vincens.

»Anordnung von Stobe Farner«, sagte der eine leise. »Heute erscheint keine Zeitung.«

Davo stand regungslos da, und Vincens machte langsam einen Schritt auf die beiden Männer zu. Dann noch einen. »Die Zeitung erscheint.«

»Diese nicht«, sagte der Mann vor ihm und spuckte auf das oberste Exemplar des Stapels neben der Maschine.

Vincens machte langsam einen weiteren Schritt auf sie zu. Sein Gesicht war grau, seine Augen funkelten. Seine Hände waren zu Fäusten geballt.

»Beruhigen Sie sich, Mister. Bleiben Sie stehen. Stehenbleiben, hab' ich gesagt!«

Vincens machte wieder einen Schritt. Er war noch eineinhalb Meter von dem vorderen Mann entfernt. Der Mann nahm die Hand aus der Tasche, und der blaue Stahl der Pistole, die er darin hielt, glitzerte im grauen Morgenlicht.

»Zurück!« rief der Mann.

Vincens trat auf ihn zu und griff nach der Pistole. Das Krachen des Schusses hallte von den Betonwänden und stillstehenden Maschinen wider.

Vincens trat langsam zwei Schritte zurück, beide Hände auf den Bauch gepreßt. Er stürzte nicht zu Boden. Er sank langsam zusammen und versuchte sich auf Hände und Knie zu stützen. Dann fiel er auf die Seite und starb mit offenen Augen, das Gesicht plötzlich ruhig und friedlich.

Der Mann, der geschossen hatte, starrte verblüfft auf die Pistole in seiner Hand.

Der andere sagte: »Verdammter, blöder Idiot!«

Der Mann mit der Pistole fuhr herum, jagte zwei Schüsse in die Druckmaschine und lief zur Tür. Ohne sich umzublikken, rannten die beiden hinaus.

Jane Fay schluchzte. Sie wandte sich um und machte ein paar Schritte zur Tür. Davo stand regungslos da. Übelkeit stieg in ihm hoch. Einer der Arbeiter ging wie ein Schlafwandler zum Telefon auf dem Arbeitstisch an der Wand.

Stobe Farner hatte keine Zeit gehabt, sich ein Exemplar der Zeitung zu beschaffen. Davo wurde klar, daß Vittano sich offenbar irgendwie befreit und Farner informiert hatte. Farner hatte wahrscheinlich bei Vincens angerufen, erfahren, daß er nicht zu Hause war und erraten, was passiert war. Dann hatte er sofort zwei Männer beauftragt, festzustellen, was in der heutigen Zeitung stand und, wenn sie es für nötig hielten, die Druckmaschinen zu stoppen. Es war keine Sache, die Farner selbst gemacht hätte – für so etwas hatte er genügend Leute.

Die Fahrer hatten das Ganze gehört. Sie kamen herein und glotzten Vincens' Leiche an. Davo ging hinaus zu einem der Lastwagen und fragte den Mann hinterm Lenkrad: »Ist schon eine Ladung Zeitungen weg?«

»Hm? Ja. Ein Laster. Sammy Bart.«

»Kennen Sie seine Route?«

»Klar. Eine Wohngegend.«

»Ich möchte, daß wir ihm mit Ihrem Laster nachfahren.«

»Mister, ich werde vom Verlag bezahlt. Für so was habe ich keine Zeit. Ich muß die Zeitungen ausliefern und ...« Er schwieg einen Moment. Dann sagte er: »Also meinetwegen. Steigen Sie ein. Aber halten Sie Ihren Hut fest, Mister.«

Die Reifen quietschten, als er um die erste Ecke bog. Die halbdunklen Straßen waren leer. Ein ähnlicher Laster kam ihnen entgegen und fuhr zurück zur Druckerei.

»Verdammt«, sagte der Fahrer, »das war Sammy! Er kann doch seine Zeitungen noch nicht ausgeliefert haben.«

»Kehren Sie um.«

Er wendete mit aufheulendem Motor, und als sie zur Drukkerei zurückkamen, sahen sie, daß Sammys Laster eben neben dem Schacht angehalten hatte. Sammy Bart und ein anderer Mann stiegen aus.

Davo lief hinüber und sagte: »Was ist los?«

Der Fremde neben Bart sagte: »Anordnung von Farner. Diese Zeitungen sollen zurückgebracht werden.«

Davo starrte einen Moment in sein schmales, ausdrucksloses Gesicht. Dann wandte er sich ab und ging in die Druckerei.

Die Polizei war schon da. Jemand hatte eine zerschlissene Decke über Vincens geworfen. Bart drängte sich mit ein paar

Zeitungsbündeln an Davo vorbei. Ein Fremder stand neben der Druckmaschine und erteilte Anweisungen. »Tragt sie alle herein und holt noch zwei Fahrer. Ladet sie auf Karren und bringt sie in den Heizungsraum.«

Davo war sofort alles klar. Sämtliche Zeitungen sollten eingesammelt und verbrannt werden. Polizeichef Lanker war einer von Farners Leuten. Die Polizisten bemühten sich, keine Notiz von den Zeitungen zu nehmen, die noch auf der Plattform neben der Druckmaschine lagen. Ganz klar, warum sie keinen Blick darauf warfen. Sie hatten ihre Instruktionen. Ihre Aufgabe war, sich mit dem Mord an Vincens zu beschäftigen. Motiv unbekannt. Täter unbekannt. Unerklärlicher tragischer Vorfall.

Er sah zu, wie sämtliche Zeitungen weggebracht wurden. Davo war verblüfft über die Schnelligkeit und den Eifer der Männer. Sie wußten, daß es eine heiße Sache war, und sie beseitigten alle Spuren restlos.

Plötzlich fiel ihm Jane ein, und er wollte zur Treppe gehen. Zwei Polizisten kamen auf ihn zu, aus verschiedenen Richtungen. Als er sich abwandte, waren sie schnell bei ihm.

»William Davo?«

Er nickte.

»Kommen Sie mit. Es liegt ein Haftbefehl gegen Sie vor. Schwerer tätlicher Angriff. Ein gewisser Vittano hat unter Eid gegen Sie ausgesagt.«

Der eine klopfte auf die Seitentasche seines Trenchcoats und sagte: »Sieh mal an! Haben Sie dafür eine Lizenz?«

»Nein.«

»Ziemliches Pech heute morgen, was, Davo? Haben Sie gesehen, wie Vincens erschossen wurde? Einer von den Männern dort drüben hat gesagt, daß Sie dabei waren – daß Sie und das Mädchen mit Vincens hereinkamen, kurz bevor er erschossen wurde.«

»Ja, ich hab's gesehen. Es war einer von Farners Leuten.«

»Einer von Farners Leuten! Spritzen Sie sich das Zeug oder schnupfen Sie's?«

»Hör auf, mit ihm zu streiten, Al«, sagte der andere.

»Okay, mein Junge. Ab ins Distriktgefängnis.«

Davo setzte sich auf den Rücksitz der Limousine neben den dickeren der zwei Polizisten, der während der ganzen Fahrt durch die Zähne pfiff. Davo kannte Marion Kelz, den Sheriff.

»Sie haben mich wegen dieser Sache extra aus dem Bett geholt, Bill«, sagte Marion. Er war ein magerer, kleiner Mann mit einer Haut wie aus schrumpligem Leder. Davo wußte, daß Kelz von dem Geld, das ihm für die Verpflegung der Häftlinge zur Verfügung stand, etwa dreißigtausend Dollar im Jahr abzweigte. Von den dreißig gab er etwa zehn an Farner zurück, der einen Teil behielt und den Rest aufteilte. Der Distrikt zahlte pro Häftling siebzig Cent am Tag, und Kelz verpflegte sie für weniger als dreißig Cent.

»Ich bin also Ihr Gast«, sagte Davo verbittert.

»Keine Sorge, Bill. Wir nehmen das Geld, das Sie bei sich haben und führen Buch darüber. Meine Jungens holen Ihnen das Essen sicher gern aus dem Restaurant.«

»Und berechnen mir den doppelten Preis.«

»Die müssen doch auch von was leben, Bill. Bring ihn auf Nummer acht, Jud.«

Nummer acht war eine Zweimannzelle, etwa zehn Quadratmeter groß, mit einem schmalen, hohen Fenster. Von den feuchten Wänden blätterte die billige weiße Farbe ab. Die Decken, die auf den Betten lagen, waren schwarz von den früheren Bewohnern. Die dünne Matratze stank.

Davo setzte sich auf den Bettrand und zündete sich eine Zigarette an. Gegenüber, auf der andern Seite des Ganges, war die Sammelzelle für Frauen. Acht oder neun Frauen waren darin, zwischen dreizehn und fünfzig. Sie waren schmutzig und laut und sahen sich alle auf merkwürdige Weise irgendwie ähnlich. Weiße verhärmte Gesichter, zottiges gefärbtes Haar. Offenbar hatten sie einen Lippenstift, denn ihre Münder waren dick und rot angeschmiert.

Sie riefen ihm witzige Bemerkungen zu und schienen das Ganze sehr lustig zu finden.

Er grinste sie mürrisch an und sagte nichts.

»Wie wär's, wenn Sie ein paar Kippen rüberwerfen würden, Mister?« rief eine.

Er nahm drei Zigaretten aus seiner Packung und warf die Schachtel hinüber, zwischen den Gitterstäben ihrer großen Zelle durch. Eine jüngere Frau griff danach, und als sie sich bückte, rammte ihr eine andere das Knie ins Gesicht. Sie schrie auf und fiel auf den Rücken, so daß er sie nicht mehr sehen konnte. Eine dicke ältere Frau schob die Schachtel in den Ausschnitt ihres Kleides.

Davo setzte sich wieder auf den Bettrand. Ihm wurde klar, wie hoffnungslos seine Lage war. Er hatte sein Möglichstes getan, doch sie waren zu schnell gewesen, zu geschickt, zu brutal. Er mußte damit rechnen, zwei Jahre hinter Gittern zu verschwinden. Sie würden sich hüten, ihn im Mordfall Vincens als Zeugen zu benennen. Sie würden ihn wegen irgendwelcher kleinerer Delikte verurteilen und nicht riskieren, daß er Farner mit dem Mord an Vincens in Verbindung brachte.

Er bezweifelte, daß es wegen des Mordes überhaupt zu einem Prozeß kommen würde. Man würde es als einen unerklärlichen Todesfall bezeichnen, und wenn keine Zeitung das Interesse der Öffentlichkeit erregte, würden die Bürger von Amberton sich mit der gleichen dumpfen Lethargie damit abfinden wie mit allem anderen.

Es gab keine Beweise. Er hatte keine Chance. Alle Zeitungen waren vernichtet. Vincens war tot. Jane, hoffte er, auf der Flucht.

Er wunderte sich, daß er so wenig Wut empfand, so wenig Angst. Sein Geist und sein Körper waren gefühllos, wie tot. Was sollte er tun? Er konnte nur dasitzen und abwarten. Die Chance zu kämpfen, war vorbei. Er hätte weglaufen sollen, solange er noch die Gelegenheit gehabt hätte.

Sicher, es gab Leute, die ihn bedauern würden, die wissen würden, daß man ihn hereingelegt hatte – doch sie würden es nicht wagen, sich gegen das System aufzulehnen. Es war unvernünftig. Es war besser, zu lächeln, wenn man Stobe auf der Straße begegnete. »Guten Tag, Mr. Farner« zu sagen, sein Grunzen hinzunehmen. Nie diesen Davo zu erwähnen. Nicht zu fragen, was ihm passiert war. Vielleicht würde ein kleiner Artikel über Davo auf Seite acht der Zeitung stehen, doch über Farner nichts.

Er stand auf, streckte sich und berührte mit den Fingerspitzen die feuchte Decke. Einfach entspannen und sich nicht aus der Ruhe bringen lassen. Die Zeit durchstehen – auf den Tag warten, an dem sie ihn aus der Zelle fortließen, und dann weg aus dieser Stadt. Weit weg. Verdammt, sie werden dich ja nicht umbringen, Davo. Sie werden dich bloß für eine Weile einsperren. Um dir eine Lektion zu erteilen. Um dir beizubringen, daß man besser die Hände von Reformen läßt. Daß man, wenn man auf Betrügereien stößt, lieber versuchen soll, sich selbst ein Stück abzuschneiden, als das Ganze aufzudecken.

Plötzlich hörte er auf dem Gang Schritte und eine vertraute Stimme. Marion Kelz tauchte auf. Er hielt Jane Fay am Oberarm. Über die linke Seite ihres Gesichts zog sich eine Schramme. Ihr Gesicht war starr und angespannt; ihre Lippen waren zusammengepreßt, die Augen weit aufgerissen. Davo spürte ihre Angst.

»Hier ist Ihre kleine Freundin, Bill«, sagte Kelz.

Davo sprang vom Bett auf, klammerte sich an die Gitterstäbe, blickte in Janes Augen. »Sie hat nichts getan, Kelz. Nichts! Weshalb ist sie hier?«

»Wichtige Zeugin im Fall Vincens, Bill.«

Der Mann, den Kelz Jud genannt hatte, kam mit den Schlüsseln und sperrte die Tür der Frauenzelle auf. »Sie können sie nicht dort hineinstecken!« sagte Davo.

Jud riß die Tür auf. Kelz schob Jane hinein, und die Tür fiel ins Schloß. Kelz grinste Davo an und sagte: »Aber so ist sie doch ganz in Ihrer Nähe, Bill. Sie sollten sich darüber freuen.«

Die beiden gingen den Gang hinunter und Jane stand da und schaute zu Bill herüber, die Lippen leicht geöffnet. Dann spürte sie, daß die Frauen sich um sie drängten. Sie drehte sich schnell um und drückte sich mit dem Rücken an die Gitterstäbe.

»Hast du zehn Piepen, Kleine?« fragte die dicke Frau, der Davo die Zigaretten zugeworfen hatte.

»Wieso?« fragte Jane.

»Eine Art Eintrittsgeld, Kleine.«

»Ich hab' kein Geld.«

»Das ist aber schlimm, Kleine. Das heißt, daß du die zehn Piepen abarbeiten mußt. Die Zelle ist dreckig. Du wirst sie jeden Tag zweimal saubermachen und kriegst dafür pro Tag zehn Cent, bis du's abgezahlt hast. Los, fang gleich an, Kleine.« Die Frau packte Jane am Handgelenk und zerrte sie in die Zelle.

In Davos Tasche waren noch ein paar Dollar, die Kelz ihm gelassen hatte. »He, ich bezahl's«, rief er hinüber.

Er rollte einen Fünfer und fünf Dollarscheine zusammen und warf sie hinüber. Sie steckte das Geld zu den Zigaretten in den Ausschnitt ihres Kleides.

»Mein Gott, wie süß«, sagte sie. »Muß Liebe schön sein. Passen Sie gut auf, Mister, wir haben eine nette Überraschung für Sie.« Sie drehte sich um. »Bringt sie her.«

Eine Frau schob Jane zum Gitter.

»Wie heißt du, Kleine?«

»Jane.«

»Unsere Kleider sind ziemlich abgenützt und schmutzig, Kleine. Und weil du erst so kurz da bist, gibst du deshalb deine Sachen denen, die schon länger hier sind. Du kriegst dafür andere. Mir wird wahrscheinlich nichts passen außer deinen Stümpfen. Los, gib sie mir – du kannst meine dafür haben. Ich glaube, du hast ungefähr die gleiche Größe wie Mabel. Geh mal zu ihr, Mabel. Ja, ihre Sachen werden dir passen. Zieh dich aus, Kleine.«

Jane rührte sich nicht.

Die Dicke machte einen Schritt auf sie zu und sagte drohend: »Ich bin hier der Boß, Kleine, und ich hab' gesagt, du sollst dich ausziehen. Also sei schön brav, oder wir richten dir dein hübsches Gesicht so zu, daß du dich selbst nicht mehr wiedererkennst.«

Jane warf Davo einen verzweifelten Blick zu. Dann schlüpfte sie aus ihrem Kostümrock und begann ihre Bluse aufzuknöpfen. Davo wandte sich ab und starrte auf die Wand unter dem Fenster.

»Was ist los, Mister? Wollen Sie nicht zusehen?« rief die Dicke.

Davo gab keine Antwort und drehte sich nicht um. Seine Ohren brannten vor Scham, und er ballte die Fäuste. Er hörte, wie sie kicherten und schmutzige Bemerkungen über Jane machten. Er bemühte sich, nicht hinzuhören, nicht daran zu denken, was sie mit ihr machten.

Schließlich hatte Jane Mabels Sachen angezogen – ein schmutziges rotes Kleid mit einem zerrissenen Ärmel und Essensflecken auf der Vorderseite. An den Füßen trug sie kaputte, abgenützte schwarze Schuhe, durch deren weiße Risse man billige Pappe sah. Ihre Beine waren nackt.

»So ist's brav«, sagte die Dicke fast freundlich. »Da hast du eine Zigarette. Gib ihr Feuer, Penny. Versuch bloß nicht, hier irgendwelchen Stunk zu machen. Halt einfach den Mund. Schlafen kannst du auf dem oberen Bett dort in der Ecke. Ich hab' das Gefühl, daß du lange hier sein wirst. Wenn die Nächste kommt, kriegst du vielleicht ein paar von ihren Sachen. Klettere jetzt auf dein Bett und bleib dort, bis ich dir sage, daß du runterkommen kannst.«

Jane verschwand, ohne sich nach Davo umzusehen. Er legte sich auf sein Bett. Er war schweißnaß und hatte einen sauren Geschmack im Mund. Seine Hände zitterten, als er sich eine Zigarette anzündete. Eine Kakerlake kroch über den Fußboden. Auf der Straße draußen setzte der Morgenverkehr ein. Das Poltern der Lastwagen ließ das uralte Gebäude erzittern. Die Frauen waren ruhig. Er hörte, wie das Mädchen mit der eingeschlagenen Nase schluchzte.

Kurz vor Mittag kam Jud. Er blieb vor dem Gitter stehen und grinste Davo an. »Soll ich Ihnen was zu essen holen, Mister?« fragte er.

»Ja, eine Kleinigkeit. Und bringen Sie Miß Fay dort drüben auch was.«

Jud grinste. »Sie wird nichts davon kriegen, außer Sie kaufen allen was, und vielleicht kriegt sie nicht mal dann was. Diese Damen können fressen wie die Pferde.«

»Ich möchte mit Miß Fay sprechen, Jud. Können Sie sie nicht in meine Zelle bringen, wenn Sie mit dem Essen kommen?«

»Das ist gegen die Vorschriften, Davo. Unmöglich.«

»Nur ein paar Minuten – ich gebe Ihnen zwanzig Dollar.«

»Mit zwanzig Dollar können Sie sich selbst Ihre Vorschriften machen, Mister. Ich nehm' mir also zwanzig Dollar von Ihrem Geld im Büro und trag's ein. Sie brauchen keine Angst zu haben, daß ich mir mehr nehme.«

»Schon gut«, sagte Davo. »Sie wollen wohl nicht, daß das Haus einen schlechten Ruf kriegt.«

Nach vierzig Minuten brachte er eine wäßrige Suppe und Hackfleisch für die Frauen und zwei Hamburger und eine Tasse Kaffee für Davo. »Jetzt?« fragte er.

»Ja, wenn sie gegessen hat.«

Jane hatte es gehört. »Ich kann nichts essen, Bill«, rief sie.

»Gut, dann bringen Sie sie rüber«, sagte Davo.

Jud grinste ihn an, holte Jane und sperrte sie zu ihm in die Zelle. Die Tür nahm nicht die ganze Vorderseite der Zelle ein. Ein Teil war aus Zement, und dahinter befand sich eine Ecke, in die Davo und das Mädchen sich zurückziehen konnten. Davo merkte, daß sie zitterte, als er sie in seine Arme nahm. Die Frauen gegenüber brachen in ein solches Geheul und Geschrei aus, daß sie nicht miteinander sprechen konnten. Er ging zur Tür, schaute zu der dicken Frau hinüber und sagte laut: »Könnt ihr nicht ein bißchen leiser sein?«

Die Frau sorgte für Ruhe, und Davo ging zu Jane zurück. Das Kleid, das sie ihr gegeben hatten, roch widerlich. Die Schramme in ihrem Gesicht war bläulichrot.

»Wer hat dich geschlagen, Liebling?«

»Ich war selbst schuld. Sie haben mich in einer Telefonzelle in einem Drugstore erwischt, der nachts geöffnet ist, und ich wollte wegrennen.«

»Leider kann ich dir nicht sagen, daß alles okay ist. Unsere Lage könnte nicht schlimmer sein.«

Sie blickte zu ihm auf. »Das weiß ich, Bill. Ich hab' mich immer bemüht, gute Miene zum bösen Spiel zu machen. Das schlaue kleine Mädchen, das in der Politik mitmischt. Ich fühle mich nicht schlecht. Ich fühle mich nur innerlich ganz weich.«

»Du darfst dich nicht unterkriegen lassen, Jane.«

»Nein, da brauchst du keine Angst zu haben.« Er drückte

sie an sich, und sie legte ihre unverletzte Wange auf seine Brust.

»Ich hätte dir schon, bevor das passiert ist, sagen sollen, daß ich dich liebe. Das wird eine lange Verlobungszeit werden. Das heißt – wenn du mit mir verlobt sein willst.« Er versuchte es in scherzhaftem Ton zu sagen, doch er war zu heiser.

»Ja, das will ich, Bill«, sagte sie.

»Sie werden dich vor mir freilassen. Vermutlich wirst du mindestens sechs Monate hier sein.«

»Wenn ich rauskomme, dann hol' ich dich auch raus«, sagte sie impulsiv.

»Wir müssen es einfach durchstehen«, sagte er. »Und danach gehen wir weg von hier.«

»Bill, vielleicht...« Sie verstummte.

»Was?«

»Ach, nichts.«

»Was wolltest du sagen?«

»Ich hab' nur laut geträumt.« Sie versuchte zu lachen. »Ich glaube, das ist kein guter Ort für Träume.«

»So gut wie jeder andere«, sagte er bitter.

Jud sperrte die Tür auf. »Okay, Kinder. Das Mädchen muß jetzt wieder heim.«

Sie ging, und er war wieder allein. Er würgte die kalten Hamburger hinunter und trank den Kaffee.

Um fünf Uhr kamen Kelz und Jud, stumm und mit finsteren Gesichtern. Sie holten Davo aus seiner Zelle. Kelz sagte zu der dicken Frau: »Wo sind die Kleider von dem Mädchen, Annie?«

»Sie hat sie verschenkt.«

»Gib sie ihr zurück – schnell!«

»Wer sagt das?«

»Ich. Wenn sie in drei Minuten nicht ihre Kleider hat, bring' ich dich runter und prügel dich mit einem Gummischlauch windelweich.«

Jane zog sich in einer dunklen Ecke der Zelle um. Als sie zur Tür ging, stellte ihr ein Mädchen ein Bein.

Sie wurden in Kelz' Büro gebracht, einem großen Raum mit Möbeln aus Eichenholz und Karten an den Wänden.

Ein pickliges Mädchen saß am Fenster, im Mund einen Kaugummi, die Finger auf den Tasten einer Schreibmaschine. Hinter Kelz' Schreibtisch saß ein dunkelhaariger, düster dreinblickender Mann in einem makellosen Tweedjakkett. Davo erkannte ihn – es war John Kroydon, der Distriktstaatsanwalt. Walter Lanker, der Polizeichef, war auch da. Er saß mit seinem dicken Hintern auf der Schreibtischecke, die Daumen in den unteren Westentaschen, zwischen den Zähnen einen nassen Zigarrenstummel.

Ein unbekannter, schmächtiger, kleiner Mann mit silbernem Haar und einer randlosen Brille stand neben dem Fenster und betrachtete eine der Karten an der Wand. An der Wand gegenüber lehnte ein muskulöser junger Mann in einem lappigen Sportjackett und einer Gabardinehose, die Hände tief in den Taschen, und lächelte leise.

Jud nahm zwei an der Wand stehende Stühle und stellte sie vor den Schreibtisch. Er bedeutete Davo und Jane, sich zu setzen.

»Schreiben Sie alles mit, Miß Arkle«, sagte Kroydon zu dem pickligen Mädchen und dann sah er Davo an. »Sie zuerst, Davo. Erzählen Sie das Ganze von Anfang an.«

Die Tasten der Schreibmaschine klapperten, während Davo sprach. Mit leiser Stimme erzählte Davo von Anfang an – vom Western Boulevard, von Arthur Westcott, Danerra, Vittano, der Baufirma Benet Brothers, wie er zusammengeschlagen worden war, von den Zeitungen, von Vincens' Tod, sämtliche Einzelheiten der ganzen Affäre. Er beschränkte sich auf die Fakten.

Als er fertig war, sagte Kroydon: »Danke. Und jetzt Sie, Miß Fay.«

Schnell und anschaulich berichtete sie, was sie wußte. Bis zu Vincens' Tod kannte Davo die Geschichte. Als sie fortfuhr, sah er sie erstaunt an.

»Mir war schlecht, als ich wieder nach oben ging«, sagte Jane. »Ich wußte, daß sie irgendwie von dem Ganzen erfahren hatten und daß die Zeitung nicht gedruckt werden würde. Außerdem würden sie sämtliche schon gedruckten Exemplare vernichten. Ich wollte weglaufen. Dann sah ich das Exemplar, das Mr. Vincens mit nach oben genommen hatte. An der Stelle, wo er die Zeitung in der Hand gehalten hatte, war die Druckerschwärze verschmiert.

Ich nahm die Zeitung, faltete sie zusammen und steckte sie in ein großes Kuvert, das ich in Vincens' Büro fand. In einer Schublade fand ich ein paar Briefmarken, die ich draufklebte. Dann sah ich im Telefonbuch nach und adressierte das Kuvert an die hiesige Steuerbehörde und schrieb ›Durch Eilboten‹ drauf. Ich schlich zum Seiteneingang hinaus und warf den Umschlag in den Briefkasten an der nächsten Ecke. Dann ging ich in einen Drugstore, rief Mr. Berman in der Hauptstadt an, erzählte ihm, was passiert war und bat ihn, möglichst schnell hierher zu kommen. Dann rief ich Mr. Lord in seiner Wohnung an. Er ist der Leiter der hiesigen Steuerbehörde. Er sagte, er würde das FBI verständigen. In diesem Moment entdeckte mich die Polizei in der Telefonzelle, unterbrach mich mitten im Gespräch, zerrte mich heraus und brachte mich hierher.«

»Warum hast du mir das alles nicht erzählt?« fragte Davo.

»Ich wollte dir keine falschen Hoffnungen machen. Ich dachte, vielleicht wird nichts dabei herauskommen. Sie haben mich hierhergebracht und in eine dreckige Zelle gesteckt, wo mir die andern Frauen zehn Dollar und meine Kleider abgenommen haben und . . .«

Kelz unterbrach sie wütend: »Das hat nichts mit der Sache zu tun.«

Staatsanwalt Kroydon sagte: »Halten Sie den Mund, Kelz. Die Aussagen über die Zustände in diesem Gefängnis kommen ins Protokoll.«

Er stellte Davo und Jane noch einige Fragen über das Gefängnis. Sie hatten sie eben beantwortet, als jemand die Bürotür öffnete – mit solcher Heftigkeit, daß sie gegen die Wand krachte. Farner trat ein, gefolgt von zwei Männern. Sein breites, fleischiges Gesicht war finster und bedrohlich.

»Was, zum Teufel, machen Sie hier, John?« fuhr er Kroydon an.

»Ich vernehme diese Leute«, sagte Kroydon ruhig.

»Wieso? Warum halten Sie sich nicht an Ihre Anweisungen?«

»Anweisungen? Was soll das heißen, Mr. Farner... Hier sind zwei Herren, die Ihnen nicht bekannt sein dürften, Mr. Farner. Der Herr am Fenster ist Mr. Berman von der Obersten Finanzbehörde. Und der junge Mann dort drüben ist Mr. Feldman vom FBI. Zu Ihrer Information, Mr. Farner: Ich habe Polizeichef Lanker ersucht, Sie zu verhaften – ebenso Arthur Westcott, Stanley Hoe, die leitenden Herren der Baufirma Benet Brothers, Vittano, Danerra und alle Ihre anderen Helfer.«

Farner starrte den Polizeichef an. »Gehören Sie auch dazu, Walter? Verdammt noch mal, ich kann beweisen, daß Sie mit mir zusammengearbeitet haben. Und Sie auch, John. Wenn ihr mich ans Messer liefern wollt, dann seid ihr auch dran.«

Lanker schaute aus dem Fenster und gab keine Antwort.

Kroydon sagte: »Ich habe den Herren schon gesagt, daß Sie wahrscheinlich versuchen werden, uns zu belasten, obwohl Sie ganz genau wissen, daß wir nie etwas mit Ihnen zu tun hatten, Mr. Farner.«

»Sie lügen, John!«

»Sie haben keinerlei schriftliche Beweise gegen uns. Walter, am besten verhaften Sie ihn gleich. Sagen Sie Ihren Männern draußen im Streifenwagen Bescheid.«

Farner stieß mit einer für seine Leibesfülle erstaunlichen Schnelligkeit die Tür zu und zog einen kleinen Revolver aus der Tasche seines Mantels.

»Aha, die Ratten verlassen das sinkende Schiff!« sagte er mit verzerrtem Gesicht. »Aber ihr habt euch getäuscht – das Schiff sinkt nicht. Euch beide leg ich um – und wenn's das letzte ist, was ich noch tun kann.« Er wandte sich zu den beiden dunkelhaarigen, schweigenden Männern hinter sich. »Gebt mir Deckung. Diese Komödie hier widert mich an. Ich gehe.«

»Die Sache ist uns zu heiß, Stobe«, sagte der eine Mann. »Mit dem FBI wollen wir nichts zu tun haben. Machen Sie das allein ab.«

Der andere nickte, und die beiden zogen sich von ihm zurück. Alle in dem Zimmer sahen schweigend Farner an. Auf seinen Wangen standen kleine Schweißperlen. Er blickte in Kroydons ausdrucksloses Gesicht, auf Feldmans leise lächelnden Mund.

»Machen Sie keinen Quatsch«, sagte Lanker leise.

Farner legte den Revolver auf den Rand des Schreibtischs. Er schien in sich zusammenzusinken und plötzlich um Jahre zu altern.

Kroydon lächelte Davo und Jane an. »Sie können beruhigt sein – gegen Sie wird keine Anklage erhoben. Es war ein bedauerlicher Irrtum. Wenn Sie wollen, können Sie jetzt gehen. Wir bleiben mit Ihnen in Verbindung.«

Davo stand auf und ging mit Jane zur Tür. Er machte sie hinter ihnen zu, und sie gingen vorbei am Empfangspult und den langen Korridor hinunter, hinaus in die Dämmerung.

»Ich sterbe vor Hunger«, sagte Jane.

Davo grinste. »Sie kommen mir allmählich reichlich teuer, meine Dame.«

Während sie auf das Restaurant zugingen, das sich ein paar Häuser weiter befand, betastete er die Geldscheine in seiner Tasche, die man ihm zurückgegeben hatte.

Er lachte.

»Was ist, Liebling?« sagte sie. »Was findest du denn so lustig?«

»Ach, mir ist eingefallen, daß wir vorhatten, von hier wegzugehen. Ich hab' das Gefühl, daß man in dieser Stadt vielleicht doch ganz gut leben kann.«

Sie nahm seinen Arm. »Wenn du meinst – aber bitte laß uns erst darüber sprechen, wenn wir was gegessen haben.«

Gute Nachbarn

Sie klopfte an der Hintertür des billigen neuen Holzhauses, doch Stan Ryan bat sie nicht herein. Er ging hinaus und machte die Tür hinter sich zu. Die Veranda hinter dem Haus war eine zwei mal zwei Meter große Plattform ohne Dach und Geländer auf einem Sockel aus Klinkerblöcken. Eine nicht angestrichene steile Treppe, die aussah, als ob sie nicht lange halten würde, führte hinunter auf den schlammigen, graslosen Hof.

Stan sah, daß sie jung und zu mager war. Ihr Gesicht war nicht unhübsch, ihr Haar von einer billigen Dauerwelle gekräuselt, und an ihren Schuhen klebten große Klumpen von gelbbraunem Lehm. Ihre Hände waren rot, die Haut rauh, die Knöchel geschwollen.

Er lächelte höflich und zurückhaltend, und sie machte den Mund auf, um etwas zu sagen, brach aber ab, weil auf der Landstraße, die zu der dreizehn Kilometer entfernten Stadt führte, ein Lastzug vorbeibrauste.

Als der Lärm nachließ, versuchte sie ein ungezwungenes Lächeln aufzusetzen und sagte: »Ich bin Mrs. Clarey. Ich wohne gleich dort unten.« Sie deutete in die Richtung ihres Hauses, lachte leise und fügte hinzu: »Ich glaube, ich bin Ihre nächste Nachbarin, Mr. . . .«

»Ach so«, sagte er kühl lächelnd und ignorierte die Frage nach seinem Namen.

Offenbar war das alles, was sie sich vorher zurechtgelegt hatte. Ihr Lächeln bekam etwas Angespanntes, als sei es auf ihr mageres Gesicht gemalt.

»George und ich haben den Kinderwagen vor Ihrem Haus gesehen, und wir dachten, wo wir doch Nachbarn sind und so... und Ihre Frau...« Sie brach ab und wurde rot.

»Sie ist krank«, sagte Stan.

»Oh, das tut mir aber leid. Kann ich vielleicht irgendwas...«

»Nein, danke.«

Sie scharrte mit ihrem Schuh an der Kante der obersten Stufe, um den Lehm abzukratzen, doch dann wurde ihr wohl klar, daß sich das nicht gehörte, denn sie bückte sich und wischte den Klumpen weg. Als sie sich wieder aufrichtete und den Daumen an der Innenseite ihrer andern Hand rieb, lächelte sie nicht mehr.

»Ich glaube, ich gehe jetzt lieber und komme mal wieder, wenn Mrs.... – wenn's Ihrer Frau besser geht.«

»Ja, tun Sie das.«

Sie ging unbeholfen die Treppe hinunter und stakte durch den Schlamm zu dem Weidestreifen, zwischen den beiden Häusern. Ihr Nacken unter dem gekräuselten Haar war gerötet. Sie drehte sich um, blickte rasch zurück und ging dann weiter, als wolle sie vor ihm weglaufen.

Stan Ryan wartete, bis sie den Hügel in der Mitte der Weide überquert hatte und auf der andern Seite verschwunden war. Er konnte das grüne Dach ihres Hauses sehen. Er spuckte in den Schlamm, wandte sich ab und ging ins Haus zurück.

In der Küche standen Stapel von schmutzigem Geschirr und unter dem Spülbecken eine Reihe leerer Flaschen.

Stan Ryan war in Schweiß gebadet, als wäre er eine weite Strecke gelaufen oder hätte ein schweres Gewicht gehoben.

Art Marka stand in der Eßzimmertür, die Hände in den Taschen, schwarze Bartstoppeln im Gesicht, eine Zigarette im Mundwinkel. Unter den Achseln seines hellblauen Hemdes waren große dunkle Flecken.

»Ziemlich nervös, was?« sagte Art.

»Nicht mehr als du.«

»Deine ehrliche Visage ist wirklich Gold wert. Sogar Sommersprossen hast du. Jeder vertraut einem Mann mit Sommersprossen. Alles okay?«

Stan zuckte die Schultern. »Ich glaube schon. Die kommt nicht wieder. Wahrscheinlich wird sie ihrem Mann heute abend erzählen, daß wir ziemlich unfreundlich sind. Ich hab' ihr gesagt, meine Frau ist krank.«

Art seufzte und streckte sich. »Junge, ich wünschte, du

hättest eine Frau und sie wär hier und wäre nicht krank. Dieses Haus geht mir auf die Nerven. Ich könnte mal 'ne Abwechslung brauchen.«

Aus dem Eßzimmer, in dem die Vorhänge zugezogen waren, rief Howie Jadisko: »Hör auf zu träumen, du Spinner. Komm her, spielen wir weiter. Ich bin dran.«

»Scheiß Rommé«, murmelte Art. Dann sagte er zu Stan: »Spiel du für mich weiter. Du kannst mein Geld nehmen. Ich leg' mich ein bißchen hin.«

Stan ging hinein und setzte sich Howie gegenüber an den billigen neuen Tisch aus Ahornholz. Auf der Platte waren lange dunkle Brandflecken von Zigaretten und blasse Ringe von nassen Gläsern.

Howie war klein und untersetzt und hatte ein Gesicht wie ein grauer Pflasterstein und eine schlaff herabhängende Unterlippe, so daß man seine gelben Zähne sah. Er sah aus wie ein Schwachsinniger, doch Stan wußte, daß Howie intelligenter war als Art Marka, der das Kidnapping geplant hatte.

Stan nahm Arts Karten und begann mechanisch zu spielen. Das Wort ›Kidnapping‹ hatte einen merkwürdigen, fremdartigen Klang. Einen unwirklichen Klang. Wenn er nachts daran dachte, brach ihm der Schweiß aus, obwohl das Ganze schon über drei Monate zurücklag.

Howie gewann die Runde, zählte Stans Karten zusammen und trug die Punktzahl ein.

Marka hatte die richtige Familie ausgewählt. Sie hatten die vierhunderttausend bezahlt, ohne mit der Wimper zu zukken und die kleinen Scheine waren nicht markiert gewesen. Art hatte darauf bestanden, daß dem Kind nichts passieren durfte, denn dann hatten sie, wenn die Sache schiefging, bessere Chancen bei den Geschworenen.

Howie hatte im zweiten Auto gesessen, als der Austausch gemacht werden sollte. Das Kind war in einem Korb versteckt, der hinter dem Sitz auf dem Boden stand. Art hatte das Paket genommen und war damit zum ersten Auto gelaufen, und sobald Art eine Ecke aufgerissen und einen Blick auf das Geld geworfen hatte, hatte Stan zweimal gehupt – das Zeichen für Howie, daß er den Korb ausladen sollte.

Doch als Howie an der Kreuzung auftauchte, hatte er das Kind noch bei sich. Es lag noch in dem Korb. Das Kind hatte zu schreien angefangen, wahrscheinlich, weil es Hunger hatte, und Howie war nervös geworden und hatte die Dekken über seinen Kopf gezogen. Das Kind hatte zu schreien aufgehört.

Bevor Howie den Korb auslud, hatte er einen Blick hineingeworfen und gesehen, daß das Gesicht des Kindes blau war. Es war erstickt.

Also hatte Art zu Stan gesagt, er solle es im Unterholz in dem lockeren, mit Laub bedeckten Boden vergraben. Die Schweißausbrüche bekam Stan nachts, wenn er davon träumte, wie sich das tote Kind in seinen Händen angefühlt hatte, wie still es gewesen war, wie unglaublich schwer

Die Familie hatte sich natürlich ans FBI gewendet. Am Tag, nachdem die Pfadfinder das Grab gefunden hatten, stand alles in den Zeitungen, und eine Zeitlang war das Ganze klarerweise die Sensation Nummer eins. Stan Ryan mußte viel an den Tod denken. Oft umklammerte er mit seinen kräftigen Händen seinen Schenkel und stellte sich vor, wie das Blut durch die Venen und Arterien strömte, um sich bewußt zu machen, daß er am Leben war. Es war eine verdammt schaurige Sache, daß sie hinter ihm her waren und ihn umbringen wollten.

Es wäre sinnlos gewesen, Howie Jadisko zusammenzuschlagen, denn es war nun mal passiert, und daran war nichts mehr zu ändern. Manchmal wachte Stan nachts auf und dachte, er hätte das Kind schreien gehört, so wie es in dem Kellerraum geschrien hatte, in dem sie es die fünf Tage vor der Geldübergabe versteckt hatten, die fünf Tage, in denen die Familie sich bemühte, das Geld zusammenzubringen.

Art hatte das Versteck ausfindig gemacht. Einen Monat, bevor sie das Kind entführten, hatte Art das Haus gekauft, dreihundert Kilometer weit weg, zwölf Kilometer vor einer Großstadt. Ein billiges, einsam gelegenes Haus, mit dem ein kleiner, unreeller Bauunternehmer schnell einen Haufen Geld verdienen wollte.

Stan hatte in den zwei Wochen vor dem Kidnapping in dem Haus gewohnt und nach Arts Anweisungen alle Vorbereitungen getroffen.

Als das Kind begraben war, waren sie getrennt zu dem Haus zurückgefahren. Sie behielten nur einen Wagen, einen 68'er Plymouth, der angemeldet war. Stan Ryan hatte ihn gekauft. Art und Howie hatten das Haus drei Monate lang nicht verlassen; kein Mensch hatte sie gesehen.

Das Interesse der Zeitungen für die Sache war eingeschlafen; nur hin und wieder wurde der Fall in einem Leitartikel erwähnt. »Warum wurden die brutalen Mörder nicht gefaßt?«

Stan ordnete seine neuen Karten, seufzte und sagte: »Wann hauen wir hier ab, Howie?«

»Mensch, das weißt du doch! In eineinhalb Monaten. Dann teilen wir das Geld auf und trennen uns.«

»Und wo gehst du hin, Howie?«

»Mensch, wenn ich dir das sage und sie schnappen dich, dann würden sie dich dazu bringen, es zu sagen. Wenn du's nicht weißt, kannst du's ihnen nicht sagen.«

Stan wußte, wo er hingehen würde. Nach Mexiko und von dort nach Guatemala. Er hatte gehört, daß man dort niemanden auslieferte. Und es war ein Land, in dem man billig leben konnte. Wenn er sein Geld zusammenhielt, konnte er sein restliches Leben damit auskommen. Art bekam hundertfünfundsiebzig und Howie hundertfünfundzwanzig.

Lange Zeit hatte Stan Angst gehabt, daß sie ihn umbringen und im Haus zurücklassen würden. Doch Art hatte sie gewarnt, irgendwelche Dummheiten zu machen, denn das würde die Bullen schnell auf ihre Spur bringen, weil es leichter sei, jemanden von einem bekannten Ort aus zu verfolgen, und es könnte bedeuten, daß sie damit selbst ihr Todesurteil unterzeichneten.

Howie schaute auf seine Uhr. »Zeit für die Hausarbeit, Mutter«, sagte er.

Stan ging zur Vordertür, sah sich vorsichtig um, ging hinaus, nahm den Kinderwagen und schob ihn in die Diele. Die hellblaue Decke war voll Staub von dem Verkehr auf der Landstraße. Er nahm sie heraus und schüttelte sie aus.

Er überzeugte sich, daß die Vordertür versperrt war, ging über die Veranda auf der Rückseite des Hauses auf den schmutzigen Hof und machte das Ende der Wäscheleine los, das an der Ecke der Garage befestigt war. Es war wesentlich einfacher, die Leine zusammen mit der Wäsche hineinzutragen, als die Wäsche jeden Tag abzunehmen und wieder aufzuhängen. Er hob sie hoch, damit die Wäsche nicht schmutzig wurde, machte das andere, am Haus befestigte Ende los, trug das Bündel hinein und warf es in eine Küchenecke. An der Leine hingen Schürzen, Frauenunterwäsche, T-Shirts, Unterhosen und ein paar Bettlaken. Alles, was nötig war, um den Eindruck zu erwecken, daß ein Mann und eine Frau in dem Haus wohnten.

Am nächsten Tag würde er die Wäsche wieder auf den Hof hängen und den Kinderwagen auf die Veranda schieben und ihn in regelmäßigen Abständen hinein- und hinausrollen. Und auf die Verandatreppe oder in den Schmutz unter dem Geländer mußte er eine Zelluloidrassel mit einem roten Plastikgriff legen.

Howie trat in die Küche, schaute in die Speisekammer und sagte: »Du mußt morgen in die Stadt fahren. Es ist fast nichts mehr da.«

Stan spürte, wie Angst in ihm aufstieg. Er haßte die Anspannung, die ihn erfüllte, wenn er zum Einkaufen ging, wenn er auf dem Weg vom Auto zum Geschäft dauernd den Drang unterdrücken mußte, hinter sich zu blicken, wenn er, wie Howie ihn angewiesen hatte, sich bemühte, nicht schneller als sechzig zu fahren.

Am Abend hatten sie es sich zur Gewohnheit gemacht, die Vorhänge im vorderen Zimmer nicht zuzuziehen, und Stan mußte eine bestimmte Zeit am Fenster sitzen und lesen. Art und Howie zeigten sich nie am Fenster, wenn der Vorhang offen war. Um zehn Uhr mußte das Licht ausgemacht werden.

Howie hantierte mit flinken, geschickten Bewegungen in der Küche herum. Stan sah ihm einen Moment zu und sagte: »Wieder Schinken mit Ei.«

Howie richtete sich auf. »Vielleicht möchtest du diesen Job übernehmen?«

»Nein, nein. Schon gut. Mach nur weiter.«

Als das Essen auf dem Tisch im Speisezimmer stand, ging Stan hinaus und weckte Art. Im Schlaf war Arts Gesicht ganz schlaff, und die Haut unter den Bartstoppeln sah aus wie eine ranzige Schicht auf einer Schüssel mit Fett. Als Stan ihn berührte, zuckte Art zusammen und starrte ihn erschrocken an. Dann schwenkte er die Beine über den Bettrand und vergrub das Gesicht in den Händen.

»Ich sollte tagsüber nicht schlafen. Ich hab' einen Geschmack im Mund, als ob ich Spülwasser getrunken hab'.«

Er folgte Stan die Treppe hinunter, und sie aßen schweigend und hastig. Der Kaffee war heiß, stark und schwarz. Howie drückte im Kaffeesatz zischend seine Zigarette aus.

»Eine scheußliche Angewohnheit!« fuhr Art ihn an.

Howie lachte leise und humorlos. »Ach, geh zum Teufel. Lächerlich, diese Empfindlichkeit.«

»Ich schnapp' hier bald über«, sagte Art gereizt.

Niemand antwortete ihm. Stan trug das Geschirr hinaus, um es zu spülen, und Art holte die Karten, wischte die Krümel weg und begann sie zu mischen.

Als Stan mit dem Geschirrspülen fertig war, sah er ihnen eine Weile gähnend zu. Dann ging er ins Vorderzimmer und setzte sich in einen Sessel. Um neun machte er das Licht aus und ging zu Bett. Er lag im Dunkeln und dachte an die magere Frau aus dem Nachbarhaus. Ihre Augen waren nicht übel. Mit etwas mehr Fleisch an den Knochen...

Na ja, in Guatemala würde es genug Frauen geben. Frauen, die sich um einen jungen Kerl mit hunderttausend Dollar reißen würden. Aus seinem Unterbewußtsein drängte sich die Erinnerung an das tote Kind in seinen Händen nach oben, doch er unterdrückte sie. Verdammt, sie waren hier völlig in Sicherheit. Wenn sie vorsichtig waren, war es völlig ausgeschlossen, daß man sie in diesem Haus entdeckte.

Wie schwarzes weiches Wasser schlug der Schlaf über ihm zusammen, zog ihn in die Tiefe, schwemmte ihn an einen entsetzlichen Ort, einen grauenhaften, furchterregenden Ort...

Plötzlich war er hellwach und schreckte hoch, einen Schrei auf den Lippen. Kalter Schweiß bedeckte sein Gesicht, und er schluchzte leise. Er schaute im Dunkeln auf die Leuchtziffern seiner Armbanduhr. Erst halb zehn. Er hatte nur zwanzig Minuten geschlafen. Er drehte das Kissen um und versuchte sich zu entspannen.

Unten hörte er Stimmen. Art Marka und Howie Jadisko. Er runzelte die Stirn. Im allgemeinen schwiegen sie beim Kartenspielen. Worüber sprachen sie wohl? Er würde nicht unbemerkt die Treppe hinunterkommen, denn sie knarrte bereits, obwohl sie neu war.

Er schlief in seiner Unterwäsche. Leise wälzte er sich aus dem Bett und schlich durch den Gang zum hinteren Schlafzimmer, in dem Howie schlief. Unter diesem Raum war das Eßzimmer.

Im Finstern kniete er sich auf den kahlen Boden, legte sich auf den Bauch und preßte das Ohr auf das lackierte Holz. Als er den Atem anhielt, konnte er sie verstehen. Howie sagte: »...aber wir brauchen ihn doch als Strohmann, Art. Du kannst es erst machen, wenn wir hier abhauen.«

»Ich weiß. Wir stopfen ihn am besten in den Kamin – dann finden sie ihn erst im nächsten Winter. Und wenn er zu stinken anfängt, zieht alles durch den Schornstein ab. Sein Geld teilen wir uns.«

Stan stand langsam auf, schlich leise zu seinem Zimmer zurück und legte sich wieder ins Bett. Er lag mit offenen Augen da und starrte ins Dunkel. Er spürte nicht die leiseste Angst. Kalte Wut stieg in ihm hoch. Er war nur ein Strohmann. Wenn sie ihn nicht mehr brauchten, wollten sie ihn umbringen.

Dann lief ihm ein Schauder über den Rücken, und ein fast lustvolles Gefühl erfüllte ihn. Er war frei! Das Geld war in dem braunen Koffer hinten in Arts Kleiderschrank. Er brauchte die beiden bloß umzulegen, das ganze Geld zu nehmen und abzuhauen. Vierhunderttausend – das hörte sich wesentlich besser an als einhunderttausend. Mit vierhunderttausend brauchte er vielleicht nicht mehr an das tote Kind zu denken und an das Foto in der Zeitung, auf dem der Vater die Mutter von dem Kind stützte, und sie aussah, als würde sie zusammenbrechen, wenn er sie losließ.

Aber die beiden umzulegen, war leichter gesagt als getan.

Er machte das Licht an. Viertel vor zehn. Er zog sich an und ging polternd die Treppe hinunter.

»Hallo, Jungens!« sagte er gutgelaunt.

»Ich dachte, du hast dich in die Falle gehaun«, sagte Howie.

»Konnte nicht einschlafen. Ich glaub', ich brauche einen Drink.« Er ging in die Küche, spülte eine Kaffeetasse aus und füllte sie halb mit Whisky. Er brannte in seiner Kehle, als er ihn in einem Zug austrank, und er verschluckte sich fast. Doch dann breitete sich Wärme in ihm aus, und ein wohliges Gefühl durchströmte ihn.

Er hörte, wie die Karten auf den Tisch klatschten; dann sagte Howie: »Rommé! Wieviel hast du?«

»Mal sehn. Achtundzwanzig, dreiunddreißig, sechsunddreißig. Zufrieden?«

»Damit hab ich zwei Spiele gewonnen und beim dritten fast einen Schneider.«

Stan bemühte sich, ruhig zu bleiben. Wahrscheinlich hingen die Stromleitungen in der Küche und im Eßzimmer an der gleichen Sicherung. Über der Frühstücksecke hing eine Wandlampe mit einem Schirm aus unechtem Pergament. Er ging hinüber, überzeugte sich, daß die beiden Kartenspieler ihn nicht sehen konnten, und zog den Stecker aus der Wand. Mit einem Küchenmesser drehte er rasch eine der beiden kleinen Messingschrauben heraus, unter die der Draht geklemmt war, und wickelte ihn um den anderen Teil des Stekkers. Dann steckte er ihn wieder in die Dose. Es knisterte, blaue Funken sprühten, und in der Küche und im Eßzimmer ging das Licht aus.

»Verdammt, was ist los?« sagte Art mit gepreßter Stimme, und Stan lächelte im Finstern, als er merkte, daß er Angst hatte.

»Nichts. Ich hab' die Lampe hier angemacht, und anscheinend hat's einen Kurschluß gegeben. Die Sicherung muß durchgebrannt sein. Ich seh' mal nach. Vielleicht kann einer von euch mitkommen. Ich bin kein Elektriker.«

Howie begleitete ihn und knipste im Keller das Licht an. Stan erschrank. An die Kellerlampe hatte er nicht gedacht. Er hatte sich vorgestellt, daß es finster sein würde.

Sie gingen zusammen zum Sicherungskasten, und Howie öffnete die schwarze Metalltür und schaute hinein. »Ja, diese hier«, sagte Howie. »Hast du einen Cent?«

»Ich glaub' nicht.«

»Moment, ich hab' einen.« Howie schraubte die Sicherung heraus, drehte den Schalter neben dem Kasten, und die Kellerlampe ging an. Stan hörte das Klirren der Münze und ein scharrendes Geräusch, als Howie die Sicherung wieder hineinschraubte.

Die Kellerlampe ging an. Howie rief, die Hand auf dem Schalter: »Oben alles okay?«

»Okay«, rief Art.

Im gleichen Moment stach Stan mit dem Küchenmesser zu. Direkt unter das rechte Schulterblatt. Die Klinge schrammte über einen Knochen und rutschte ab. Howie stöhnte und fuhr mit unheimlicher Schnelligkeit herum, die Augen zusammengekniffen, den Mund schmerzverzerrt. Er griff nach seiner Hüfttasche.

Stan grunzte, als er mit voller Kraft auf Howies Gesicht einstach. Howie stand einen Moment regungslos da und riß das eine Auge auf. Aus dem anderen Auge ragte der Griff des Küchenmessers.

Als er mit voller Wucht zu Boden stürzte und auf den Rükken rollte, blickte Stan auf ihn nieder und lachte leise. Dann gab er einen leisen, würgenden Laut von sich, wandte sich, plötzlich von Übelkeit gepackt, ab, legte seine Hand auf die weißgekalkte Wand und machte den Schalter aus.

»Jetzt ist das Licht wieder aus!« rief Art. »Was macht ihr denn dort unten?«

»Nur einen Moment«, rief Stan heiser. Er packte Howie und wälzte ihn auf den Bauch. Der Griff des Messers scharrte über den Zementboden. Stan nahm die flache Automatik aus

Howies Hüfttasche. Er betätigte den Schieber und hörte, wie eine leere Patrone klirrend auf den Boden fiel. Dann entsicherte er die Pistole und ging die Treppe hinauf.

Als er in die Küche trat, rief er nach unten in den Keller: »Ich schau mal, ob Art einen hat, Howie.«

Er stieß gegen den Türrahmen und stolperte ins Eßzimmer. »Art, wir brauchen einen Cent, um die Sicherung in Ordnung zu bringen. Hast du einen?«

»Hoffentlich macht ihr dort unten keinen Murks«, sagte Art. »Ich find's reichlich ungemütlich, so im Finstern zu sitzen. Hat Howie eben gelacht?«

»Ja. Er hat gelacht. Und jetzt kannst du lachen, Art.«

»Was ma...« Er brach ab.

Es war, als ob die Schüsse die Luft aus Arthur Markas Lungen entweichen ließen. In dem finsteren Raum stank es nach Pulver. Stan rührte sich nicht und horchte. Ein schwerer Laster fuhr vorbei, dann zwei andere Autos.

Langsam atmete er aus. Er zündete ein Streichholz an und warf es auf den Boden, so daß es verlöschte. Drei Schüsse hatten ihn in die Brust getroffen und der letzte ins Gesicht. Art saß zusammengesunken auf dem Stuhl, das Kinn auf der Brust; beide Arme hingen herab.

Stan stieß ihn im Dunkeln vom Stuhl. Mit einem dumpfen Geräusch schlug er auf den Boden. Stan packte ihn an den Füßen, zerrte ihn zur Kellertreppe, trat hinter ihn und gab ihm einen Stoß. Der Tote rollte polternd die steile Treppe hinunter und blieb unten auf dem Zementboden liegen.

Er machte die Kellerlampe aus und holte aus Arts Kleiderschrank den Koffer mit dem Geld. Dann ging er in sein Zimmer, packte seine paar Sachen ein und ging durch das finstere Haus zur Hintertür. Ganz einfach. Zwei Koffer neben der Küchentür. Der eine voll Geld. Alles für Stanley Ryan.

Der Wagen war vollgetankt. Er brauchte nur die Tür abzusperren und abzuhauen. Die Wäsche und der Kinderwagen waren im Haus, die Vordertür versperrt.

Da schrillte einen Meter von seinem Kopf entfernt die

Klingel. Er zuckte zusammen und stand zitternd im Dunkeln. Er fluchte. Leise lief er zur Vorderseite des Hauses und schaute vorsichtig durch das Zimmerfenster.

Ein weißes Polizeiauto stand mit laufendem Motor vor dem Haus.

Er saß in der Falle.

Er schlüpfte aus seiner Jacke, warf sie beiseite und steckte die Pistole in seine rechte Hosentasche. Mit zitternden Fingern knöpfte er sein Hemd auf.

Er machte die Dielenlampe an, öffnete die Vordertür und sagte gähnend: »Was wollen Sie?«

Zwei große Polizisten standen da, und hinter ihnen mit aufgerissenen Augen die magere Frau, die am Nachmittag dagewesen war.

Der Polizist, der der Tür am nächsten stand, sagte mit mißmutigem Gesicht: »Mister, wir haben merkwürdige Dinge gehört und möchten hier mal nach dem Rechten sehen.«

»Das ist er! Das ist er!« sagte die Frau mit schriller Stimme.

»Ja, ja, schon gut«, sagte der Polizist. »Mister, ich hab' gehört, Ihre Frau ist krank. Stimmt das?«

Hoffnung stieg in Ryan auf und gab ihm den Mut, zu lächeln. »Nicht sehr. Bloß ein bißchen unpäßlich. Sie wissen ja, wie das ist. Sie hat erst vor vier oder fünf Monaten das Kind gekriegt. Aber darf ich mal fragen, was das alles soll? Was hat diese Frau Ihnen erzählt? Sie war heute nachmittag hier und hat sich reichlich komisch benommen.«

»Das kann ich Ihnen gern sagen, Mister«, sagte der Polizist. Ryan trat auf die Veranda.

Plötzlich stürmte die Frau ins Haus. Ryan wollte sie festhalten, erwischte sie aber nicht.

Der eine Polizist packte Ryan am Arm, und der andere lief der Frau nach. Der Polizist, der ihn am Arm festhielt, sagte: »Lassen Sie nur, Joel macht das schon. Ich glaub', sie ist bloß eine harmlose Irre.«

Stan hörte, wie die Frau die Treppe hinauflief. Der Polizist rannte ihr polternd nach. Ihm war klar, daß er nicht viel Zeit hatte. Die Frau suchte seine Frau und das Baby.

Der Koffer mit dem Geld stand in der Küche. Er hatte eine

kleine Chance. Er wandte sich halb von dem Polizisten ab und ließ die Hand sinken, bis seine Fingerspitzen den kalten Griff der Pistole berührten.

Irgendwo oben begann die Frau laut zu schreien. Stan riß die Pistole heraus und schoß zweimal auf den Bauch des Polizisten.

Er ließ den Koffer mit seinen Sachen stehen und packte nur den braunen mit dem Geld. Jemand schrie etwas mit heiserer Stimme. Ein Schuß krachte.

Der Motor sprang sofort an, und er war froh, daß er in die Garage zurückgestoßen war.

Als er über die Zufahrt zur Straße raste, sprang von der Seite des Hauses eine Gestalt vor, und eine orangerote Stichflamme schoß auf den Wagen zu. Der Wagen schleuderte, scharrte mit dem Trittbrett über den Weg und krachte an die Seitenwand des Hauses.

Er rannte zwanzig Meter weit – dann traf die Kugel seine Schulter. Er schlug der Länge nach hin und wälzte sich schreiend vor Schmerz und Angst und erfüllt von dem Gedanken, daß das sein Ende war, auf dem Boden.

Zwei Tage später, nachdem Stanley Ryan dem Polizeistenographen neben dem Krankenhausbett sein Geständnis diktiert hatte, sagte er zu dem Lieutenant: »Eins würde ich gern wissen? Warum hat diese Frau die Polizei geholt?«

Der Lieutenant, ein erschöpft aussehender Mann von etwa fünfzig Jahren, starrte auf das Ende seiner erloschenen Zigarre und sagte: »Hm, sie hat gedacht, Sie sind übergeschnappt und haben Ihre Frau und Ihr Kind umgebracht.«

Stan dachte einen Moment nach. »Wie ist sie denn bloß auf diese Idee gekommen?«

»Sie hat selbst zwei kleine Kinder, mein Junge. Und so ist es ihr nicht schwergefallen, die schwache Stelle in Ihrem Plan zu entdecken.«

»Die schwache Stelle?«

»Ja, Ryan – einen verdammt dummen Schnitzer. An der Wäscheleine hingen doch jeden Tag diese Sachen, und weil ihr aufgefallen war, daß etwas fehlte, hat sie jeden Tag nachgesehen. Sie konnte sich's einfach nicht erklären. Schließlich ist sie herübergekommen, um mit ihnen zu reden. Wenn Sie ihr die Gelegenheit gegeben hätten, hätte sie Sie danach gefragt. Unter den Sachen, die da jeden Tag im Wind wehten, hat sie etwas ganz Wichtiges nie gesehen. Und die junge Mrs. Clarey wußte, daß es hier draußen, so weit von der Stadt, keinen Windeldienst gibt.«

Verurteilt

1

Chowder gab mir den Auftrag an einem heißen Nachmittag in Chicago. Um was für meine Kondition zu tun, hatte ich an diesem Vormittag im Club drei schnelle Partien Tennis mit einem Profi gespielt, und am Nachmittag saß Chowder an dem großen Schreibtisch im Vorderzimmer seiner Wohnung und ich in Shorts und Polohemd gegenüber auf der Couch. Chowder sah die chiffrierten Berichte durch, die von den außerhalb der Stadt liegenden Distrikten eingegangen waren. Syndikatsangelegenheiten.

Gloria saß mit gekreuzten Beinen neben mir auf dem Fußboden und beugte sich über eine Zeitschrift. Ich hatte meine rechte Hand auf ihrem Nacken liegen und fuhr mit den Fingern durch ihr schimmerndes braunes Haar. Gloria ist ein gutes Mädchen, doch nicht sehr hell.

Ihr Drink stand neben mir auf dem Boden, und von ihrer Zigarette stiegen Rauchringe auf. Sie hat nie kapiert, daß ich einfach deshalb nicht rauche oder trinke, weil ich den Geschmack nicht mag. Als ich ihr mal sagte, daß ein Gentleman ein Mann ohne kleine Laster ist, hat sie mich bloß verblüfft angesehen.

Chowder hat seinen Namen daher, daß er seine politische Laufbahn damit begann, daß er in irgendeiner kleinen Stadt in New England die Wähler zu kaufen versuchte, indem er sie zu Picknicks einlud und ihnen Chowder* und Freibier spendierte. Er hat ein flaches weißes Gesicht, keine Haare und einen kleinen Mund wie ein umgekehrtes U. Er ist ein ziemlich primitiver Mensch.

»Geh runter in die Bar und kauf dir einen Drink, Gloria«, sagte er.

* Gericht aus Fisch, Pökelfleisch und Zwieback

Sie warf ihm einen verärgerten Blick zu. »Ich fühl' mich hier sehr gut.«

Ich nahm meine Hand von ihrem Nacken, legte sie auf ihr Ohr und gab ihr einen Stoß. Sie kippte um und sprang wütend auf.

Bevor sie zu keifen anfangen konnte, sagte ich: »Tu schön, was der Onkel sagt, Honey.«

Mit einem unverschämten Gang, der gewisse Konzessionen unterstrich, die sie bezüglich ihrer Kleidung wegen der sommerlichen Hitze machte, stolzierte sie zur Tür. Krachend fiel sie hinter ihr zu.

»Setzen Sie sich auf, wenn ich mit Ihnen rede, Wally«, sagte Chowder.

Ich richtete mich in eine sitzende Haltung auf, gähnte und lächelte ihn an. Er klopfte mit dem Rücken seiner dicken weißen Hand auf einen Bericht.

»Arbeit für Sie«, sagte er.

»Wen soll ich zusammenschlagen?« fragte ich.

Er runzelte die Stirn und stand auf. »Wally, wir haben ziemlich viel Geld in Sie investiert. Das wissen Sie doch.«

Das wußte ich nicht. Für unerlaubte Entfernung von der Truppe, einige Überfälle und ein paar Schwarzmarktgeschäfte in Westdeutschland hatte man mich zu zehn Jahren in Leavenworth verurteilt. Das Revisionsgericht hatte mich nach siebenunddreißig Monaten freigelassen. Jemand wie ich, bei dem eine unehrenhafte Entlassung in den Papieren stand, konnte nichts Besseres tun, als schon in Leavenworth Kontakt wegen einer Tätigkeit draußen aufzunehmen, wenn er sich seinen Lebensunterhalt nicht mit manueller Arbeit verdienen wollte. Bei der Army hatte ich einige Fähigkeiten erworben, die für die Organisation nützlich waren, und so wußte ich, wohin ich nach meiner Entlassung gehen konnte.

Seit etwas über einem Jahr gehörte ich zu Chowders Gruppe und bekam fünf Hunderter pro Woche, und in dieser Zeit war ich nur mit vier Aufträgen betraut worden, bei denen es darum ging, Leuten eine Abreibung zu geben, die der Meinung waren, ihnen stünde ein größerer Anteil von den Einnahmen zu, als die Organisation ihnen zu geben bereit war. Außerdem hatte es natürlich eine Menge kleine Erledigungen für Chowder gegeben, zum Beispiel den Continental in die Werkstatt zu bringen und den Mercedes abzuholen. Und auf dem Rückweg die Kiste Wein mitzunehmen.

Das Geld, das sie mir zahlten, hatte ich also wirklich abgearbeitet.

»Also – worum geht's?« fragte ich.

»Um etwas ganz anderes als das, was Sie bis jetzt gemacht haben. Jemand soll sozusagen völlig aus dem Weg geräumt werden.«

»Dann sollten Sie jemanden hinschicken, der dumm genug ist, drauf zu pfeifen, was danach mit ihm passiert. Ich hab' eine Abneigung gegen elektrische Möbel.«

Er ging nicht darauf ein. »Dieser Auftrag kommt von ganz oben«, fuhr er fort. »Bis vor sechs Monaten hatte die Organisation in Bruerton – das ist im Staat New York – Einnahmen von fünfzehntausend wöchentlich. Unser Mann dort ist Sid Marion. Sie haben ihn beim Jahresmeeting kennengelernt. Die Einnahmen kommen von Spielautomaten, Buchmachern und Gras.«

Ich wartete geduldig.

»Als die Einnahmen auf achttausend pro Woche zurückgingen, hat der Big Boß Sid zu sich bestellt, und es stellte sich heraus, daß sie seit ein paar Jahren die Polizei mit ziemlich hohen Beträgen schmieren. Aber vor sechs Monaten ist der alte Polizeichef gestorben, und ein jüngerer Mann, ein gewisser James Fosting, wurde sein Nachfolger. Der läßt sich nicht kaufen. Wir könnten den zweiten Mann bei der dortigen Polizei kaufen, aber das nützt uns nichts, solange Fosting auf seinem Posten ist. Die Verluste machen dreihundertfünfzigtausend im Jahr aus, und so hat der Big Boß Sid gebeten, den neuen Polizeichef mit allen Mitteln zu bearbeiten – ihn um jeden Preis zu kaufen. Das Ergebnis waren noch schärfere Polizeiaktionen gegen uns. Diese Stadt hat hundertvierzigtausend Einwohner. Sie müßte zwanzigtausend pro Woche abwerfen, nicht sechs. Das Hauptbüro hat Vertrauen zu Ihnen, Wally. Knöpfen Sie sich ihn vor.«

»Wär das nicht eine Aufgabe für einen Scharfschützen?

Den können Sie sich doch in St. Louis oder irgendwo ausleihen.«

»Nein, das würde einen Riesenstunk geben, und der zweite Mann würde dann womöglich nicht nachrücken. Es muß aussehen wie ein Unfall, Wally. Eine Sache, die ganz cool und glatt durchgezogen werden muß. Mit Ihrer Intelligenz sind Sie genau der Richtige dafür. Deshalb hab' ich Sie empfohlen.«

»Vielen Dank. So intelligent bin ich allerdings, daß ich weiß, Sie werden keinen Menschen finden, der so was für fünfhundert wöchentlich macht.«

»Wenn alles gutgeht, kriegen Sie eine Prämie.«

»Wieviel?«

»Zwanzig.«

Ich überlegte und überschlug das Ganze im Kopf. »Zwanzig sind okay – plus zehn Prozent der Gesamteinnahmen im ersten Jahr nach seiner Beseitigung.«

Chowder schüttelte traurig den Kopf. »Wally, Sie wissen doch ganz genau, daß ich dem Hauptbüro mit so einem verrückten Vorschlag unmöglich kommen kann.«

Ich drehte mich in der Tür zum Schlafzimmer um und sagte: »Während ich mich umziehe, sollten Sie sich mit jemandem in Verbindung setzen und zu einer Zusage überreden – sonst können Sie sich jemand anderen suchen.«

»Können Sie denn nicht wenigstens ein bißchen runtergehen?«

»Schauen wir erst mal, was sie für ein Angebot machen. Okay?«

Ich duschte und rasierte mich, zog ein weißes Hemd und meinen neuen Cordanzug an und knotete die hellblaue Krawatte genau so, wie ich es gern mochte. Das fertige Produkt betrachtete ich in dem mannshohen Schlafzimmerspiegel. Als ich achtzehn war, sagte mir mal eine Dame, ich würde sie an eine große, schläfrige blonde Katze erinnern. Und meine Augen wären kalt und gefühllos.

Ich muß immer an sie denken, wenn ich in einen Spiegel schaue.

Als ich zurückkam, sagte Chowder: »Mit siebeneinhalb Prozent ist er einverstanden.«

Ich ging zur Tür. »Okay. Abgemacht.«

»Wo wollen Sie hin?« fragte er.

Ich grinste ihn an. »Zuerst geh' ich runter und hol' mein Mädchen aus der Bar. Dann komm' ich zurück, und Sie geben mir fünftausend Vorschuß. Dann packt sie meine Sachen, und ich fahr nach Bruerton. Okay?«

Gloria saß an einem Ecktisch, und ein schmieriger Typ hatte sich an sie rangemacht. Gloria mag neckische Spielchen. Als sie mich kommen sah, stellte sie ihr Glas hin und schlug dem Kerl auf den Mund. Er zuckte erschrocken zusammen und blickte zu mir auf, und Gloria machte einen Schmollmund und sagte: »Liebling, dieser Mann hat mich belästigt.«

Ich sah ihn bloß an. Er wußte, daß er dieses Spiel nur verlieren konnte. Er überlegte drei Sekunden, dann stand er auf und verzog sich. Mir wurde klar, daß mir Glorias kleine Tricks zum Hals raushingen.

»Los, komm«, sagte ich. »Wir müssen packen.«

Ihre Augen leuchteten auf. Gloria mag ferne Orte. Reisen ist ihre Leidenschaft.

Doch es stand ihr eine Enttäuschung bevor. Ich überzeugte mich, daß sie meine Sachen richtig einpackte, faltete die Geldscheine zusammen, die Chowder aus dem Safe genommen und mir gegeben hatte, ging wieder zur Gloria, die dabei war, ihre eigenen Klamotten zu packen, und sagte: »Beeil dich, Baby.«

Sie sah lächelnd zu mir auf. Ich sagte Chowder, was ich mit Gloria vorhatte und weihte auch den Portier ein. Sie sollte vor dem Eingang auf mich warten, während ich den Wagen holte. Ich stellte ihr Gepäck auf den Gehsteig und trug meins nach hinten zum Wagen. Als ich sechs Blocks weiter an einer Ampel hielt, grinste ich und stellte mir vor, was Gloria für ein Gesicht machen würde, wenn ihr klar wurde, daß ich abgehauen war und sie nicht in das Gebäude zurück konnte. Dem Portier würde es verdammt schwerfallen, sie zu vertreiben. Aber in einer Woche würde sie sich beruhigt haben und sich wieder in irgendeiner Bar einen Job als Go-Go-Girl suchen.

Ich finde es kindisch, mit einem Auto wie ein Angeber dahinzurasen, und ich sorgte dafür, daß die Nadel genau auf neunzig blieb. Das Schlimme am Autofahren ist, daß es einem zuviel Zeit zum Nachdenken läßt. Ich hatte gehofft, mich in der Organisation nach oben zu arbeiten, ohne in allzu heikle Situationen zu geraten, und jetzt dieser Auftrag ... Er machte mir ziemliche Angst. Es war lange her, seit ich einen Menschen umgebracht hatte. Das letzte Mal war es in Hamburg gewesen, zwei Wochen bevor ich bei dem großen Überfall geschnappt wurde. Und das war eine schlimme Sache gewesen. Wir konnten keinen Schuß riskieren, und ich mußte ihn mit dem Gewehrkolben erschlagen. Er hatte Bedenken bekommen, und wir fürchteten, er würde zur Militärpolizei gehen und uns verpfeifen, um sich reinzuwaschen.

Doch das war eine Sache gewesen, die sich ohne vorherige Überlegung ergeben hatte. Ich dachte daran, wie schlecht mir danach gewesen war. Doch dies war schlimmer. Es erforderte mehr Kaltblütigkeit. Ich hatte den Verdacht, daß Chowder mich in der Hoffnung dafür empfohlen hatte, daß ich dabei draufgehen würde. Ich wußte, daß Chowder Angst vor mir hatte.

Der Unterschied zwischen ihm und mir lag, glaube ich, in unserer Vergangenheit. Chowder war in gesicherten bürgerlichen Verhältnissen aufgewachsen. Während seine Mutter ihn verhätschelte, war ich mit Mick und Chucky über die Mauer des Waisenhauses geklettert und durch die finsteren Straßen zum Hafen gelaufen, wo wir Betrunkene in Seitengassen lockten und ihnen die Taschen ausräumten.

Mit fünfzehn Jahren tat ich mich mit zwei Burschen zusammen, die auf Tankstellen spezialisiert waren. Sie betrogen mich um meinen Anteil, und ich trennte mich von ihnen – eine Woche, bevor sie in eine Falle gingen. Ihr neuer Fahrer bekam eins übers Ohr, fuhr eine Benzinpumpe um, und sie gingen zusammen mit dem Ding in die Luft.

Rufe Ventano nahm mich unter seine Fittiche. In den drei Jahren, die ich als Buchmacher für ihn arbeitete, brachte er mir bei, wie man sich anzieht und benimmt, wie man sich mit jemandem unterhält und wie man eine Gabel richtig in die Hand nimmt. In derselben Woche, in der er an einer Lungenentzündung starb, wurde ich bei einem Einbruch geschnappt, und das Gericht stellte mich vor die Wahl, in den Knast oder zur U. S. Army zu gehen. An dem Tag, an dem Rufe beerdigt wurde, wurde ich Soldat.

Nach der Grundausbildung kam ein weiteres langes Training in Benning als Fallschirmjäger. Ich merkte bald, daß ich keine große Lust hatte, aus Flugzeugen zu springen, und ließ mich zur Militärpolizei versetzen, wo ich ausgebildet und dann nach Deutschland geschickt wurde. Nachdem ich mir einen Monat lang angesehen hatte, wie vertrottelte Gauner ungeheuer absahnten, stieg ich in die Szene ein. In den sieben Monaten, die ich untertauchte, machte ich zweihunderttausend Dollar. Ich wechselte alles in Hundertdollarscheine um, und als sie uns auf die Spur kamen, vergrub ich die dicken Bündel in dem Keller, den wir als Hauptquartier benützten, hinter einem großen Stein.

Während der Fahrt nach Bruerton kam mir der Gedanke, daß ich mir einen Monat freinehmen konnte, wenn ich meinen Auftrag erledigt hatte. Mit dem Geld, das ich kriegte, würde ich nach Deutschland fliegen und hinter dem Stein nachsehen.

Mit den zweihunderttausend konnte ich mir einen kleinen Spezialisten kaufen, Chowder aus dem Weg räumen lassen und seinen Posten übernehmen.

Alles hing also davon ab, wie ich mit James Fosting, Polizeichef von Bruerton, fertig werden würde.

Ich stellte den Wagen in einem Parkhaus ab und fuhr mit einem Taxi zum Hotel. Ich trug mich mit dem Namen Thomas Quinn ein und gab eine Adresse in Chicago an.

Mein Zimmer mit Bad im Stanley Hotel von Bruerton war von der Größe, daß man die Zimmertür und die Schreibtischschublade nicht gleichzeitig aufmachen konnte. Das Bett war schmal und hart. Doch das Hotel hatte einen guten Ruf. Das war wichtig.

Ich sperrte die Tür ab, setzte mich aufs Bett und ging im Geist zum zwanzigstenmal die verschiedenen Pläne durch, die ich mir während der Fahrt ausgedacht hatte. Es war für September ein ziemlich kühler Tag, und so zog ich, nachdem ich mich geduscht hatte, eine Tweedjacke und eine Gabardinehose an.

An diesem ersten Tag machte ich nur ein paar Einkäufe. Ich kaufte eine gebrauchte Reiseschreibmaschine, einen Stoß Papier und eine Aktenmappe. Dann ließ ich den Zimmerkellner kommen und bat ihn, einen anständigen Tisch für mein Zimmer zu beschaffen.

Eine andere Sache, die ich erledigen mußte, war wichtiger, und sie erforderte Vorsicht. Am nächsten Tag nach dem Frühstück durchstreifte ich den schäbigsten Teil des Geschäftsviertels, bis ich eine Druckerei fand, die dem Bankrott nahe schien.

Eine Glocke bimmelte, als ich hineinging, und ein alter Mann mit einem grünen Augenschirm kam aus einem Hinterzimmer und starrte nervös durch das Halbdunkel.

Obwohl ich ihm erklärte, daß ich einem Freund einen Streich spielen wollte, wollte er mit der Sache nichts zu tun haben, bis ich ihn die Ecke eines Zwanzigdollarscheins sehen ließ. Ich wartete, während er den Briefkopf druckte, den ich brauchte. Es sah okay aus, und ich gab ihm den Zwanziger für fünf Abzüge auf dem besten Briefpapier, das er hatte.

Es war der Briefkopf eines der bekanntesten Verlagshäuser.

In meinem Zimmer schrieb ich zuerst einen Entwurf des Briefes. Dann tippte ich ihn sorgfältig und schrieb als Empfänger Mr. Thomas Quinn, meinen falschen Namen, und die Adresse darauf, unter der ich mich im Hotel eingetragen hatte.

Der Brief lautete:

Lieber Tom,

Bill und ich sind von Ihrem Manuskript begeistert. Ein solches Buch erscheint uns gerade zum jetzigen Zeitpunkt überaus wichtig.

Am liebsten würden wir es so, wie es vorliegt, herausbringen, doch Bill meint, 70000 Worte seien etwas wenig, und es könnte umfangreicher sein.
Wir haben darüber diskutiert und sind zu dem Schluß gekommen, daß Sie zusätzlich zu den Darstellungen der anderen Persönlichkeiten noch etwa zwanzigtausend Worte über einen Mann namens James Fosting einfügen sollten, der Hervorragendes bei der Säuberung von Bruerton im Staat New York geleistet hat. Er ist dort seit kurzem Polizeichef.
Sie sollten das Ganze in der gleichen intimen Biographieform schreiben wie die anderen Darstellungen. Finden Sie heraus, wie er denkt, was er ißt, wohin er geht, um sich zu amüsieren – all dies natürlich neben der Hauptsache: den Gründen für seinen Erfolg.
Wenn Sie es für nützlich halten, können Sie ihm diesen Brief vorlegen. Was würden Sie übrigens von einer Änderung des Titels halten? Wie finden Sie: ›Männer, die unsere Städte erschaffen‹?
Ihren Vorschuß erhalten Sie nächste Woche per Scheck.

Mit freundlichem Gruß
Al Justin

Bei der Abfassung des Briefes halfen mir die drei Jahre Ausbildung, die ich im Knast erhalten hatte. Wenn ich in irgendeiner Weise Fostings Mißtrauen erweckte, würde er sich mit dem Verlag in Verbindung setzen und das Ganze überprüfen. Ich mußte also alles tun, um das zu vermeiden.

Als nächstes ging ich in die Öffentliche Bücherei, las einige Artikel in Städtejournalen und stellte eine Liste von Männern zusammen, die darin lobend erwähnt wurden. Ich achtete darauf, Städte auszuwählen, die ich gut kannte.

Von der Telefonzelle eines Drugstore rief ich die Nummer von Sid Marion an, die Chowder mir gegeben hatte. Als er sich meldete, sagte ich: »Sid, hören Sie mir bitte einfach zu und stellen Sie keine Fragen. Ich bin hier, um Ihnen zu helfen. Sie wissen, wer mich geschickt hat. Sie haben mich bei der Jahresversammlung kennengelernt. Lassen Sie sich nichts anmerken, wenn Sie mich in merkwürdiger Gesellschaft sehen sollten. Falls ich Hilfe brauchen sollte, melde ich mich.«

Bevor er antworten konnte, legte ich auf. Ich hatte das Gefühl, daß es besser war, mich von Sid Marion möglichst fernzuhalten. Wenn er auf Draht gewesen wäre, hätte er ein paar Stadträte bestochen, um die Polizei auszuschalten, bevor sie etwas unternahm. Ich vermutete, daß er von der üblichen Gruppe von amateurhaften und halbprofessionellen Gaunern und geldgierigen Schmeichlern und Schmarotzern umgeben war.

Das Syndikat sorgte dafür, daß er keine Konkurrenz hatte, garantierte ihm eine Kriegskasse für schlechte Zeiten, stellte ihm Rechtsanwälte zur Verfügung, die ihn vor dem Knast bewahrten und kassierte dafür die Hälfte seines Gewinns. Ein Spion des Syndikats paßte natürlich auf, daß Sid nicht mehr behielt, als ihm zustand.

Was die Polizei betraf, so hatte der Stellvertretende Chef sein Büro im Polizeipräsidium, während der Chef selbst im Rathaus amtierte und sein Büro neben dem des Commissioner für Öffentliche Sicherheit hatte.

Ich ging hinein, setzte mich auf die Bank im Vorzimmer und bewunderte eine Weile das nette Mädchen am Sekretärinnenschreibtisch, bevor ich zu ihm hineingeschickt wurde.

James Fosting war ein großer, schlanker Mann mit einem langen, ledern aussehenden Gesicht. Etwa fünfunddreißig, schätzte ich. Er trug einen dunkelblauen Anzug, und die blauen Augen unter seiner hohen Stirn funkelten streng und intelligent.

Ich bedachte ihn mit meinem freundlichsten Lächeln und gab ihm den Brief. Erst als er mich dazu aufforderte, setzte ich mich. Es gibt Polizisten, die behaupten, einen Kriminellen im Bruchteil einer Sekunde erkennen zu können. Das ist völliger Unsinn. Noch kein Polizist hat mich auf den ersten Blick durchschaut. Man braucht bloß auf seine äußere Erscheinung zu achten und ein freundliches, offenes, ehrliches Lächeln aufzusetzen.

Ich saß da und sah zu, wie er den Brief las. Seine Augen

huschten darüber, und dann fing er nochmal von vorne an und las ihn langsamer.

»Hmmmm«, sagte er. »Sehr schmeichelhaft, Mr. Quinn. Ich fühle mich sehr geehrt.«

»Heißt das, daß Sie einverstanden sind, Mr. Fosting?«

»Mit einigen Vorbehalten. Erstens – ich habe hier, als ich meinen Posten übernahm, sehr schlimme Zustände angetroffen, Mr. Quinn. Um alles in Ordnung zu bringen, muß ich auch jetzt noch täglich vierzehn Stunden arbeiten. Ich habe also sehr wenig Zeit, und Sie müßten sich einen großen Teil Ihrer Informationen aus zweiter Hand beschaffen. Zweitens – ich möchte jedes Wort, das Sie schreiben, lesen, und Sie müßten mir die endgültige Fassung zur Genehmigung vorlegen. Ein falscher Satz, und meine Feinde könnten das Ganze benützen, um mich zu stürzen.«

Ich wußte, daß er den Köder geschluckt hatte. Ich brauchte nicht mal an der Leine zu ziehen, um den Haken besser zu verankern. Er sah sich bereits in dem Buch. Ein bedeutender Mann. Ha!

Bis jetzt war er kurz angebunden und sachlich gewesen, doch nun war ein freudiges Leuchten in seinen Augen. Er drückte auf einen Knopf auf seinem Schreibtisch.

Das reizende Mädchen kam herein. »Miß Calder, das ist Mr. Quinn.« Ich stand auf, und wir nickten einander zu.

»Mr. Quinn wird in einem Buch, das in einem sehr angesehenen Verlag erscheint, ein Kapitel über mich schreiben. Wie sieht's mit Ihrer Arbeit aus?«

»Ich habe fast alles aufgearbeitet.«

»Gut. Sie werden Mr. Quinn helfen. Miß Wilmington kann Ihren Schreibtisch übernehmen. Erklären Sie ihr das Wichtigste. Sie haben die Erlaubnis, jede gewünschte Auskunft zu geben. Ist das klar?«

Ich stand immer noch. Jetzt stand auch Polizeichef Fosting auf. Er streckte seine Hand aus, und ich nahm sie. »Wenn sie Ihnen alles gesagt hat, was sie weiß, dann kommen Sie zu mir, und wir füllen die Lücken aus.«

Ich saß geduldig auf der Bank, während Miß Calder einige Briefe fertigschrieb und ein pummeliges Mädchen namens

Wilmington in ihre neue Aufgabe einwies. Miß Wilmington schien nervös, aber hocherfreut.

Sie saß mir gegenüber in der Nische.

Ich weiß nicht warum, aber Frauen sind für mich wie Musik. Gloria war wie ein Klavier in einem Bumslokal mit Baßbegleitung.

Ich habe Frauen gekannt, die waren grelle, heisere Trompeten oder schrilles Schmettern einer Posaune, und eine oder zwei waren Tom-Tom-Getrommel.

Doch diese Janet Calder war was anderes. Eine Streichergruppe. Geigen. Sozusagen langhaarige Musik. Aber weder kühl noch blaß noch langweilig.

Sie war neunzehn oder zwanzig, blond, und hatte einen breiten, sinnlichen Mund, leicht bebende Nüstern und große Augen in einem blau-violetten Farbton. Scharfe Augen, denen nicht viel zu entgehen schien.

Ihr junger Körper war ungemein feminin, doch sie protzte nicht damit. Man merkte ihr an, daß sie schwimmen, Tennis spielen, reiten konnte. Ihre Hände und Arme waren sonnenverbrannt. Ihre Augenbrauen ließen ihr Haar gefärbt erscheinen, was es aber nicht war. Es waren dicke schwarze Brauen, ungezupft. Sie erfüllten mich mit dem Wunsch, mich über den Tisch zu beugen und mit der Fingerspitze darüber zu streichen. Sie sahen aus, als würden sie sich wie Pelz anfühlen.

Fosting hatte gewußt, was er tat, als er sie beauftragte, mich mit Informationen zu versorgen. Ich kritzelte in mein Notizbuch, was sie mir von seiner Vergangenheit erzählte.

Es war eine ungewöhnliche Vergangenheit. Jurastudium. Vor Vietnam FBI, während des Vietnamkrieges militärischer Abschirmdienst. Ende 1977 war er in seine Heimatstadt zurückgekehrt und hatte als Rekrut bei der Polizei angefangen. Mit seiner Begabung und seinen Fähigkeiten bestand er alle Prüfungen glänzend und wurde Mitte 1978 Sergeant, im Frühjahr 1979 Lieutenant und Weihnachten 1979 Captain. Merkwürdigerweise hatten ihm seine Kollegen den ungeheuer schnellen Aufstieg nicht verübelt. Als der Polizeichef starb, wurde er mit einer hervorragenden Beurteilung zu seinem Nachfolger ernannt.

Ich stellte ein paar Fragen und kritzelte die Antworten hin.

»Wieso kennen Sie ihn so gut, Janet?« fragte ich.

Ich sah, wie sie leicht errötete. Sie drehte ihr Colaglas in einer Pfütze auf der schwarzen Marmortischplatte und zeichnete ein Muster verschlungener Ringe darauf. Sie starrte auf diese Ringe, als seien sie etwas sehr Wichtiges und sagte: »Mein Vater war viele Jahre bei der Polizei. 1977, als ich auf der Handelsschule war, wurde mein Vater in der Silvesternacht erschossen. Fosting, der noch in der Ausbildung war, interessierte sich für mich und sorgte dafür, daß genug Geld da war, daß ich die Schule beenden konnte. Dann hat er mir geholfen, eine Stellung zu finden.«

»Ein netter Mensch«, sagte ich.

»Nein, nein, viel mehr!« rief sie. »Er – er ist ein wunderbarer Mensch. Ich bewundere und verehre ihn wie keinen anderen Menschen in meinem Leben. Er ist ehrlich und anständig und...«

Ich grinste sie an. »Wie lange lieben Sie ihn schon?«

Einen Moment dachte ich, ich sei zu weit gegangen. Sie wurde blaß und preßte die Lippen zusammen. Wie vereinbart, hatte sie mich bis jetzt Tom genannt, doch jetzt sagte sie: »Mr. Quinn, ich finde, Sie haben nicht das Recht...«

»Aber ich bitte Sie, Janet!« sagte ich. »Das war doch nur ein Scherz. Er ist ein gutaussehender Mann, und so dachte ich, Sie beide...«

Sie beruhigte sich und starrte traurig vor sich hin. »Ach, ich existiere überhaupt nicht für ihn. Als Frau, meine ich. Ich bin für ihn bloß eine tüchtige Mitarbeiterin. Entschuldigen Sie, daß ich Sie so angefahren habe. Ich glaube – hm, ich glaube, ich liebe ihn.«

Ich hatte absolut keinen Grund, mich über ihre Worte zu ärgern. Doch sie machten mich wütend, und es half nichts, daß ich mir sagte, daß es mich wirklich nichts anging, wen sie liebte.

Um das Ganze zu überspielen, sagte ich rasch: »Wo wohnt er?«

»In einem kleinen Zimmer im Stanley Hotel. In einem schrecklich ungemütlichen kleinen Zimmer. Seine Umgebung scheint ihm völlig egal zu sein. Er interessiert sich für nichts als seine Arbeit.«

Ich zuckte zusammen. Fosting wohnte also im gleichen Hotel wie ich. Das konnte zu unangenehmen Komplikationen führen.

»Und wie steht's mit Wein, Weib und Gesang?« fragte ich.

Sie schüttelte den Kopf. »Manchmal denke ich mir, er müßte mal richtig ausspannen. Er sieht so müde aus. Aber er sagt, er hat zuviel zu tun.«

»Und mit wem wohnen Sie zusammen?« fragte ich.

Sie neigte den Kopf zur Seite. »Was hat das mit Ihrem Buch zu tun, Tom?«

»Ich habe mich nur gefragt, wen Sie wohl anrufen müssen, um Bescheid zu sagen, daß ich Sie zum Abendessen eingeladen habe.«

»Haben Sie das denn vor?«

»Sie wissen doch, was der Chef angeordnet hat, Janet.«

Sie lächelte wie ein kleines Mädchen, und die Runzeln auf ihrer Nase waren so süß, daß ich sie am liebsten geküßt hätte. »Okay«, sagte sie. »Wenn der Chef es wünscht... Übrigens, wenn Sie das unbedingt wissen wollen – ich wohne ganz allein in einem Apartment-Haus für Singles in Maple Terrace. Und jetzt können Sie mich dorthin bringen, damit ich mich umziehen kann.«

Ich bat sie, mit einem Taxi heimzufahren, und versprach ihr, in einer Stunde bei ihr zu sein.

2

Ich ertappte mich dabei, daß ich unter der Dusche sang und fragte mich, warum. Die Antwort holte ich eine Stunde später ab.

Merkwürdig, wie einem so was passieren kann. Du denkst, du hast dich in dieser Welt ganz gut eingerichtet und weißt, wo's langgeht, und dann wirft dir jemand einen blonden Schraubenschlüssel ins Getriebe. Ich holte also den Wagen aus der Garage und fuhr zu Janet.

Als sie die Treppe runterkam, sah sie aus wie eins von den Mädchen, die man sich auf dem Titelblatt einer Illustrierten wünscht, die aber nicht drauf sind, weil man sie so selten findet.

»Ihrer?« fragte sie, als ich ihr die Wagentür aufmachte. Als ich nickte, sagte sie: »Schreiben muß eine ziemlich einträgliche Sache sein. Vielleicht habe ich mir den falschen Beruf ausgesucht.«

Das Steakhaus, das sie vorschlug, war gut, und um meine Rolle überzeugend zu spielen, holte ich beim Kaffee wieder mein Notizbuch hervor.

Ich bat sie, mir in allen Einzelheiten zu erzählen, was er an einem durchschnittlichen Tag tat. Der Junge war ein Arbeitstier. Um halb acht ging er zu Fuß ins Büro. Mittags machte er eine halbe Stunde Pause, und dann arbeitete er meistens bis neun Uhr abends durch. Ich fragte beiläufig, ob er denn nicht Repressalien fürchtete und sich einen Leibwächter hielt, weil er beim Glücksspiel so hart durchgegriffen hatte.

Sie lachte. »Du lieber Himmel, nein! Jim – ich meine Fosting hat all den kleinen Gaunern in dieser Stadt eine Heidenangst eingejagt. Er würde es unter seiner Würde finden, sich bewachen zu lassen.«

Ich lächelte. »Vielleicht sollte ich das lieber nicht schreiben. Es könnte jemanden ermutigen, ihn abzuknallen.«

»Ich glaube, daß er das ganz amüsant finden würde. Er hat immer einen Revolver bei sich und versteht gut damit umzugehen.«

Das war eine wichtige Information. Obwohl ich nicht vorhatte, ihn abzuknallen. Ich hatte bessere Pläne.

Ich klappte das Notizbuch zu und steckte es ein. »Genug für heute?« fragte sie.

»Nein, noch lange nicht. Sie müssen mir jetzt ein bißchen was von der Stadt zeigen. Wenn ich überhaupt nichts davon sehe, kann ich kein gutes Kapitel über Fosting schreiben.«

»Werden mir die Überstunden bezahlt?«

»Bin ich so schrecklich?« fragte ich.

»Nein, Sie sind okay, Quinn«, sagte sie leise.

Die Reste eines lange vergessenen Gewissens regten sich in mir. Offenbar sah sie es mir an.

»Was haben Sie denn?« fragte sie.

Ich lächelte. »Wohin gehen wir?«

»Es gibt ein Lokal, in das ich schon immer mal wollte«, sagte sie, »doch bis jetzt hatte ich nie einen Vorwand, hinzugehen. Aber wenn Sie das Lokalkolorit kennenlernen wollen... Ich möchte gern in den Key Club.«

»Klingt interessant«, sagte ich. »Was ist das?«

Sie sah mich mit einem schelmischen Blick an. »Eine Disco, wo im ersten Stock gespielt wird«, sagte sie in verschwörerischem Ton.

»Nanu, ich dachte, Ihr Boß hat diese Lokale alle zugesperrt!«

»Klar. Alle in der Innenstadt. Dieses liegt außerhalb der Grenze.«

An der Art, wie das Lokal eingerichtet war, merkte ich, daß hier geschwindelt wurde. Die Gucklochtür, zum Beispiel, durch die man mußte, wenn man in den ersten Stock wollte, fanden die Gimpel vermutlich ungeheuer aufregend, und zugleich bot sie Sicherheit vor Leuten, die riesige Gewinne machen wollten.

Neben der Tür gab ein Kassierer Einer-, Fünfer-, Zehner- und Fünfziger-Chips aus. Es waren nicht viele Fünfziger im Spiel. Ich schlug Janet vor, für sie zu setzen, doch sie schüttelte den Kopf, nahm einen Zwanziger aus ihrer Geldbörse und kaufte zwanzig Ein-Dollar-Chips. Ich tat das gleiche.

In dem Raum waren hauptsächlich Leute, die aussahen, als hätten sie ein College besucht, außerdem die typischen alten Damen und Vertreter. In der Ecke war eine Bar.

An den Roulette-, Birdcage- und Craptischen war ziemlicher Betrieb. Janet blickte sich um wie ein kleines Mädchen im Büro des Schuldirektors. Auf einem Schild neben dem Birdcage-Tisch stand, daß maximal Fünfzig-Dollar-Einsätze erlaubt waren, mit einem Limit von sechs Doubles. Das

Höchste, was auf eine Zahl bei einer Runde gesetzt werden konnte, waren also zweitausenddreihundert. Nicht gut und nicht schlecht.

Ich weiß nicht, warum ich so stolz darauf war Janet Calders Begleiter zu sein. Sie ließ alle andern Frauen in dem Raum wie Megären erscheinen. Sie war wie eine frische Brise, die durch den abgestandenen Rauch wehte.

Sie entschied sich für den Crap-Tisch. Als ich sah, daß es auf dem Tisch kein Limit gab, wußte ich, daß die Würfel präpariert waren. Mit der Ausbildung, die ich bei Chowder genossen hatte, brauchte ich nicht lange, um das herauszufinden. Sie waren bereit, die Würfel routinemäßig auszuwechseln, und es wurde auf Öltuch gespielt. Das bedeutete stolpernde Würfel. Das ist der einfachste Schwindel.

Der Würfel kann echt und völlig in Ordnung sein, doch auf der Seite gegenüber derjenigen, die nicht geworfen werden soll, bringt man irgendein klebriges Zeug an, das man beim Berühren nicht bemerkt. Normalerweise rollt ein Würfel, rutscht am Schluß ein Stück und bleibt dann liegen. Doch auf dem klebrigen Zeug rutscht er nicht, sondern kippt um.

Wir fanden an dem Tisch einen Platz, der breit genug für uns beide war, und ein angenehmes Gefühl breitete sich in mir aus, als ihre Schulter meinen Arm berührte.

Ein dicker, rotgesichtiger Kerl, der uns gegenübersaß, setzte riesige Summen. Schweiß stand auf seiner Oberlippe.

Ich sagte Janet, sie solle sich nach mir richten und ich begann andersherum zu spielen. Die Würfel wurden so unauffällig ausgetauscht, daß ich es nicht bemerkte. Der Rotgesichtige warf natürlich zwei Einser, beim zweiten Mal eine Eins und eine Zwei und dann eine Sechs und eine Sieben, und Janet und ich ließen unsere Einsätze zu einer hübschen kleinen Summe anwachsen, die wir einstrichen.

Janets Gesicht war ganz rot vor Aufregung. Sie verstand nicht, was da vor sich ging, aber es machte ihr Spaß, zu gewinnen. Wenn ich das Spiel geleitet hätte, hätte ich sie ein paarmal hoch gewinnen lassen. Als sie also an die Reihe kam, sagte ich ihr, sie solle fünf Dollar setzen. Allmählich merkte ich es, wenn die Würfel ausgetauscht wurden. Es kam eine

Sieben, und ich riet ihr, den Gewinn liegen zu lassen. Wieder kam eine Sieben, und zwanzig Dollar lagen vor ihr. Die Gimpel am Tisch setzten auf die Sieben, weil sie auf eine Serie hofften, und ich nahm an, daß der Spielleiter sie noch einmal gewinnen lassen würde. Es kam eine Elf, und er machte fast am ganzen Tisch Gewinn. Viele ließen ihren Einsatz liegen, und ich strich alles ein, bis auf einen Chip für sie.

»Warum lassen Sie die Dame nicht selber spielen, Doc«, sagte der Spielleiter.

Ich gab ihm keine Antwort. Er hatte bereits die Würfel ausgetauscht. Es kam eine Vier, und dann eine Sieben. Ich setzte nicht. Wir hatten beide durch das Pech des Rotgesichtigen fünfzehn Dollar gewonnen und Janet durch ihre Passes außerdem vierunddreißig. Machte zusammen achtundneunzig.

Ich hatte den Eindruck, daß sie es einem in dieser Bude sogar verübeln würden, wenn man mit so einem Betrag abzog. Da ich keinen Ärger wollte, beschloß ich, meinen Platz aufzugeben und zuzusehen. Ein Aufpasser beobachtete uns, und ich nahm an, daß der Spielleiter ihn auf mich aufmerksam gemacht hatte.

Ich wollte die paar Dollar am gleichen Tisch setzen, doch da sah Janet, daß an einem Tisch in einer Nische auf der andern Seite des Raumes Poker gespielt wurde.

»Das möchte ich spielen«, sagte sie. »Kommen Sie!«

Wir spielten ein paar Runden, obwohl mir schon bei der ersten klar wurde, daß die Spieler hier genauso ausgenommen wurden wie am ersten Tisch. Ich durchschaute die Tricks jedoch ziemlich schnell, und mit den Anweisungen, die ich Janet gab, machte sie ein paar hohe Gewinne. Als schließlich etwa tausend Dollar vor ihr lagen, gab ich ihr ein Zeichen und wir gingen langsam zum Pult und wechselten die Chips in Geld um. Der Rausschmeißer an der Tür kam zu mir und sagte: »Sir, Sie werden im Büro am Telefon verlangt.«

»Warten Sie im Foyer«, sagte ich zu Janet und folgte dem Burschen.

Er öffnete die Tür, trat dicht hinter mir ein und lehnte sich dagegen. Ein Mann, der aussah, als ob er früher Taxifahrer gewesen war, saß hinter dem Schreibtisch und stocherte mit einem Streichholzsplitter zwischen seinen Zähnen.

Sie starrten mich schweigend an. Ich lächelte freundlich.

»Auf deinen Typ stehen wir hier nicht«, sagte er und bedachte mich mit einem finsteren Blick.

Ich dachte, er würde weitersprechen, und paßte deshalb nicht auf. Der Rausschmeißer rammte mir seine Faust, die einen Schlagring umklammerte, in den Bauch, ich schlug mit der Nase auf die Schreibtischkante, als ich umkippte.

Durch einen wirbelnden Nebel hörte ich den Mann hinter dem Schreibtisch sagen: »Räum seine Taschen aus, Al, und schmeiß ihn die Hintertreppe runter.«

Al wälzte mich aufs Gesicht und begann an meinen Taschen zu fummeln. Seine Krawatte hing herunter. Ich packte sie, zerrte mit aller Kraft daran und stieß zugleich mit dem Knie zu. Sein Gesicht knackte wie ein reifer Apfel.

Während er auf mich sank, griff ich durch die Knieöffnung des Schreibtisches, umklammerte einen Fuß des Ex-Taxifahrers und zerrte ihn zu mir. Anscheinend hatte er keine Lust, zu mir zu kommen, doch er hörte auf, sich zu wehren, als ich ihn am Hals packte und seinen Kopf ein paarmal gegen das Bein des Schreibtisches schlug.

Als die beiden wieder zu sich kamen, saß ich am Schreibtisch und telefonierte mit Sid. Al hielt ein großes Taschentuch vor sein Gesicht. Ich lächelte die beiden an.

Ich beendete mein Gespräch und legte auf. Dann stützte ich die Ellbogen auf den Schreibtisch und legte die Fingerspitzen aneinander. »Es wird sicher nicht schwer für euch sein, einen Job zu finden«, sagte ich. »In irgendeiner anderen Stadt. Mr. Marion hat mir eben gesagt, daß ab morgen abend eure Posten anderweitig vergeben sind. Ihr könnt euch euer Gehalt bei ihm abholen. Der neue Mann wird die ungeschickten Mechaniker, die ihr hier habt, rausschmeißen und ein paar Künstler engagieren. Dieses Lokal würde doppelt soviel abwerfen, wenn ihr hin und wieder mal die Gäste gewinnen lassen würdet.«

Als ich um den Schreibtisch herumging, begannen sie Entschuldigungen zu stammeln. Ich verließ das Zimmer. Ich war froh, daß unter dem Schlagring die Haut nicht aufgeplatzt war, doch ich fragte mich, wann ich wohl meine blau unterlaufenen Augen mit einer dunklen Brille würde verdecken müssen.

Janet stand auf, als ich unten ins Foyer trat. Sie sah mich ebenso überrascht an wie die Jungens oben an der Tür.

»Was, um Gottes willen...«

»Nicht hier, Baby«, sagte ich. Ich nahm ihren Arm, und wir gingen durch die Seitentür zu dem hellbeleuchteten Parkplatz.

Sie sagte nichts, bis wir ein paar hundert Meter weit weg waren. Dann fragte sie: »Nun erzählen Sie doch schon, Tom.«

An einem ruhigen Platz in der Nähe einer Kreuzung fuhr ich an den Straßenrand und hielt an. Ich stellte die Scheinwerfer und den Motor ab und gab ihr mit einem Streichholz Feuer für ihre Zigarette. Sie wandte sich auf ihrem Sitz um und sah mich an. »Was ist denn passiert?«

»Was meinen Sie?«

»Ein widerlicher kleiner Mann kam im Foyer zu mir und sagte, Sie wären gestürzt und hätten sich verletzt und würden bald zum Wagen hinauskommen. Ich sagte ihm, ich würde lieber im Foyer warten. Er zuckte die Schultern und ging. Ich bekam Angst. Ich wußte nicht, was ich von diesem Telefonanruf halten sollte.« Sie schwieg einen Moment. »Ich habe viel nachgedacht, Tom.«

Der Mond schien so hell, daß ich ihr blasses Gesicht mit den zarten Einbuchtungen an den Schläfen sehen konnte.

»Ja, gestürzt bin ich, aber ich war nicht so schwer verletzt, wie sie dachten, Janet«, sagte ich.

»Und was war an diesem Würfeltisch?« fragte sie. »Und bei dem Pokerspiel? Wieso haben sie sich so komisch benommen? Es war, als ob sie irgendwas wüßten und Sie auch, und als ob es ihnen nicht paßt, daß Sie es wissen.«

Meine Vermutung war richtig gewesen. Mit ihren intelligenten Augen blickte sie hinter die Dinge, und ihre Kombinationsgabe war ausgezeichnet. Indem ich mich bemühte, besonders raffiniert zu sein, hatte ich mir selbst ein Bein gestellt.

Mir fiel eine gute Antwort ein. Ich legte meine Hände auf ihre Schultern, zog sie zu mir und umarmte sie. Sie drehte ihren Kopf weg, doch ich hielt sie fest und küßte sie. Sie rührte sich nicht und preßte die Lippen fest zusammen, was wirkungsvoller war, als wenn sie sich gewährt hätte, denn als ich sie weiter küßte, kam ich mir albern vor. Dann spürte ich, wie sie die Arme hob und um meinen Hals legte, und plötzlich schien sie das lebendigste Wesen auf der Welt zu sein. Es dauerte eine Weile, und der Wagen schaukelte wie verrückt, und dann riß sie sich los und gab mir eine Ohrfeige, so fest, daß mein Gesicht brannte.

»Verdammter Kerl!« flüsterte sie. »Verdammter Kerl!«

Sie rutschte in die Ecke des Sitzes neben der Tür und sagte mit leiser Stimme: »Ich möchte nach Hause.«

Während der Fahrt zu ihrer Wohnung sprachen wir kein Wort. Ich ließ sie aussteigen und ging mit ihr zur Haustür, wobei sie in ihrer Tasche herumsuchte. Nachdem sie im Dunkeln die Tür aufgesperrt hatte, drehte sie sich um und warf mir ein paar Geldscheine zu. Während ich mich bückte, um sie von der Veranda aufzuheben, fiel die Haustür ins Schloß.

Ich zuckte die Schultern, steckte das Geld ein, stellte den Wagen auf einem Parkplatz in der Nähe des Hotels ab und ging hinauf in mein Zimmer.

Während ich unter der Dusche stand, klingelte das Telefon. Ich lief hin, nahm es ab und sagte vorsichtig: »Ja?«

Ihre Stimme sagte: »Tom?«

»Ja?«

»Gute Nacht, Liebling.« Sie legte auf.

Auch diesmal sang ich unter der Dusche, und bis ich einschlief, dachte ich an sie.

Anscheinend hatte sie sich's wieder anders überlegt. In den nächsten drei Tagen beantwortete sie lediglich auf kühle, präzise Weise meine Fragen und lehnte es ab, mit mir auszugehen. Allmählich wußte ich keine Fragen mehr. Bezüglich James Fosting war ich inzwischen ein Experte. Ich kannte seine Hemdengröße, seine Zahnpastamarke und seinen nächsten Termin beim Zahnarzt.

Am vierten Tag gab sie's auf.

Beim Abendessen sahen wir einander verlegen an und sagten uns mehr Dinge mit den Augen als mit leeren Worten.

Dann stiegen wir in den Wagen, und als wir zur Stadt hinausfuhren, legte sie den Kopf an die Lehne ihres Sitzes. Der Wind zerrte an ihren blonden Haaren. Wir sprachen nicht.

Ich hielt an einem abgelegenen Platz, und mit einem leisen Schluchzen, das tief aus ihrer Kehle kam, warf sie sich in meine Arme. Als ich sie küßte, spürte ich Tränen auf ihren Wangen. Es war kein Kuß, wie ich ihn gewohnt war.

Sie blickte zu mir auf und sagte: »Wer bist du und was willst du?«

Ich drückte sie an mich und lächelte. »Ich bin der Bursche, der dieses Buch schreibt. Weißt du nicht mehr?«

Sie blickte im Mondlicht mit ernstem Gesicht zu mir auf und schüttelte langsam den Kopf. »Nein, Tom, du schreibst kein Buch. Dein Verlag hat nie von dir gehört. Ein Al Justin hat nie für ihn gearbeitet.«

Ich saß regungslos da, und etwas in meinem Innern verwandelte sich in Eis. Ich hatte Fostings Reaktionen abzuschätzen versucht, doch ich hatte nicht die Gefühle einer Frau einkalkuliert.

Bevor ich antworten konnte, sagte sie: »Ich möchte nicht, daß ihm etwas angetan wird, Tom.«

»Wieso? Wer will ihm denn was antun?«

»Ich glaube, du. Ich hatte den Eindruck, du fühlst dich in diesem Spielclub wie zu Hause. Und du schienst mit dieser Art von Leuten durch und durch vertraut zu sein. Ich – ich weiß nicht, was ich denken soll. Jim Fosting ist so ein feiner, sauberer, anständiger Mensch. Und an dir ist irgend etwas durch und durch finster.«

Ich zuckte zusammen und versuchte es mit einem Lachen zu überspielen. »Du scheinst mich ja für einen richtigen Bösewicht zu halten.«

»Vielleicht bist du das, Tom«, sagte sie leise.

»Warum bist du dann hier?« fragte ich und drückte sie an mich, um ihr zu zeigen, was ich meinte.

»Ich weiß nicht, Tom«, flüsterte sie. »Ich weiß nicht. Ich

vertraue dir nicht und ich liebe dich nicht, und trotzdem kann ich nicht anders …«

Ich hob ihr Kinn und küßte sie wieder. Sie preßte sich an mich, und ein dumpfes Brausen erfüllte mich. Es gab für mich nichts außer ihr, und dann hörte ich sie wie in weiter Ferne halb stöhnend, halb schluchzend sagen: »Nein … nein … nein … nein …«

Ich bemühte mich, meinen Kopf klar zu bekommen, und öffnete die Wagentür. Ich stand draußen in der Nacht und atmete gierig die kalte Luft ein. Als ich mich umdrehte und sie anlächelte, war ihr Gesicht blaß, aber ruhig.

»Danke«, sagte sie mit einer Stimme wie ein kleines Mädchen.

Ich wußte, es war Zeit, zurückzufahren. Ich mußte meine Arbeit tun. Ich brachte sie zu ihrer Haustür, küßte sie leicht auf die Lippen und ging zum Wagen zurück.

In meinem Zimmer saß Chowder auf dem Bett und wartete auf mich. Einer der Widerlinge, mit denen er sich umgab, stand neben dem Schreibtisch und putzte sich mit meiner Feile die Fingernägel.

Nachdem ich die Tür zugemacht hatte, sagte Chowder: »Der Boß findet, Sie brauchen zu lang, Wally. Er will, daß es morgen passiert.«

»Okay, also morgen. In aller Herrgottsfrühe.«

Chowder gefiel der Plan, den ich ihm darlegte. Die besten Pläne sind ganz einfach. Dieser war einfacher als die meisten. Drei Blocks vom Hotel entfernt war ein kleiner Frachthof, auf dem große Lastwagen abgestellt waren. Fosting verließ jeden Morgen um Punkt sieben das Hotel. Auf dem Weg zum Rathaus ging er durch eine Straße mit einem schmalen Gehsteig, der an roten Ziegelgebäuden vorbeiführte.

Um viertel vor sieben befand sich nur ein Mann auf dem Frachthof, ein Fahrer, der einen Anhänger mit Gemüse an einen Laster hängte.

Der Plan bestand darin, den Fahrer niederzuschlagen, ihn ins Führerhaus zu setzen und im richtigen Moment über den Gehsteig zu fahren und Fosting an der Ziegelmauer zu zerquetschen. Der Mann, der das Ganze deichselte, also ich, würde dann den bewußtlosen Fahrer unters Lenkrad schieben, aussteigen und sich als Zeuge ausgeben.

Daß der Fahrer sich an nichts erinnern konnte, würde man der Gehirnerschütterung zuschreiben. Amnesie infolge des Schocks. Ein ganz alltäglicher Unfall.

Chowder stellte mir Fragen. Der Widerling feilte sich die Nägel und hörte zu. Ich erklärte ihm, daß man sich gleich hinter dem Tor des Frachthofs verstecken und dem Fahrer, wenn er hereinkam, einen leichten Schlag über dem linken Ohr versetzen müsse. So würde niemand etwas bemerken.

Die ganze Zeit, die ich mit Chowder sprach, mußte ich an Janet denken. Sie war ein anständiges Mädchen, ein gutes Mädchen. Trotz des Altersunterschiedes wäre Fosting der Richtige für sie gewesen.

Doch es würde keinen Fosting mehr geben. Und wenn nur der kleinste Fehler passierte, wußte sie genug, daß sie mit dem Finger auf mich zeigen würde. Und das war der Haken an dem Ganzen.

Chowder hatte eine Flasche bei sich, an der er immer wieder nuckelte. Er sagte mir, daß sein Zimmer ein Stück weiter am Gang lag.

Ich mußte dauernd an Janet denken, an den Duft ihres Haars, den Geschmack ihrer Lippen.

»Was haben Sie denn?« fragte Chowder. »Nervös?«

Ich war im Zimmer auf und ab gegangen. Ich blieb stehen und grinste ihn an. »Habe ich Grund dazu?«

»Ich weiß nicht. Sie scheinen ziemlich unruhig zu sein. Ich hoffe, daß die Sache glatt über die Bühne geht. Das Hauptbüro wäre sehr sauer, wenn etwas schiefgeht.«

»Sie nicht so sehr, oder?«

»Was soll das heißen, verdammt noch mal?«

»Ihnen wär's doch ganz recht, wenn man mich dabei schnappen würde, oder?«

»Ach, was soll denn dieser Quatsch«, sagte er mürrisch.

Er saß eine Weile schweigend auf dem Bett, und ich merkte, daß ihm eine Idee gekommen war. Es dauerte eine Weile, dann blickte er auf und sah mich ausdruckslos an.

»Sie sind zu nervös für diese Sache, Wally«, sagte er.

Ich wußte sofort, worauf er hinauswollte. »Völlig richtig«, sagte ich. »Das Ganze ist nicht richtig gelaufen, und so sind Sie hergekommen. Der arme alte Wally hatte sich einen schönen Plan ausgedacht, aber er hatte nicht genug Mut. Deshalb haben Sie das Ganze in die Hand genommen. Ja, Wally ist ganz gut dafür, sich irgendwelche Dinge auszudenken, aber nicht, sie durchzuführen. Das bedeutet, daß Wally für eine verantwortungsvolle Position wie Ihre nie geeignet wäre. Sehr raffiniert. Die Frage ist bloß, Chowder, wie wollen Sie das dem Hauptbüro klarmachen?«

Ich tat so, als ob ich nicht merkte, daß der Widerling hinter mich geschlichen war. Als ich sah, daß Chowder ihm ein Zeichen gab, duckte ich mich, und die Stahlrute riß mir fast ein Ohr ab. Ich fuhr herum, und er schlug zu, mitten auf meinen Mund. Meine Zähne zersplitterten, während ich zu Boden stürzte. Das Aufschlagen auf den Boden spürte ich nicht mehr.

Als ich zu mir kam, lag ich auf dem Bett. Chowder saß im Sessel. Sein Kinn hing herunter, und er schnarchte. Meine Füße waren aneinandergefesselt und meine Handgelenke an die beiden Pfosten am Kopfende des Bettes gebunden. Ein freundlicher Mensch hatte mir ein Paar schmutzige Socken in den Mund gestopft und mit einer Krawatte befestigt. Eine Socke hing soweit heraus, daß ich das Muster sehen konnte, wenn ich auf meine Nase blickte.

Mein Kopf tat weh; also mußte der Widerling noch mal zugeschlagen haben, als ich zu Boden ging.

Chowder schlief, als hätte er Schwerarbeit geleistet. Ich hatte eine Menge Zeit zum Nachdenken, und keiner meiner Gedanken war erfreulich. Ich war mir sicher, daß Chowder das Ganze nicht selber machen würde. Er würde es auf den Widerling abwälzen. Dann würde er ihm Geld dafür geben und sagen, er hätte es getan. Wenn es schiefging, würde man den Burschen schnappen und Chowder würde verschwunden sein.

Die Organisation würde mir nie verzeihen, daß ich die Sache vermasselt hatte. Sie würden mir nie mehr bezahlen als das, was ich jetzt bekam.

Doch das alles erklärte nicht das schreckliche Gefühl, das mich erfüllte. Ich fühlte mich durch und durch schmutzig – schmutzig wie das Paar Socken, das mich davon abhielt, Chowder zu wecken.

Dieses Gefühl, schmutzig zu sein, hing mit Janet Calder zusammen. Es war, als hätte ich in einem Verschlag gelebt und sie hätte eine Wand davon weggerissen und etwas Licht hereingelassen, so daß ich meinen eigenen Schweinestall sehen konnte.

Es gibt keine andern Worte, um es zu erklären.

Ich lag da, voll von diesen quälenden Gedanken, bis es draußen vor den Fenstern dämmerte und das Licht der Lampe wäßrig und blaß wurde. Dann drehte sich ein Schlüssel im Schloß, und der Widerling kam herein. Er hatte dunkles Haar, einen kleinen Mund und lange Koteletten.

Als er meine offenen Augen sah, sagte er: »Guten Morgen!«

Ich merkte an seinen Augen, daß er Koks genommen hatte. Es war einfach idiotisch von Chowder, für so eine Sache einen Kokser zu benützen.

Er schüttelte Chowder, und das breite, weiße Gesicht erwachte langsam zum Leben, die Augen blinzelten ins Licht, und der kleine Mund, der aussah wie ein umgekehrtes U, zuckte, als spüre er einen widerlichen Geschmack auf der Zunge.

»Wie spät?« fragte er.

»Sechs. Ich war eben auf dem Frachthof. Kein Problem reinzukommen. Alles okay?«

»Klar. Mach dich auf die Socken. Aber paß auf, daß der Fahrer dich nicht sieht, wenn du ihn niederschlägst. Die Straße hast du ja gesehen. Und ich hab' dir ein Foto von Fosting gezeigt. Fahr hinter ihm her, bis die Straße leer ist. Und dann fahr ihn schnell um, Joey.«

Joey ging. Chowder blinzelte mich an und wuchtete sich aus dem Sessel hoch. Er überprüfte die Krawatte, mit der meine Handgelenke zusammengebunden waren. Eine Fünfzehndollarkrawatte. Und er hatte sie mit Wasser getränkt, damit die Knoten besser hielten. Er gab mir einen Schlag auf den Kopf, daß meine Ohren klangen.

Dann ging er ins Badezimmer und machte die Tür zu. Ich zerrte mit aller Kraft, doch es war eine gute Krawatte.

Sie hatten meine Füße nicht an das Fußteil des Bettes gebunden, sondern nur einandergefesselt.

Ich schwenkte meine Beine über den Kopf, stemmte die Zehen gegen das Kopfteil und stieß zu. Zwischen dem Kopfteil des Bettes und der Wand war eine Lücke von etwa dreißig Zentimetern. Offenbar hatten sie das Bett weggerückt, um die Händen an den Pfosten festzubinden, und es nicht wieder zurückgeschoben.

Ich umklammerte mit meinen tauben Fingern die Pfosten.

Als ich mit den Füßen zustieß, zersplitterte das Holz, und plötzlich krachte das ganze Kopfteil des Bettes auf den Boden. Ich rollte mich auf die Füße, nahm dabei das Brett mit und hob es über meinen Kopf. Als ich im Gleichgewicht war, sprang ich mit einem Satz zur Badezimmertür. Zum Glück war das Zimmer sehr klein.

Die Badezimmertür ging auf, und Chowder stürzte erschrocken heraus. Ich hieb ihm mit aller Kraft das Brett auf den Kopf, und es traf ihn am Haaransatz, wenn er dort noch welche gehabt hätte.

Er war schneller wieder im Badezimmer, als er herausgekommen war. Er schlitterte über das kleine Stücke Kachelboden und blieb halb unter dem Klo liegen. Ich zwängte mich seitlich ins Badezimmer, damit das Brett durch die Tür ging und hüpfte hinein. Als ich vor ihm stand, sprang ich so hoch, daß ich mit den Absätzen auf seinem Gesicht landete. Ich konnte nichts anderes tun, weil meine Füße aneinandergebunden waren. Dabei verlor ich das Gleichgewicht und stürzte auf den Rücken.

Ich merkte bald, daß ich mich in dem engen Raum nicht wieder auf die Füße rollen konnte. Ich rutschte auf dem Hintern zum Waschbecken, richtete mich auf und stieß mit dem Brett meinen Rasierapparat von der Ablage über dem Waschbecken. Es dauerte ziemlich lange, bis es mir gelang, mit meinen tauben Fingern den Rasierapparat zu öffnen. Die Klinge fiel heraus. Ich schaffte es, sie aufzuheben und in einen Spalt zwischen zwei Kacheln zu klemmen. Beim Durchschneiden der nassen Krawatte ging ein Stück Fleisch an meinem Handgelenk mit.

Mit meiner freien Hand schnitt ich die andere los und befreite meine Füße.

Chowder kümmerte sich nicht mehr um die Dinge dieser Welt. Ich wiege zweihundertfünf Pfund. In meinem Bestreben, ihn für kurze Zeit außer Gefecht zu setzen, war ich zu weit gegangen und hatte ihn für lange, lange Zeit unschädlich gemacht – für immer.

Als ich mit allem fertig war, war es zehn vor sieben. Ich kannte Chowders Gewohnheiten, und so tastete ich seinen dicken Bauch ab und spürte den harten Kolben der Pistole, die unter seinem Gürtel steckte. Sie hatte keine Abzugssicherung, kein Visier und einen eineinhalb Zoll langen Lauf. Doch man konnte eine 38'er-Kugel damit abschießen.

Ich versuchte mir einzureden, daß mir das Hauptbüro nicht verübeln würde, daß ich, um meinen Auftrag zu erfüllen, Chowder umgebracht hatte.

Doch es gelang mir nicht einmal, mich selbst davon zu überzeugen.

Sie hatten mich aufgefordert, mir den Urteilsspruch des dikken Geschworenenobmanns im Stehen anzuhören. Obwohl ich wußte, wie er lauten würde, war es viel schlimmer, als ich gedacht hatte.

Der mir zugeteilte Anwalt hatte sein Bestes getan, doch es gab für ihn wenig, worauf er seine Verteidigung stützen konnte. Selbst wenn ich ihm die ganze Geschichte erzählt hätte, wäre es zu wenig gewesen. Er hatte den besten Willen, doch er stand auf verlorenem Posten.

Irgend etwas hielt mich aufrecht, doch ich wußte nicht was.

Es war eine ziemlich einfache Sache gewesen. Was Chowder betraf, so hatte ich nicht versucht, meine Spuren zu verwischen. Ein Splitter seines Backenknochens war in sein Gehirn gedrungen. Die Abdrücke meiner Schuhabsätze waren auf seinem Gesicht, und sie hatten auf den Absätzen Blut gefunden.

Bei dem zweiten Mord hatte es sogar Zeugen gegeben. Fosting war einen halben Block vor mir. Der große rote Laster kam angebraust, nicht sehr schnell, und ich rannte hin und sprang auf den Beifahrersitz.

Vor uns war Fosting. Er drehte sich nicht um, bis die Kugeln aus der 38'er, aus so naher Entfernung abgeschossen, Joeys Kopf aufplatzen ließen wie eine faule Melone.

Als der Laster dicht hinter ihm war, wandte Fosting den Kopf. Ich sah, wie er plötzlich alles begriff...

Ein Mann mit Schweißflecken unter den Achseln nahm mich am Arm und drängte mich behutsam zu der Tür, durch die ich hinausgehen sollte. Der Richter hatte das Urteil gemurmelt. Die Geschworenen blickten angewidert und doch befriedigt drein, als ob sie dachten: »Wirklich schrecklich, das Ganze, aber ich tu' bloß meine Pflicht.«

Er führte mich hinüber zur Tür auf der Seite des Saals. Hinter dieser Tür waren der lange Korridor, die Treppe, der schmale Gehsteig und das wartende Polizeiauto. Und ein paar Monate hinter dem Polizeiauto verschwommen, doch immer deutlicher werdend, ein breiter, niedriger Stuhl, ein düsterer, unheimlicher Stuhl. Der Stuhl wartete auf mich.

In der Tür drehte ich mich um und blickte zurück in den Gerichtssaal. Jeden Tag des Prozesses war sie dagewesen. Allein. Kalkweißes Gesicht und blauviolette Augen. Große, große Augen. Und Lippen, die ich geküßt hatte.

Ich sah sie vielleicht drei Sekunden an, dann packte der Mann mich wieder am Arm. Neben ihr sah ich das schmale, lederne Gesicht von James Fosting. Er war nur heute gekommen, am letzten Tag. Ich fragte mich, was er wohl dachte. Er wußte, daß ich den Laster zur Seite gerissen und ihm das Leben gerettet hatte. Trotzdem hatte er mich mit vorgehaltener Pistole gezwungen, Chowders Kanone auf den Asphalt zu werfen.

Sie saßen ganz dicht zusammen. Ihre Lippen formten ein Wort. »Danke.«

Und plötzlich hatte ich das Gefühl, als ob es eine ganze Menge Dinge gab, die zu tun sich lohnte.

Aber man darf nicht weich werden. Draußen auf dem Gang bot mir der Wärter eine Zigarette an. »Ich rauche nicht, mein Freund«, sagte ich. »Ich habe keine kleinen Laster.«

Wie immer wirkte der ausgeleierte alte Witz – und in der Situation, in der ich war, noch ein bißchen mehr als sonst.

Er sah mich an und wiederholte: »Keine kleinen Laster.« Der andere Wärter wartete auf dem Gang.

Ich ging zwischen den beiden die Treppe hinunter.

Er lachte so sehr, daß sein dicker Bauch wackelte. »Der Junge hat keine kleinen Laster, Harry«, sagte er und bekam fast keine Luft vor Lachen, denn er fand, das war einfach ein herrlicher Witz.

Die offene Rechnung

Angelo Manini hat mich vielleicht zwanzigmal gefeuert, und das einzige, was immer dabei rausgekommen ist, war, daß ich einen Abend frei hatte und nicht hinter der Theke in der Spot Tavern in der River Street zu arbeiten brauchte – das ist die Kneipe, die Angelo seit vielen Jahren gehört.

Der Grund, warum er mich feuert, ist immer der gleiche, und der, warum er mich dann doch behält, auch. Es ist nämlich so, daß er immer diese Zeitschriften liest, in denen steht, wie man eine Kneipe führt, und plötzlich fängt er dann an, nachzumessen, wieviel noch in den Flaschen drin ist. Schließlich glotzt er mich an und schmeißt mich raus und stellt sich selbst hinter die Theke. Sicher, die Getränke kann er einschenken, aber die Spot Tavern ist immer voller Typen, die scharf auf eine Prügelei sind und keine Lust haben, ihre Drinks zu bezahlen.

Angelo ist ein kleiner alter Bursche mit einem grauen Schnurrbart, einer Nase, die dauernd zuckt, und einem großen Mundwerk. Na, und immer wenn er mich gefeuert hat und es sich rumspricht, daß er hinter der Theke steht, dann kreuzen alle diese Typen auf und flegeln ihn an, und er gibt für jeden Drink, den sie bezahlen, zwei aus, weil er Angst hat, sie könnten ihn verdreschen. Und dann sagt er sich, daß er viel lieber im Hinterzimmer sitzen und Rotwein trinken und irgend so ein komisches Kartenspiel spielen würde, mit ein paar alten Knackern, die bloß reinkommen, um bei diesem Spiel sein Geld abzuknöpfen. Am nächsten Tag kreuzt er dann bei mir auf, und um Punkt zwölf binde ich meine Schürze um, und Johnny Pepper – das bin ich – steht wieder hinter der Theke, den Baseballschläger in Reichweite und bereit, den Laden zu schmeißen.

Es ist Dienstag, etwa zwei Uhr nachmittags, und es ist nur ein Gast da, der den Kopf auf dem Tisch liegen hat und pennt, und zum Vorderfenster scheint die Sonne rein, wovon aber nicht viel zu spüren ist, denn das Fenster ist nicht sehr sauber, wie Angelo mir immer wieder sagt. Worauf ich immer sage, daß ich Barkeeper bin und kein Fensterputzer.

Angelo kommt also aus dem Hinterzimmer, einem kleinen Raum, mit einem Bett, einer großen Flasche Rotwein und einem Kartenspiel, und sagt zu mir: »Johnny, würden Sie heute bitte die ganzen Getränkekisten vom ersten Stock in den Keller tragen.«

»Ich bin müde, Angelo«, sage ich, »aber für zehn Dollar tu' ich's.«

Da fängt er an, auf und ab zu hüpfen, und während ich meinen Ellbogen auf die Theke stütze, das Kinn auf die Faust lege und ihn anstarre, schreit er: »Nennen Sie mich gefälligst Mr. Manini – sonst befehl ich's Ihnen!«

Nachdem er das etwa achtmal gesagt hat, fang ich an, meine Schürze abzunehmen. Ihm wird klar, daß er nicht mehr Karten spielen kann, wenn ich kündige, und wo kriegt er einen anderen Barkeeper her, der so groß und häßlich ist wie Johnny Pepper und die Gäste in Schach hält?

Er legt die zehn Dollar auf die Theke, und ich sage: »Vielen Dank, Angelo, aber warum soll ich das eigentlich tun?«

In mürrischem, aber stolzem Ton sagt er: »Weil ich den ersten Stock vermietet habe. Heute Morgen habe ich ihn an eine Dame und ihren Mann vermietet. Sie werden dort oben wohnen.«

»Wohnen!« schreie ich. »Wo's da oben bloß einen Ausguß gibt und lauter Löcher in den Wänden und Ratten, groß wie Kaninchen?«

»Heute nachmittag kommt der Installateur, und mein Bruder macht Bretter über die Löcher, und die Dame hat gesagt, sie kauft Rattenfallen.«

Ich zucke die Schultern, und er geht wieder in sein Hinterzimmer. Ich denke an die Wohnungsnot in unserer Stadt und frage mich, wann Manini wohl sein eigenes Zimmer vermieten und auf der Theke schlafen wird.

Am nächsten Tag ziehen sie ein, und da es vier Uhr nachmittag ist und der Andrang ziemlich stark, habe ich nur einen Moment Zeit, mir die beiden anzusehen. Sie ist schlank und gut gekleidet und steht draußen im Wind und gibt den Männern, die ihre Möbel rauftragen, Anweisungen. Ihr Rock wird durch den Wind an ihren Körper gedrückt, und ich denke mir, sie sollte lieber oben bleiben und ihre Tür gut zusperren, denn mit ihrer Figur ist sie genau das, wovon meine Gäste an Winterabenden träumen.

Ein Kerl, der wohl ihr Mann ist, ein schwächlicher Typ, lehnt an dem Lastwagen und raucht Zigaretten und meckert ständig herum. Er sieht aus wie die Burschen, die in den Filmen, die ich mir manchmal anschaue, den Schurken mit schlechtem Benehmen spielen und ich frage mich, ob er das tatsächlich ist.

Ich hatte die beiden längst vergessen, als gegen neun Uhr abends Buster Pasternak auftaucht. Mich befällt immer ein mulmiges Gefühl, wenn dieser Kerl reinkommt. Er ist schon widerlich genug, wenn er nüchtern ist, was selten vorkommt. Er geht keiner Arbeit nach, außer daß er hin und wieder mal boxt, wenn er ein paar Dollar braucht. Er ist vielleicht fünfunddreißig, blond, hat eine halbe Glatze, ein dickes rotes Gesicht, böse kleine Augen und ist gebaut wie ein Hüne. Aber er ist alles andere als langsam. Er bewegt sich wie eine hungrige Katze.

Ich habe mir oft gewünscht, ihn mit meinem Baseballschläger zu bearbeiten, aber sein Bruder Dave ist stellvertretender Polizeichef, und sein Bruder Harry Stadtrat und sein Bruder Francis steckt hinter sämtlichen schmutzigen Unternehmungen in der Stadt, und so würde ein Schlag genügen, und Angelo Manini müßte seinen Laden dichtmachen und verduften. Für Buster gibt's nur Ja-Sager und Fremde, und er versucht, aus den Fremden Ja-Sager zu machen!

In die Spot Tavern muß man drei Stufen runtergehen, und als ich Buster Pasternak zur Tür reinkommen sehe, schau ich mich schnell um, ob irgendwelche Fremden da sind, und mein Magen dreht sich um, als ich sehe, daß am Ende der Theke ein großer Kerl steht und ein Bier nuckelt. Er ist über zwei Meter groß und hat Schultern wie Bierfässer.

Natürlich sieht Buster den Fremden, und er winkt seinen Freunden und stellte sich neben ihn an die Theke. Buster hat immer ein Lächeln aufgesetzt, und manche Leute sagen, daß man damit Freunde gewinnt, aber Busters Lächeln, zusammen mit seinen kleinen blaßblauen Augen, erinnerte mich immer an einen Burschen, den ich mal gesehen habe, wie er ein Pferd zu Tode prügelte.

Es wird ganz still in dem Raum, und ein paar von den ruhigeren Typen schlüpfen zur Tür raus und verdrücken sich – Typen, die kein Blut sehen können.

Buster rückt ganz dicht an den Fremden ran und stößt ihn an den Arm, so daß sein Bier überschwappt, und der starrt ihn an, sagt aber nichts. Buster sagt zu mir: »Johnny, mein Freund hier gibt einen Whisky für mich aus.« Aber der Fremde sagt noch immer nichts.

Am liebsten wäre ich eine Million Meilen weit weg. Ich schenk den Whisky ein und stelle ihn vor Buster hin, und wie ich einen Moment zögere, sagt Buster leise: »Hast du nicht gehört, Johnny. Den bezahlt dieser Herr.«

Ich greif' nach dem Geld, das vor dem Fremden auf der Theke liegt, aber er stößt meine Hand weg und sagt: »Verdammt, was soll das?«

»Sie bezahlen doch meinen Drink«, sagte Buster lächelnd.

Da machte der Kerl den Fehler, Buster wegzustoßen. Es war ein Stoß, der mich drei Meter weggeschleudert und Angelo in die Kneipe auf der andern Seite der Straße geschickt hätte. Buster trat bloß einen halben Schritt zurück. Er versetzte dem Burschen einen Haken in den Bauch, und als er sich zusammenkrümmte, einen zweiten Haken mitten auf den Mund. Es hörte sich an, als ob jemand mit einem Sack voll nassem Sand gegen einen Betonpfosten schlug. Der Kerl kippte um und fiel auf den Rücken. Doch er war zäh. Er wälzte sich auf die Knie, drehte sich um und wollte auf Buster losgehen. Aber er wartete zu lange, Buster trat ihm mit dem Fuß mitten ins Gesicht. Es war kein schöner Anblick. Jemand neben der Tür kotzte. Der Fremde taumelte zur Wand hinüber, und Buster stand da und wartete auf ihn. Der Fremde tat das Klügste, was er tun konnte. Er tastete sich die Wand entlang und rannte dann stolpernd zur Tür. Buster lachte, und ein paar andere Gäste fingen auch gehorsam zu lachen an. Ich schüttete den Rest von dem

Drink des Fremden weg, und Buster schaufelte sein Kleingeld zusammen und steckte es in seine Tasche. Ich fragte nicht, wer denn nun den Whisky bezahlte.

Nach zehn Minuten kam der Fremde mit Ray Haggerty zurück, dem Polizisten, der an diesem Abend Streifendienst machte. Der Fremde klammerte sich an Rays Arm fest, als sie zur Tür reinkamen. Er deutete mit einem zitternden Finger auf Pasternak und sagte durch seine blutenden Lippen und eingeschlagenen Zähne: »Das ist der Mann! Der hat mich zusammengeschlagen!«

Als Ray sah, auf wen er deutete, drehte er den Fremden herum, schob ihn zur Tür und sagte: »Hau ab, du besoffener Penner. Wenn Mr. Pasternak dich zusammengeschlagen hat, dann bestimmt nicht ohne Grund.«

Der Fremde blickte sich benommen in dem Raum um, und dann krachte die Tür hinter ihm zu. Ray sagte: »He, Buster, warum denn immer gleich so grob? Ich hab' mir schon gedacht, daß du's warst.«

Buster lachte wieder und kaufte Ray von dem Geld, das er von der Theke genommen hatte, einen Drink.

Am nächsten Tag, einem Donnerstag, kommt gegen drei der schmächtige Kerl aus dem ersten Stock rein. Ich setze mein strahlendstes Lächeln auf und sage: »Sind Sie nicht der neue Mieter im ersten Stock? Ich bin Johnny Pepper.«

»Ja«, sagte er, ohne zu lächeln. »Einen Whisky pur und ein Glas Wasser.«

Ich stellte beides vor ihn hin. Seine Hand zitterte ein bißchen, als er das Whiskyglas nahm, und er senkte den Kopf, als er es zum Mund hob, damit er nichts verschüttete. Er kippte den Whisky mit einem Schluck runter, und ich schenkte ihm einen zweiten ein, und er trank ihn auch mit einem Zug aus. Den dritten ließ er eine Weile stehen. Er entspannte sich, und seine Hand hörte zu zittern auf. Sein blasses Gesicht bekam ein bißchen Farbe, und er sagte: »Die Pause, die erfrischt. Ich bin Bob Simmonds.«

Ich wußte sofort, was mit ihm los war. Es gibt nur eine Art von Trinkern, die auf diese Weise trinkt. Seine Frau tat mir richtig leid.

Um halb drei fängt Simmonds an, mir Gedichte vorzutragen. Er spricht, als ob er sehr gebildet ist, und erzählt mir, daß er ein ganzes Buch mit Gedichten schreibt und daß seine Frau Sekretärin bei dem Besitzer einer großen Wäscherei ist und daß sie so lange arbeitet, bis er mit seinem Buch fertig ist, das ihm einen Haufen Geld einbringen wird.

Es wird vier, und er redet und redet über das Leben und über Kunst und Kultur, und es ist ziemlich schwierig, ihn zu verstehen, weil er schon eine ganze Flasche getrunken hat. Er wird immer lauter und muß sich an der Theke festhalten, damit er nicht umkippt.

Plötzlich kommt Buster rein. Ich hoffe, Buster wird ihn in Ruhe lassen, und vielleicht hätte er das auch getan, denn eins muß ich zugunsten von Buster sagen: Er geht bloß dann auf Schwächere los, wenn er ziemlich einen sitzen hat. Doch dieser Bursche macht alles kaputt. An der Theke stehen ein halbes Dutzend Gäste, und wie er Buster reinkommen sieht, schreit er: »Und hier kommt ein Exemplar des Neandertalers. Ein Urmensch.«

Buster geht zu ihm rüber und sagt lächelnd: »Meinst du mich, Junge?«

»Bitte, beruhigen Sie sich«, sage ich.

»Halt's Maul«, sagt Buster zu mir. »Ich glaube, der Junge hier braucht eine kleine Abreibung.«

Der Bursche hebt seine magere Faust und schlägt Buster aufs Kinn. Für Buster ist das wie ein Mückenstich. Der Bursche reißt die Augen auf und versucht's nochmal. Die gleiche Wirkung. Buster lächelt ihn an. Dann packte er ihn mit der linken Hand vorn an der Jacke, um ihn hochzuheben und rechts und links hineinzuhauen.

Im gleichen Moment geht die Tür auf und Mrs. Simmonds kommt rein. Mit funkelnden Augen schiebt sie sich zwischen die beiden. Ich seh', wie ihr Haar rötlich schimmert. Ganz leise und haßerfüllt sagt sie: »Nehmen Sie Ihre Pfoten von ihm weg, Sie Menschenaffe.«

Hinter ihr gibt's einen Krach, denn ihr Mann ist umgekippt, und sie wendet sich zu mir und lächelt mich an und sagt: »Könnten Sie ihn bitte nach oben bringen?«

Dann dreht sie sich um und geht raus, die Hüften niedlich unter ihrem Rock schwenkend. Buster sieht ein bißchen benommen aus. Er pfeift durch die Zähne und sagt: »Die hat mich gemeint, Mann! Mich!«

»Das da auf dem Boden ist ihr Mann«, sage ich. Doch er scheint mich nicht zu hören. Was Frauen betrifft, so ist Buster Pasternak ziemlich brutal und gewalttätig. Einmal hat er ein College-Mädchen so zugerichtet, daß es drei Wochen ins Krankenhaus mußte, doch seine Brüder haben ihn vor einer Verurteilung gerettet, und sie konnten sogar verhindern, daß die Sache in die Zeitungen kam. Irgendwie wär's mir nicht recht gewesen, wenn er Mrs. Simmonds was getan hätte.

Ich holte also Angelo aus dem Hinterzimmer, und er stellte sich hinter die Theke, während ich den Burschen nach oben schleppte.

Sie ließ mich rein, und ich legte ihn aufs Sofa. Sie sah besorgt und angespannt aus. »Tut mir leid, das Ganze«, sagte sie. »Wissen Sie, Bob scheint nicht...«

Ich hob die Hand. »Sie brauchen nichts weiter zu sagen. Ich hab' mal einen Film über einen Burschen wie ihn gesehen. Es ist bloß... Wenn Sie nicht gekommen wären, hätte ihn dieser andere Kerl umgebracht.«

»Wär vielleicht besser gewesen, als mitansehen zu müssen, wie er sich zu Tode trinkt.«

»Das kann doch nicht Ihr Ernst sein, Lady. Es gibt Fälle, wo jemand von einem Tag zum andern damit aufhört.«

»Er hat in drei Jahren tausend Gelegenheiten gehabt, sich's abzugewöhnen. Aber es wird immer schlimmer statt besser. Bitte, geben Sie ihm nichts mehr.«

»Aber das wäre doch sinnlos. Wenn er kein Geld hat, kriegt er nichts. Aber wenn er Geld hat, und ich geb' ihm nichts, dann gibt's neun andere Kneipen in dieser Straße, wo er was kriegt.«

Sie sank in einen Sessel. »Vielleicht haben Sie recht. Wenn ich nur Geld genug hätte, um mit ihm irgendwohin zu gehen, wo er sich keinen Drink kaufen kann.«

»Hören Sie«, sagte ich, »da ist noch was anderes. Sie sollten sich für Ihre Tür eine Kette kaufen. Ich mache sie Ihnen dran. Wissen Sie, damit Sie die Tür ein kleines Stück aufmachen und sehen können, wer rein will.«

Sie starrte mich an. »Wozu denn das, um Gottes willen?«

Da blieb mir nichts anderes übrig, als ihr alles über Buster zu erzählen. Ich nahm kein Blatt vor den Mund. Als sie mich fragte, wieso die Justiz nichts gegen ihn täte, sagte ich ihr, daß in dieser Stadt die Pasternaks die Justiz seien. Schließlich gelang es mir, ihr klarzumachen, daß sie in echter physischer Gefahr war. Sie weinte, als ich ging – nicht vor Angst, sondern weil sie einfach zu viele Probleme auf einmal hatte.

Angelo warf mir einen bösen Blick zu, weil ich so lange gebraucht hatte, und lief zurück ins Hinterzimmer zu seinem Kartenspiel.

Am nächsten Tag befestigte ich die Kette an ihrer Tür. Simmonds saß auf der Couch. Er blickte auf und sah mich an, sagte aber nichts.

Fast eine Woche lang sah ich die beiden nicht, außer sie hin und wieder ganz kurz, wenn sie von der Arbeit heimkam.

An einem regnerischen Mittwoch kurz nach eins kommt Simmonds ins Lokal und schüttelt den Regen von seinem Kragen. Ich warte, bis er einen Zehner aus der Tasche zieht – erst dann schenk' ich ihm einen Whisky ein. Es ist das gleiche wie immer: Nachdem er zwei Gläser runtergekippt hat, entspannt er sich ein bißchen.

»Wo haben Sie eigentlich das Geld her?« frag ich ihn.

Er glotzt mich an. »Aus der Zuckerdose im Küchenbüffet – aber was geht Sie das an?« sagt er. Nein, es ging mich nichts an, und ich hatte es nur gefragt, um mir nicht anmerken zu lassen, daß ich schrecklich nervös war. Ich fragte mich, ob Buster wohl auftauchen würde. Ich wußte, daß Mrs. Simmonds diesmal nicht im richtigen Moment erscheinen würde, wie die Pferde in einem Westernfilm. Doch plötzlich polterte ein kleiner Junge die Treppe herunter und schaute durchs Fenster.

Ich sagte zu Simmonds: »Mann, trinken Sie lieber Ihr Glas aus und verduften Sie. Und machen Sie die Kette an Ihrer Tür vor. Diesen Jungen hat bestimmt Buster geschickt, damit er ihm Bescheid sagt, ob Sie da sind, und diesmal ist Ihre Frau nicht da, um Sie zu retten. Sie erinnern sich doch an Buster?«

»Woran ich mich nicht erinnere, das hat mir Alice erzählt. Ich bleibe. Dieser Gorilla wird mich nicht anrühren.«

»Nein«, sagte ich, »er wird Sie nicht anrühren. Er wird bloß dafür sorgen, daß Sie zwei Wochen ins Krankenhaus müssen, und sich an Ihre Frau ranmachen. Buster wird ganz sanft sein – da können Sie sicher sein.«

Simmonds grinst mich an und zeigt mir den Kolben einer kleinen Automatik. Er steckt sie wieder in die Tasche und sagt: »Ich hab' sie gestern abend geladen. Es ist bloß eine Zweiundzwanziger, aber ich kann Sie mit allen sieben Kugeln von der Seite des Raums ins Auge treffen. Wenn der Gorilla mich auch nur antippt, knall' ich ihn ab.«

»Hören Sie, Simmonds«, sage ich, »Sie sind nicht der Typ.«

»Vielleicht bin ich dabei, mich dazu zu entwickeln.«

Ich glaube, es war meine Schuld. Genau wie ich's vorhergesehen hatte, taucht Buster nach fünf Minuten auf – keuchend, als ob er gerannt ist. An einem Tisch neben dem Fenster sitzen zwei alte Männer. Außer uns fünfen ist niemand da.

Buster lächelt nicht. Er bleibt etwa zwei Meter von Simmonds stehen und sagt: »Dreh dich um und schau mich an Kleiner. Bei dir ist wieder mal 'ne Abreibung fällig.«

Das war mein Stichwort. Ich hätte sagen sollen: »Er hat eine Kanone, Buster.« Ja, das hätte ich sagen sollen. Doch ich mußte daran denken, wie Mrs. Simmonds dreingeblickt hatte, und ich mußte daran denken, wie Buster schon mit vielen anderen Gästen und Kunden umgegangen war. Ich machte den Mund auf, aber es kam nichts heraus.

Ich sah, wie Simmonds in seine Jackentasche griff, wie er herumfuhr und die Kanone herausriß, während Buster sich auf ihn stürzte. Dann hörte ich ein leises klickendes Geräusch. Simmonds zog am Abzug, doch nichts geschah, als Buster zuschlug.

Haben Sie schon mal gesehen, wie jemand mit einem einzigen Schlag umgebracht wurde? Das ist ein Anblick und ein

Geräusch wie nicht von dieser Welt. Man möchte es kein zweites Mal sehen. Simmonds flog gegen die Theke und sank auf den Fußboden. Irgendwie wußte ich, daß er tot war.

Buster sah mich mit einem schwachen Abklatsch seines sonstigen Lächelns an, griff sich an die Kehle, murmelte: »Verdammt – was...« und sank langsam auf Simmonds nieder. Einer der alten Männer versuchte durch das Fenster zu entkommen.

Ich war allein, und bis die Polizei kam, breitete sich ein Todesgeruch in dem Raum aus. Ich war der einzige Zeuge, der etwas über das Ganze sagen konnte.

Buster bekam ein Riesenbegräbnis. Ich ging nicht hin. Ich blieb hinter meiner Theke und besoff mich. Es gab verschiedene Dinge, die ich vergessen wollte.

Eins davon war die Art und Weise, wie sich Alice Simmonds verhielt. Gleich nachdem die beiden für tot erklärt worden waren, ging ich zu ihr rauf. Ich dachte, sie wäre bei der Arbeit, doch sie war zu Hause. Sie öffnete die Tür, schlug die Hände vor den Mund, riß die Augen auf und sagte: »Ist er...«

Ich sagte es ihr schnell und fing sie auf, als sie umkippte.

Ich trug sie zum Sofa, und als ich sie hinlegte, fielen sechs kleine Blechdinger aus ihrer Rocktasche. Sechs Stück. Sechs kleine 22'er-Patronen.

Sie schlug die Augen auf und starrte zu mir auf und murmelte: »Ich hab' ihm eine faire Chance gegeben – mehr als er mir je gegeben hat.« Dann tat sie, als ob sie sich die Zunge abreißen wollte und sah mich angewidert an, als ich ihr die Patronen gab.

Was ich auch vergessen möchte ist, wie Ray sagte: »Einfach unbegreiflich, wie er denken konnte, daß er Buster Pasternak mit einer einzigen kleinen Kugel erledigen kann. Mehr war in der Kanone nicht drin. Er hat ihn damit mitten ins Herz getroffen.«

Sie untersuchten sie routinemäßig nach Fingerabdrücken, und als sie darauf nicht nur seine, sondern auch ihre fanden, hielten sie das nicht für wichtig.

Sie ist inzwischen ausgezogen.

Manchmal, wenn ich an einem sonnigen Nachmittag auf der anderen Straßenseite eine schlanke Frau sehe, denke ich, sie ist es, und ich lauf' ans Fenster, aber sie war's nie. Nie ist sie's gewesen.

Wenn Angelo mich das nächste Mal feuert, vielleicht mach ich mich dann auf die Suche nach ihr.

Der dunkle Fleck

Das junge Mädchen hatte den Körper einer Tänzerin und trug ein teures enganliegendes Kleid. Sie war die Gastgeberin und kannte alle Anwesenden. Er stand neben dem Fenster, dessen Vorhang zugezogen war, sah zu, wie sie ein Glas nach dem anderen trank, und hörte ihre schrille, angespannte Stimme. Unglaublich, dachte er, daß sie alles aufgegeben hat, was sie hätte werden können, um Gus Lench zu heiraten, um in diesem Haus in Westchester zu leben. Und in diesem sanft beleuchteten langen Raum, inmitten des Geplappers einer Cocktailparty, war sie zur Gehilfin eines Mörders geworden.

Er sah, daß Mord ihr nicht lag. Er sah, daß ihr Mund zu breit war, zu dick und glänzend. Die vielen Drinks beeinträchtigten nicht die fast animalische Wachsamkeit ihrer Augen.

Die anderen wußten natürlich von nichts, und sie spürten nicht die Spannung.

Die meisten Gäste waren aus der Stadt gekommen. Lawrence Hask, der dort neben dem Fenster stand, wandte seinen Blick einen Moment von Gail Lench ab und sah sich in dem Raum um. Oft hatte er das Gefühl, daß diese Partygäste nichts Reales waren, daß sie für solche Gelegenheiten gemietet und mit einem Schlüssel, den man in ihren Rücken steckte, aufgezogen worden waren. Männer mit Tränensäkken unter den Augen, die gestikulierten und sich angeregt unterhielten. Frauen in gezierten Posen, die sich langsam bewegten und schläfrig Worte von falscher Herzlichkeit wechselten.

Am anderen Ende des Raumes saß ein bleicher Mann an einem Stutzflügel und spielte gedämpfte Schlagermusik. Ein Mädchen mit blaß geschminktem Gesicht stand verzückt hinter ihm und massierte seinen mageren Hals, während er spielte. Er schien sie nicht zu bemerken.

Er stellte sein leeres Glas auf ein Tablett und nahm sich einen neuen Drink. Die Spannung, die in der Luft lag, war so deutlich, daß er sich wunderte, daß Carter sie nicht spürte. In der Mitte des Raumes saß August Lench mit einer dicken Blondine auf einer Couch. Sie kicherte zuviel. August Lench war sechzig Jahre alt und schleppte mit seinen einssechzig zweihundert Pfund herum. Sein nackter Schädel war übersät mit hellen Flecken. Er wirkte wie die Verkörperung des Bösen, was geschäftlich sein größter Vorteil war, denn die Leute sagten: »Unmöglich, daß er so schlimm ist, wie er aussieht.«

Doch Lawrence Hask wußte, daß Lench genauso war, wie er aussah.

Carter, dessen Tod beschlossen war, stand in der Gruppe neben Gail. Sie bedachte ihn mit koketten Blicken, lachte immer wieder zu ihm hinüber. Lench warf von Zeit zu Zeit einen Blick auf Carters breiten Rücken, und Lawrence wunderte sich, daß Carter durch seinen gut geschneiderten Anzug nicht die eisige Kälte dieser gelegentlichen Blicke aus Lenchs farblosen kleinen Augen spürte.

Der Raum war erfüllt von Rauch, vom Summen der Konversation, von widerlichem blumigem Gingestank. Und von Todesgeruch.

Groß und schlank und distanziert stand Lawrence Hask da, ein leises Lächeln um die Lippen, ein lässiges Cocktailpartylächeln. Er bemerkte die befangene Geste, mit der Gail ihr dunkles Haar berührte.

Sie machte drei Schritte in die Mitte des Raumes und sagte: »Alle herhören, bitte! Mit dieser Party wird der All-Wetter-Schwimmingpool des Hauses Lench eingeweiht. Da es eine Überraschung sein sollte, und wir wußten, daß niemand darauf vorbereitet sein würde, haben wir eine Auswahl von Badesachen für Damen und Herren bereitgelegt. Kommt bitte alle mit. Der Swimmingpool ist im neuen Pavillon. Mit Dampfheizung, meine Lieben. Und mit einer Bar. Der Umkleideraum für Männer ist links, der für Frauen rechts.«

Lawrence trank schnell sein Glas aus. Anscheinend war es soweit. Er warf einen Blick zu Lochard, Carters Leibwächter, hinüber und sah, wie er sich zusammenriß. Die große, schlanke Rothaarige klammerte sich an seinen Arm. Lawrence wußte, daß sie nicht daran beteiligt sein würde, daß sie unter Druck lediglich aussagen würde, man habe ihr eingeschärft, nett zu Lochard zu sein, weil er ein Freund von Mr. Carter sei.

Das Schwimmbecken war lang und oval, das Wasser darin glatt und grün. Der Pavillon hatte Glaswände, die von der feuchten Hitze beschlagen waren. Die gekühlten Gläser auf der winzigen Bartheke waren voller Wasserperlen.

Hask wußte, daß Lench sich diesen Aufwand leicht leisten konnte und daß nur Carter noch mehr hatte. Wenn Carter beseitigt war, dann würde Lench seinen Anteil bekommen. Und das war ein prima Motiv für einen Mord. Lawrence vermutete, daß die Gunstbeweise, die Gail Carter zukommen ließ, Lench wenig oder gar nichts ausmachten. Lench hatte Carters Ermordung sorgsam vorbereitet, und für ihn hatte sie wohl die gleiche Bedeutung wie die Anschaffung von hundert neuen Maschinen zur Vergrößerung des täglichen Ausstoßes von staatlichen Lotterielosen.

Als Lawrence Hask den anderen Männern in den Umkleideraum folgte und sich eine grelle Badehose aussuchte, fragte er sich, was Gus Lench wohl sagen würde, wenn er wüßte, daß Lawrence Hask nicht nur von dem geplanten Mord wußte, sondern auch die Absicht hatte, ihn zu verhindern.

Lenchs größte Schwäche war vielleicht seine Unfähigkeit, sich ein anderes Motiv als Profit vorzustellen. Hätten Lawrence noch ein paar Tage zur Verfügung gestanden, so hätte er Gail dazu gebracht, ihm zu verraten, auf welche Weise Carter umgebracht werden sollte. Doch soviel Zeit hatte er nicht gehabt.

Wenn Lench klar gewesen wäre, daß es außer Profit noch andere Motive gab, dann wäre er an dem Tag, an dem die drei Losverkäufer Hask blutend in Lenchs Büro brachten, vielleicht ein bißchen mehr auf der Hut gewesen.

Der Größte hatte gesagt: »Gus, wir haben dieses Bürschchen erwischt, wie es in unserem Revier Lose verkauft hat.«

Lench hatte die Stirn gerunzelt. »Sie sehen jemandem ähnlich, den ich mal kannte, mein Junge. Wer sind Sie?«

»Larry Hask. Ein großer Gewinn hat meine kleine Organisation an der Westküste kaputtgemacht, und so bin ich hierher gekommen, wo's so leicht geht.«

»Leicht, denkt er!« hatte Lench verwundert gesagt.

»Ja, leicht«, hatte Lawrence geantwortet. »Sie nützen in Ihrem Gebiet doch gar nicht alle Möglichkeiten. Stinkende kleine Bonbonläden und Puffs und Zeitungsjungens. Verdammt, in Ihrem Gebiet gibt's doch mindestens fünfzig große Fabriken. Jeder dritte Vorarbeiter und Parteiführer könnte Ihre Lose verkaufen.«

Lench hatte Hasks Lose genommen und sie angeschaut. »Amateurarbeit«, hatte er gesagt. »Mit der Hand geheftet und vervielfältigt. Wo sind Sie die losgeworden?«

Lench war zusammengezuckt, als Larry in seine Innentasche griff, doch einer der Männer hatte gesagt: »Er hat keine Kanone, Gus.« Larry hatt einen Stoß Coupons auf den Tisch geworfen.

»Die haben Sie alle verkauft?« hatte Lench gefragt.

»Ja, und zwar mitten in Ihrem Revier.«

Lench hatte seine dicken weißen Fingerspitzen aneinandergelegt. Nach einer langen Pause hatte er gesagt: »Ich kann Sie brauchen.«

»Das könnten eine Menge andere auch. Aber ich bin teuer. Dreihundert die Woche plus Spesen.«

»Sie halten ziemlich viel von sich, was?«

»Jedenfalls so viel, daß ich's nicht mag, wenn Ihre Hündchen mich mit Ihren Pfoten begrapschen. Das ist mein Angebot. Wenn Sie's nicht annehmen, steig ich selbständig ins Geschäft ein. Und ein paar hervorragende Leute zu meinem Schutz würde ich importieren.«

Als Lench um zwei Tage Bedenkzeit bat, wußte Lawrence, daß er die Sache auf höherer Ebene besprechen wollte. Sie wurde genehmigt, und Lawrence Hask wurde mit der Bezahlung, die er verlangt hatte, auf die Gehaltsliste der Organisation gesetzt – mit dem harmlosen Titel eines Werbeleiters. Das Ganze hatte ein Jahr gedauert. Ein Jahr, in dem er Gus Lench ständig angestachelt hatte, ihm gesagt hatte, wie tüchtig er sei, wie wenig das die Leute höher oben zu schätzen wüßten.

Der Oberste war Carter, und Lench war einer seiner drei höchsten Untergebenen. Carter sah bei Lenchs Party so fehl am Platz aus wie ein Bankier bei einem Craps-Spiel – groß, imposant, seriös und würdevoll.

»Warum drängen Sie mich dauernd? Was liegt Ihnen daran, daß ich einen größeren Anteil kriege, Larry?« hatte Lench sich beklagt.

»Wenn Sie mehr kriegen, krieg ich auch mehr«, sagte Larry.

Und so war der Keim, den er eingepflanzt hatte, gewachsen.

Vor zwei Tagen hatte er sich abends mit Gail getroffen. Sie hatte Lench schnarchend in der Stadtwohnung zurückgelassen und stand an einer Ecke. Der Frühlingswind zerrte an ihrem langen Mantel, und das Licht der Straßenlaterne fiel auf ihr Gesicht.

Als er vor einem ruhigen Block in den Seventies parkte, hatte Gail sich schluchzend an ihn gedrückt: »Warum so lang, Larry. Oh, warum läßt du uns so lange warten?«

»Gus ist kein Trottel.«

Sie legte ihr Gesicht an seinen Hals und preßte ihre Stirn an sein Kinn. »Oh, wie ich ihn hasse, Larry!«

Er nahm die Flasche aus dem Handschuhfach, und sie trank gierig. Er gab nur vor, zu trinken und tat so, als ob er leicht lallte.

Sie kicherte albern und sagte: »Gus ist wirklich der größte. Bei der Cocktailparty ist es soweit, Larry. Da ist Carter dran.«

Mehr zu sagen, lehnte sie mit einer primitiven Vorsicht ab, und er traute sich nicht, sie zu drängen.

Er setzte sie in der Nähe der Wohnung ab. Als sie schwankend um die Ecke gebogen war, wischte er den Lippenstift von seinem Mund, kurbelte das Fenster herunter und spuckte auf den dunklen Asphalt.

In den nächsten zwei Tagen hatte Lench sich wie immer verhalten; am ersten Tag jammerte er, weil von den Einnahmen in Höhe von zwölftausend Dollar drei Fünfhundert-Dollar-Treffer abgezogen werden mußten, und am zweiten Tag freute er sich, weil es überhaupt keine Treffer gab. Die Verkäufer lieferten wie immer ihre Einnahmen an den Sammelstellen ab und nahmen die Lose für die nächste Woche mit.

Nur einmal gab Lench ihm einen leisen Hinweis darauf, daß Gail die Wahrheit gesagt hatte. Er sagte: »Wie wär's, wenn Sie einen hübschen fetten Distrikt kriegen würden, der Ihnen gehört, mein Junge? Einen neuen, sehr vielversprechenden Distrikt.«

»Carter vergibt doch die Distrikte.«

Lench strich über sein Kinn. Er grinste. »Vielleicht wird er das mir überlassen. Sie könnten tausendfünfhundert Dollar verdienen – statt der paar Krümel, die Sie jetzt kriegen.«

»Wenn Sie mir den Distrikt geben können, Gus, dann nehm' ich ihn.«

»Heute abend geben wir eine Cocktailparty, mein Junge. Draußen in Westchester. Kommen Sie gegen fünf, ja?«

»Danke.« Ein Problem war damit gelöst. Er brauchte sich nicht um die Einladung zu bemühen.

Lawrence zog sich schnell um und trat, bevor Carter den Umkleideraum verließ, auf die Plattform vor dem Schwimmbekken. Das Wasser war fast unangenehm warm. Er sprang mit einem Kopfsprung, blieb eine lange Strecke unter Wasser, tauchte auf und schwamm mit ein paar kräftigen Stößen zur anderen Seite des Beckens.

Gail saß in einem knappen, weißen zweiteiligen Badeanzug am Rand. Ihre Füße hingen im Wasser. Sie hatte trotz der Wärme eine Gänsehaut und schlug ihre Arme um sich.

Er blickte aus dem Wasser zu ihr auf und sagte: »Ist's soweit?«

»Was meinen Sie, Larry?« fragte sie mit leiser, ausdrucksloser Stimme.

Er stieß sich ab, ließ sich auf dem Rücken treiben und blickte durch die Glasdecke zum Nachthimmel auf. Als er sich auf die Seite drehte, sah er Lench aus dem Umkleideraum treten. Er sah aus, als sei er aus weißem Wachs, wie ein unförmiger Buddha, der zu schmelzen begonnen hatte und während des Schmelzens wieder erkaltet war.

Lochard ging nicht ins Wasser. Er stand in der feuchten

Hitze da und schwitzte. Die Rothaarige trug einen goldenen Badeanzug. Sie klammerte sich an seinen Arm und blickte kichernd zu seinem schwitzenden Gesicht auf.

Lawrence schloß aus Lochards Gesichtsfarbe, daß ihm die Hitze nach den Drinks nicht bekam und daß ihm bald schlecht werden würde. Carter trat würdevoll aus dem Umkleideraum und sprang mit einem recht guten Kopfsprung ins Wasser. Das Becken füllte sich allmählich, das grüne Wasser tanzte, leichte Musik kam aus dem Lautsprecher über der Bar. Lange konnte es nicht mehr dauern. Aber wie würden sie es anstellen? Sie mußten es auf absolut sichere Weise machen. Wenn es nach einem Mord aussah, mußte man in der Branche, in der Lench und Carter tätig waren, mit harter Vergeltung rechnen.

Lawrence blickte um sich. Lench ging zu den Lichtschaltern. Er hielt schnell nach Carter Ausschau und sah ihn auf der andern Seite des Beckens. Im gleichen Moment, als Lawrence sich abstieß, um zu ihm zu schwimmen, ging das Licht aus.

Die Luft war voller schriller Schreie und Kichern und krächzendem Lachen. Irgendwo in seiner Nähe hörte Lawrence ein erstauntes Keuchen, dann ein erschrockenes Grunzen und den Beginn eines Hilfeschreis, der im Wasser erstickte, bevor ihn jemand bemerkte.

Er hatte nicht damit gerechnet, daß das Licht ausgehen würde. Plötzlich von Angst gepackt, tauchte er und streckte unter Wasser die Hände aus. Sie griffen ins Leere. Er tauchte auf, holte Luft und glitt wieder hinunter. Seine Finger streiften glattes Fleisch, doch er mußte nach oben, um Luft zu holen. Als er zum drittenmal tauchte, griff seine Hand in langes Haar.

Er zerrte daran, so fest er konnte und kämpfte sich an die Oberfläche. Als er im Dunkel auftauchte, klatschte eine Hand in sein Gesicht, und Zähne gruben sich in seinen Arm. Dann war sie weg – er hatte gespürt, daß es eine Frau war. endlich tat er, was er schon längst hätte tun sollen. Er schwamm zur Seite des Beckens, kletterte heraus und lief zu den Lichtschaltern.

Ein Chor der Enttäuschung ertönte, als das Licht anging und die Leute hastig auseinander strebten.

»Ich glaube, Carter hat um Hilfe geschrien«, rief er laut.

»Wo ist er?« schrie Lochard. »Wo ist der Boß?«

Lawrence bemerkte Lenchs boshaften, wütenden Blick. Das Wasser brannte in den Bißspuren an seinem Arm.

Er ging zur Seite des Beckens und machte einen Kopfsprung ins Wasser, wobei er die Augen offenhielt. Nahe dem gekachelten Boden trieb Carter, das Haar seidig im Wasser schwebend, das Gesicht ruhig, die Augen halb offen.

Larry packte ihn am Handgelenk, stemmte seine Füße gegen den Boden und stieß sich mit aller Kraft ab. Als er mit Carter auftauchte, halfen ihm ein paar Leute. Sie legten Carter, den Bauch nach unten, auf die betonierte Plattform vor dem Becken, und Lawrence begann mit rhythmischen Wiederbelebungsversuchen.

Lochard stand neben ihnen und hüpfte vor Aufregung von einem Bein aufs andere. Die anderen drängten sich um sie. Lawrence preßte den Brustkorb zusammen, und als er sich zurückbeugte, damit Carters Lungen sich mit Luft füllen konnten, sah er, daß Gail neben ihm kniete, das Gesicht eine weiße Maske, die Hände zu Fäusten geballt, die Augen tükkisch und böse.

Die Menschen um sie standen wie betäubt da und warteten voll Hoffnung. Als Carter hustete und dann seufzte, atmeten sie erleichtert auf.

Aus Carters Lungen quoll Wasser, und nach einer Weile hatte er sich so weit erholt, daß er sich blaß und zitternd aufsetzen konnte.

»Was ist passiert? Ich dachte, Sie können gut schwimmen. Was ist passiert?« fragte Lench.

Carter starrte ihn an. »Ich muß einen Schwächeanfall gehabt haben.« Er blickte um sich. »Wer hat mich rausgeholt?«

Einige der Umstehenden deuteten auf Lawrence Hask. Carter sah ihn ruhig an. »Sie arbeiten für Lench?«

»Er ist einer meiner Besten«, sagte Lench eifrig.

»Helfen Sie mir hoch«, sagte Carter zu Lochard. Er schwankte einen Moment und ging dann, sich schwer auf

Lochard stützend, zum Umkleideraum. Er winkte Lawrence heran. Lawrence zuckte die Schultern und folgte ihm.

Im Umkleideraum ließ Carter Lochard los. Er richtete sich auf, ballte die Faust und schlug Lochard mit aller Kraft auf den Mund. Lochard taumelte gegen die Wand zurück, rutschte aus und stand langsam auf. Er wischte sich mit einem Taschentuch das Blut ab.

»Ziehen Sie sich an«, sagte Carter zu Lawrence, »und kommen Sie mit.«

»Ich arbeite für Lench.«

»Sie haben für Lench gearbeitet. Er ist entlassen. Morgen wird er's erfahren.«

Lawrence zuckte die Schultern. »Okay, ich komme mit.«

Nach ein paar Minuten gingen die drei hinaus. Lench, der neben Gail am Rand des Beckens saß, sprang auf, lächelte gezwungen und sagte: »Gleich gibt's Steaks, Boß.«

»Dann können Sie meins mitessen«, sagte Carter ruhig. »Danke für die Party. Sie war sehr aufschlußreich. Vielen Dank.«

»Solche Unfälle gibt's«, sagte Lench.

»Ja, und gar nicht so selten«, sagte Carter trocken. »Gute Nacht.«

Lench, von dessem nassem weißen Körper Wasser auf den dicken Teppich gropfte, lief ihm zur Haustür nach.

»Entscheiden Sie sich, Carter«, sagte er mit belegter Stimme.

»Wie meinen Sie das?«

»Sie wissen doch, Carter – es gibt zwei Möglichkeiten.«

»Soll das etwa eine Warnung sein, Gus?« fragte Carter fast freundlich.

»Es gibt Leute, Carter, die so groß werden, daß ihre Hose ihnen nicht mehr paßt«, sagte Lench. »Sie verlieren den Kontakt. Sie wissen nicht, wie viele Leute in der Organisation noch zu ihnen halten.«

Carter lehnte sich an die Wand. »Wenn Sie mich dazu zwingen, Mr. Lench, dann sag' ich Ihnen ganz offen meine Meinung. Vielleicht, mein gefräßiger Freund, werden Sie noch zwölf Stunden leben oder sogar sechsunddreißig Stunden, wenn Sie kämpfen. Wenn Sie wegrennen wie ein Kaninchen, dann werden meine Leute vielleicht ein Jahr brauchen, um Sie zu finden. Wenn Sie also noch ein Jahr leben wollen, dann rennen Sie.«

Etwas in Lenchs Innern schien zusammenzubrechen. Er sah sich in der Diele um, als taxiere er seine Besitztümer. Dann sagte er leise: »Es ist unklug, solche Kriege zu führen. Sie schaden dem Geschäft. Ein Kompromiß wäre...«

»Wieso Krieg, Lench?« Carter starrte auf Lenchs Hängebauch. »Bloß ein bißchen Futter für die Würmer.«

Er öffnete die Tür. Bevor Lawrence hinausging, hatte er gerade noch Zeit, Lench zuzuzwinkern. Er sah, wie diese kleine Geste Hoffnung in Lench aufflackern ließ. Dann folgte er Carter zu der schwarzen Limousine, neben der geduldig wartend der Chaffeur stand.

Lochard setzte sich vorn neben den Chauffeur. Sie fuhren eine Weile schweigend, dann sagte Carter: »Dieses Mädchen, das er da geheiratet hat... Sie war Tänzerin, nicht wahr?«

»Vor allem Schwimmerin. Aber die Arbeit war zu schwer für sie, und so hat sie sich Lench geangelt.«

»Zuerst hab ich sie amüsant gefunden, aber es ist etwas mühsam, sich mit ihr zu unterhalten. Und ein bißchen demütigend, von einer Frau ertränkt zu werden.«

Da wurde Lawrence klar, wie sie es gemacht hatten. »Wie haben Sie das gemerkt?«

»An dem Parfüm. Sie hat von hinten ihre Arme um meinen Hals gelegt und mich runtergezogen. Sie ist völlig mit Parfüm durchtränkt – haben Sie das nicht gemerkt? Sogar im Haar hat sie welches.«

»Ja, ich weiß«, sagte Lawrence.

Carter wohnte in zwei miteinander verbundenen Suiten in einem Apartmenthotel in der Stadtmitte. Er bestellte für sich heißen Rum und für Lawrence Hask Scotch und Wasser.

Er stellte den Rum auf die Schreibtischunterlage und öffnete den Wandsafe, wobei er ihn mit seinem massiven

Körper abschirmte. Er nahm ein Bündel Geldscheine heraus, drehte sich um und zählte sie auf die Schreibtischecke.

»Für Sie, Hask. Fünftausend. Ein Teil davon ist dafür, daß Sie Ihren Kopf benützen. Der Rest dafür, daß Sie mir alles sagen, was Sie über Lenchs Gewohnheiten und Eigenheiten und über seine Leute wissen. Kann sein, daß das Ganze sehr unangenehm wird. Er wird dem Geschäft schaden, weil es die Aufmerksamkeit auf unsere geschäftlichen Angelegenheiten lenken wird. Die Politiker und die Polizisten, die auf unserer Gehaltsliste stehen, werden so tun müsen, als ob sie etwas unternehmen. Man wird Losverkäufer schnappen und verurteilen. Die Polizei wird die Heftmaschinen zerstören. Dann werden Schlagzeilen melden ›Lottoring zerschmettert‹. Und danach können wir wieder weitermachen. Das kenn' ich. Ich hab's schon erlebt.«

Lawrence nahm das Geld, faltete es zusammen und steckte es ein.

»Lench ist fest entschlossen, allein weiterzumachen«, sagte er. »Er hat die Druck- und Heftmaschinen woanders hingebracht und sich neue Freunde gesucht. Er hat den meisten seiner Verkäufer Waffenscheine beschafft und ihnen eine Menge Geld dafür bezahlt, daß sie bei ihm bleiben. Er hat sich in seinem Büro verschanzt und wird den Kopf erst wieder rausstecken, wenn Sie aus dem Weg geräumt sind. Ich werde Ihnen alle wichtigen Adressen aufschreiben.«

»Ich werde ihm seine Pläne gründlich versalzen. Morgen ändere ich die Druckplatten. Ich werde allen Kunden Bescheid sagen lassen, daß ab morgen die alten Lose nicht mehr gültig sind. Dann wird er nicht mehr viel verkaufen können.«

»Aber wie wollen Sie Lench selbst an den Kragen?«

Carter zuckte die Schultern. »Mit der üblichen Methode. Ich kauf' mir jemanden aus seiner Umgebung und garantiere ihm, daß er sicher ins Ausland gebracht wird. Er kriegt soviel, daß er sich für den Rest seines Lebens zur Ruhe setzen kann.«

»Ich glaube nicht, daß das in diesem Fall klappen wird.«

»Wie meinen Sie das?«

»Er wird dafür sorgen, daß niemand nahe genug an ihn

rankommt. Er kennt Ihre Methoden. Er hat eine Warnanlage, die klingelt, wenn jemand versucht, mit einer Kanone sein Büro zu betreten. Außer ihm wird immer nur einer seiner Männer in seinem Büro sein. Das Türschloß kann er von seinem Schreibtisch aus öffnen. Und bis alles vorbei ist, wird er seinen Revolver nicht aus der Hand legen. Er hat mich mal in seine Pläne eingeweiht.«

»Und was schlagen Sie vor, junger Mann?«

»Wie ich gegangen bin, habe ich ihm zugezwinkert. Bestimmt glaubt er, ich halte zu ihm. Wahrscheinlich kann man ihn mit Geld hervorlocken. Ich könnte zu ihm gehen und ihm erzählen, daß ich jetzt hier wohne und Ihre Safekombination ausspioniert habe. Daß ich ihn und ein paar seiner Leute hereinlassen könnte, wenn Sie nicht da sind, damit er Ihren Safe ausräumen kann.«

»Und was soll das?«

»Ihr Safe ist ziemlich niedrig in die Wand eingelassen. Wenn Sie darin ein doppelläufiges Gewehr anbringen, würde es ihn am Hals treffen. Das heißt, daß er erschossen wird, während er Ihr Apartment ausraubt. Und Sie sitzen zu der Zeit in einem Club beim Abendessen.«

»Hask, Sie sind in solchen Dingen ungeheuer begabt«, sagte Carter.

»Vielen Dank, Sir.«

Lawrence Hask saß zusammengesunken in dem Sessel vor Lenchs Schreibtisch. Seine Lippen waren trocken und seine Kehle wie zusammengeschnürt, doch er bemühte sich, zu grinsen. Lench hatte hinter dem Schreibtisch seinen Revolver auf Hasks Gesicht gerichtet, den Finger am Abzug. »Warum sollte ich Ihnen irgend etwas von alldem glauben? Sie haben mich hintergangen!«

»Das denken Sie bloß, Gus. Mir geht's nur um meinen Vorteil, und durch eine Zusammenarbeit mit Ihnen kann ich am meisten für mich herausholen. Ich dachte, Sie sind intelligenter als Carter, aber die Sache, die Sie da in Ihrem Swimmingpool eingefädelt haben, war meiner Meinung nach das Dümmste, was man sich vorstellen kann.«

»Ein Unfall beim Schwimmen? Das hätte die Polizei geschluckt.«

»Vielleicht. Aber seine Leute bestimmt nicht. Sie wußten, daß er schwimmen kann. Außerdem – dieses blöde Mädchen, das Sie sich da letztes Jahr gekauft haben, hat ihn mit ihren Fingernägeln am Hals verletzt. Und er hat ihr Parfüm erkannt. Sicher, sie kann schwimmen, aber sie hat einfach die Nerven verloren. Ich habe einen besseren Plan.«

»Was für einen?« fragte Lench unsicher.

»Carter hat mich eingeladen, bei ihm zu wohnen. Er hat mich mit dem Auftrag hierhergeschickt, Sie hereinzulegen. Ich soll so tun, als ob ich auf Ihrer Seite bin, und Sie in eine Falle locken. In seinem Wandsafe liegen mindestens dreihunderttausend Dollar. Ich hab' das Geld selbst gesehen. Schöne schmutzige alte Hunderter und Fünfhunderter. Keine zu großen Scheine, die zu heiß wären. Ich soll Ihnen erzählen, daß Carter am nächsten Freitagabend zu einem großen Dinner geht. Ich werde ihm sagen, daß ich auch ausgehe, aber ich bleibe im Hotel und schalte die beiden Männer aus, die ständig in seinem Apartment sind. Das ist überhaupt kein Problem.

Außerdem soll ich Ihnen sagen, daß elf Uhr eine gute Zeit wäre. Sie sollen mit ein paar Jungens kommen und von der Rezeption aus anrufen, damit man sie raufläßt. Ich soll Ihnen eine falsche Safekombination sagen. Wenn Sie dann oben erscheinen, werden Sie von seinen Leuten empfangen und beim Versuch, das Apartment auszurauben, alle abgeknallt.«

Lench schluckte mühsam. »Danke, Larry«, sagte er. »Danke, daß Sie mir das gesagt haben. Aber wie sieht Ihr Plan aus?«

»Carter wird ausgehen, aber um halb elf mit ein paar Männern als Verstärkung zurückkommen. Also müssen Sie um zehn kommen. Dann können Sie ihn erwarten. Und statt der falschen Kombination sage ich Ihnen die richtige. Für fünfundzwanzig Prozent.«

»Zehn«, sagte Lench.

»Können Sie sich's wirklich leisten, zu feilschen, Gus?«

»Okay. Dann Freitag abend um zehn. Sie kriegen ein Viertel von dem Geld. Und ich hau' schnell ab und lasse einen Mann zurück, der Carter abknallt.«

»Oder Sie tun's selbst, damit's bestimmt klappt.«

Carter stand neben dem Schlafzimmerfenster und sagte: »Ich hab' das Geld in eine Schachtel getan und das Gewehr befestigt. Es fehlt nur noch der Strick am Abzug. Hat er Ihnen geglaubt?«

»Natürlich. Ich hab' ihm gesagt, daß Sie das Ding um Mitternacht drehen wollen, und so kommt er um elf. Zeit genug für Sie, um zu verschwinden.«

»Wenn Lench erschossen wird – was werden seine Männer dann mit Ihnen machen?«

»Ich werde Lench sagen, daß ich am besten auf dem Gang aufpasse. Wenn ich den Schuß höre, hau' ich ab. Ich bin sicher, es gelingt mir, rechtzeitig zu entkommen.«

»Manchmal wundere ich mich über Sie, Hask. Sie haben so eine gebildete Ausdrucksweise.«

»Finden Sie das irgendwie wesentlich?«

»Nein. Nein, ich glaube nicht. Was meinen Sie, wen Lench mitbringen wird?«

»Hoagie Chance, Shenk, Ullister und wahrscheinlich Murphy. Sie haben alle echte Ausweise, und zu ihnen hat er das größte Vertrauen.«

»Und Lench wird den Safe selbst öffnen?«

»Sie hätten seine Augen sehen sollen, als ich ihm von dem Geld erzählt habe. Wie ein kleiner Junge, der sich die Nase am Schaufenster eines Spielzeugladens plattdrückt.«

»Freitag ist übermorgen. Ich verschwinde also um halb elf, und Sie bleiben hier – mit Lochard und Mains, die anscheinend niedergeschlagen auf dem Fußboden liegen.«

»Ausgezeichnet – dann kann eigentlich nichts schiefgehen«, sagte Hask ruhig.

Lawrence Hask lümmelte in dem Polstersessel, einen Drink in der Hand. Er bemühte sich, nicht dauernd auf die Uhr zu schauen. Es war fünf vor zehn. Carter zog sich an. Lochard und Mains spielten an dem großen Tisch Karten. Heckle und

Donovan, die beiden Männer, die Carter mitnehmen wollte, saßen im Nebenzimmer vor dem Fernseher.

Jedesmal, wenn Lawrence einatmete, schien sich seine Kehle zusammenzuziehen, und es fiel ihm schwer, auszuatmen. Kleine Schauder liefen ihm über den Rücken. Ein Jahr und einen Monat.

Das Telefon stand neben seinem Ellbogen. Carter kam aus seinem Schlafzimmer, als es klingelte. Lawrence nahm es ab.

Er hielt es ans Ohr und sagte: »Einen Moment, bitte.« Er riß die Augen auf, legte die Hand aufs Mikrofon und sagte: »Lench und vier Männer. Er will mich reinlegen. Er ist früher gekommen.«

Carter runzelte die Stirn. Er deutete auf Lochard, der ins Nebenzimmer ging und die beiden anderen Männer vom Fernseher wegholte.

»Okay«, sagte Carter, »wenn er's so haben will. Legen Sie sich dort drüben hin, Lochard – auf den Bauch. Denken Sie dran, Sie sind ohnmächtig. Mains, Sie legen sich dort unter die Tür. Bemüht euch, daß es echt wirkt. Sagen Sie, sie sollen raufkommen, Hask. Heckle und Donovan, ihr kommt mit mir ins Schlafzimmer.«

Hask sprach kurz ins Telefon und legte auf. Dann ging er zur Schlafzimmertür und sagte: »Lench ist kein Idiot. Ich mach' die Tür lieber ganz zu.«

Lochard lag regungslos da. Lawrence ging zu ihm und zog den Totschläger aus seiner Hüfttasche. »Drehen Sie den Kopf ein bißchen hierher, Lochard«, sagte er.

Die von Leder umhüllte Bleikugel machte fast kein Geräusch, als er Lochard damit hinterm Ohr auf den Kopf schlug. Er stieß einen leisen Seufzer aus. Dann ging Hask zur andern Seite des Zimmers und hieb das Ding Mains über den Kopf. Mains begann leicht zu zappeln. Sorgfältig und präzise schlug Hask noch einmal zu.

Einen Augenblick später klopfte es an der Tür. Hask öffnete. Hoagie Chance stürzte herein und rammte Hask einen Revolverlauf mit solcher Wucht in den Bauch, daß es ihm den Atem verschlug.

»An die Wand, mein Junge«, sagte Hoagie. Er trat neben

die Tür. Als nächster kam Murphy herein und baute sich auf der andern Seite der Tür auf. Dann erschien Lench, vor Anspannung blaß im Gesicht, eine Zigarre in der einen Hand, eine flache Automatik in der anderen. Auf den Lauf der Automatik war ein langer, röhrenförmiger Schalldämpfer geschraubt.

Lench bückte sich und hielt das glühende Ende der Zigarre an Lochards Handrücken. Lochard rührte sich nicht.

»Guter Junge«, sagte Lench zu Hask. »Ist er tot?«

Jetzt war der richtige Moment. Hask deutete mit dem Daumen auf die Schlafzimmertür und sagte: »Sie sind vor einer Weile gegangen, Gus.«

»Schaun wir uns mal den Safe an«, sagte Gus. Er winkte Murphy und Chance. Auf Zehenspitzen schlichen sie zur Schlafzimmertür.

Chance streckte die Hand aus, legte sie vorsichtig um den Türknopf, drehte ihn rasch, öffnete die Tür, stieß sie mit dem Fuß auf und ging hinein.

Zwei Schüsse krachten. Chance stolperte nicht, sondern neigte sich immer weiter vor, bis er das Gleichgewicht verlor, aufs Gesicht schlug und auf dem Schlafzimmerläufer ein Stück durchs Zimmer rutschte. Shenk und Ullister rannten von der Diele herein und machten die Tür hinter sich zu. Shenk hatte einen 45'er Army-Colt in der Hand. Als Heckle im Zimmer erschien und neben Chance trat, feuerte Shenk. Heckle krümmte sich zusammen und stürzte rücklings neben Chance auf den Boden.

Carter trat schnell in die Tür und zielte sorgfältig auf Lawrence Hask, das Gesicht ausdruckslos, die Hand ruhig. Ullister, Shenk und Murph feuerten fast gleichzeitig. Die Kugel aus Carters Revolver schlug neben Hasks linkem Ohr in die Wand. Mörtel spritzte gegen seine Wange und seinen Hals. Während Carter auf die Knie sank, feuerte er wild. Eine Kugel traf Murph, der ein Stück zur Seite getreten war. Die Kugel durchschlug ihn. Er machte zwei Schritte, sank langsam auf den Teppich und blieb regungslos liegen.

Hinter Carter tauchte mit hocherhobenen Händen Donovan auf und sagte heiser: »Okay, okay. Hört auf.«

Lenchs Automatik machte ein leises Geräusch, nicht lauter als ein Buch, das auf einen Teppich fällt. Donovans Hände fielen herab. Neben seiner Nase klaffte ein dunkles Loch. Er stand noch einen Moment da und stürzte dann der Länge nach vornüber und schlug mit dem Kopf auf den Holzboden.

Lench ging mit hochgezogener Oberlippe zu Lochard, zielte und schoß. Lochards Kopf zuckte leicht, als die Kugel ihn traf. Er ging hinüber zu Mains und feuerte wieder.

»Keine Bewegung!« sagte er zu Hask.

Er ging zum Safe und drehte die Wählscheibe. Seine dikken Hände zitterten. Er rutschte ab und versuchte es noch einmal. Hask hörte das Klicken der Zuhaltungen. Er schloß die Augen. Die Explosion ließ das ganze Zimmer erbeben. Lenchs dicker Puppenkörper lag auf dem Rücken vor dem Safe.

Ullister ging um den Toten herum und warf einen Blick in den Safe. »Haun wir ab«, sagte er zu Shenk.

Shenk riß die Tür auf, und sie rannten auf den Korridor. Andere Türen gingen auf, und Leute schauten ängstlich heraus.

Lawrence Hask zählte langsam bis fünf, dann lief er auf den Gang und schrie: »Halten Sie diese Männer auf!«

Langsam fiel die Feuertür hinter den beiden zu. Er hörte ihre Schritte auf der Treppe. Er rannte zur Feuertür, öffnete sie, schlug sie wieder zu und lief zwei Treppen hinauf. Zwischen der Feuertür im zehnten Stock steckte ein kleiner Holzkeil, der sie offenhielt.

Er steckte den Keil ein und ging zur nächsten Korridorecke. Der Mann, der den Lastenaufzug bediente, starrte ihn erschrocken an. »Mister, ich hab' durch den Schacht von unten Schüsse gehört. Was ist da los?«

Hask bemühte sich, ein ruhiges Lächeln aufzusetzen. »Seh' ich aus wie ein Killer?«

»Mister, ich hab' Sie zusammen mit diesen Burschen von Nummer acht gesehen. Ich bring' Sie runter zum Empfang.«

Hask hielt den Geldschein so, daß der Mann die Zahl darauf sehen konnte. »Wie Sie wollen, mein Freund«, sagte er gleichgültig.

»Also gut, Mister, ich bring' Sie in den Keller.« Der Mann grinste nervös.

Lawrence Hask ging vier Blocks weit, fuhr mit der U-Bahn in die Innenstadt und rief sie von einem Drugstore aus an. Zwanzig Minuten später trafen sie sich in einem billigen Restaurant.

In dem grellen Licht sah sie älter aus.

Über den Lärm hinweg, der in dem Restaurant herrschte, sagte sie: »Warum hast du ihn gerettet? Warum? Gus hätte mir meine Freiheit gegeben, wenn es geklappt hätte.«

»Du bist frei, Baby. Gus ist tot.«

Er sah, wie sie sich unter dem Schock zusammenkrampfte und dann voll Befriedigung den Kopf sinken ließ.

»Und vielen Dank, daß du mir geholfen hast, dafür zu sorgen, daß er umgelegt wurde«, sagte er.

»Larry«, sagte sie. »Du und ich – wir...«

Er stand langsam auf und legte das Geld für den Kaffee auf den Tisch. Mit ungeheurer Müdigkeit in der Stimme sagte er: »Ich heiße nicht Larry, und ein ›du und ich‹ hat's nie gegeben...«

Ray Loan lag am Strand von Acapulco in der glühendheißen Sonne. Sally saß neben ihm.

»Verdammt noch mal, Ray«, sagte sie, »wie konntest du eigentlich annehmen, daß ich ein Jahr warten würde?«

»Du hast doch gewartet, oder?« fragte er spöttisch.

»Aber es ist mir sehr schwergefallen. Und ich hatte solche Angst, daß du in New York irgendwelche Dummheiten wegen deines jüngeren Bruders anstellst.«

Er schloß die Augen vor der Sonne, und sie schien rot durch seine Augenlider. »Roger hat alle Verrücktheit unserer Familie geerbt«, sagte er mit verschlafener Stimme. »Er wollte was Aufregendes erleben, und so hat er in New York diesen kleinen Lottoschwindel aufgezogen. Das Dumme war nur, daß die Konkurrenz nicht wußte, daß es für ihn bloß eine Art Spiel war und daß er nach sechs Monaten damit Schluß machen und ein Buch darüber schreiben wollte.

Ja, Sally, ich war in New York und habe rausgekriegt, welche Organisation Roger beseitigt hat. Es ist eine große Organisation. Ich habe der Polizei und der Staatsanwaltschaft so lange zugesetzt, bis sie zugaben, daß sie nicht nur zu wenig Beweismaterial hatten, um weiterzumachen, sondern daß auch keine Aussicht bestand, Beweise zu beschaffen.

Die Leiter der Organisation waren ein Mann namens Lench und ein Mann namens Carter. Ich habe lange überlegt, was ich tun soll, und dann brauchte ich plötzlich gar nichts zu tun.«

»Wieso, Liebling?«

»Oh, Mr. Lench ärgerte sich über Mr. Carter oder umgekehrt, und Sie haben ihren Streit beigelegt, indem sie sich gegenseitig und noch ein paar andere Leute, die für sie arbeiteten, erschossen haben.«

Später schwammen sie zusammen in dem warmen, unruhigen Meer, und er fragte sich, ob wohl die heiße Sonne seine Erinnerungen wegbrennen oder ob das blaue Meer sie fortspülen würde, doch er wußte, daß er nie vergessen würde, was er in diesem Jahr erlebt hatte, und daß kein Mensch sich rächen kann, ohne eine Stelle tief in seinem Herzen zu beschmutzen.

Die ledige Witwe

Er saß bei Stukey's in der Primrose Street, fast schon den ganzen Nachmittag an einem Tisch für zwei, einem Tisch mit Drahtbeinen und schwarzen Brandflecken von Zigarettenglut. Am anderen Ende der Kneipe hockte eine kleine Gruppe von Biertrinkern, die zwei Dollar dafür bezahlt hatten, den ganzen Nachmittag fernsehen zu dürfen. Offenbar, dachte Max, fiel es ihnen so schwer, sich miteinander zu unterhalten, daß sie sich sogar die Kindersendungen anschauten.

Er trank ein Glas nach dem anderen, ganz bewußt. Es war ihm wichtig, einen Zustand aufrechtzuerhalten, in dem er von der Umwelt so wenig wie möglich wahrnahm. Immer wenn er das Gefühl hatte, in die unangenehme Realität zurückzugleiten, hob er einen Finger, und Stukey kam hinter der Theke hervor und goß ihm nach.

Vor drei Tagen war der Verlagsleiter in der Redaktion auf einen Schreibtisch gestiegen und hatte eine Ansprache an alle Mitarbeiter gehalten. Was er sagte, war ebenso deprimierend gewesen, als wenn er sie mit einem Feuerwehrschlauch unter Wasser gesetzt hätte: Es sei kein Geld mehr da, die versprochenen Finanzspritzen seien ausgeblieben – vielen Dank für Ihre treuen Dienste, und ich hoffe, Sie werden alle innerhalb von elf Minuten einen wunderbaren neuen Job finden.

Max Raffidy saß da und bemühte sich, gerade soviel zu trinken, daß er weder betrunken noch nüchtern war, sondern seine Gleichgültigkeit bewahrte. Denn wenn er sich der Nüchternheit näherte, stieg die Befürchtung in ihm auf, er würde in dieser Stadt nie einen Job finden und in die Provinz gehen müssen. Und wenn Stukey ihm etwas zu schnell nachgoß, wäre er am liebsten hinausgerannt, um irgendwelchen Leuten die Nase einzuschlagen. Da er in dieser Stadt eine Menge Straßenkämpfe erlebt hatte, wußte er jedoch, daß er damit in einem Käfig landen würde.

Er hätte mit seinen Sorgen in eine der Kneipen gehen können, in denen seine Leidensgenossen zu verkehren pflegten, doch da er sich nicht an irgendeiner Schulter ausweinen wollte und auch keine Tränen an den Aufschlägen seiner Tweedjacke mochte, hatte er sein Elend und seine Wut eingepackt und zu Stukey getragen – nicht um es zu ertränken, sondern nur, um es ein wenig schwimmen zu lassen.

Während er so allein dasaß, puhlte er mit seinen großen, plumpen Fingern an Pappstreichhölzern herum, bis sie aussahen wie kleine Männer, und gab ihnen Namen – die Namn der Leute, deren Sache es gewesen wäre, den *Chronicle* am Leben zu erhalten. Er legte sie eins nach dem andern mit einer gewissen Hingabe in den gläsernen Aschenbecher, zündete die kleinen grünen Köpfe an und sah zu, wie sie aufflammten und sich in stummer Qual wandten.

Er überlegte gerade, ob er mit seinem Ärger in eine andere Kneipe gehen sollte, als der schäbige Vorhang an der Tür auf und zu ging und das Mädchen hereinkam. Sie blieb ein paar Schritte vor der Tür stehen. Ihre Mundwinkel waren auf so merkwürdige Weise herabgezogen, daß Max sich sagte, sie müsse wohl ein Mensch sein, den noch mehr Kummer drückte als ihn selbst.

In diesem Moment sah sie ihn und ihr Gesicht leuchtete auf wie ein Lampion. Mit zwei Schritten war sie an seinem Tisch und sank in den Sessel ihm gegenüber. Sein Arm lag ausgestreckt auf dem Tisch. Sie packte mit beiden Händen seinen Unterarm und grub ihre Finger hinein. Dann legte sie ihre Stirn auf seinen Arm und atmete mit einem tiefen Seufzer auf.

Zwei große, kräftige Männer in dunklen Anzügen kamen herein, traten hinter sie, blickten auf sie nieder und sahen Max fragend an.

»Oh, Jerry! Jerry, Liebster«, sagte das Mädchen mit belegter, verzerrter Stimme.

Max, der in solchen Dingen ein alter Hase war, hätte fast gesagt: »Nehmt sie mit, Jungens.« Er kannte den einen der beiden Männer; es war Billy Shaw, ein Polizist vom nächsten Revier.

Doch plötzlich spürte er etwas Warmes an seinem Handgelenk und wußte, daß eine Träne darauf gefallen war. Irgendwie änderte das alles. Tränen paßten an diesem schwülen Frühlingstag auf merkwürdige Weise zu seiner Stimmung.

Er ließ den Arm, an den sie ihren Kopf drückte, liegen und sagte freundlich: »Können wir irgendwas für euch tun, Jungens?«

Shaw sah ihn an und sagte: »Ich glaub', sie hat Sie Jerry genannt. Sind Sie nicht Max Raffidy? Ich glaube, Sie sind Reporter und waren schon öfter auf dem Revier?«

»Das ist ihr spezieller Name für mich«, sagte Max.

»Sparen Sie sich Ihre Witze, Raff. Wie heißt sie?«

»Wenn Sie ihren Namen wissen wollen, dann halten Sie sich an die Vorschriften, Shaw. Gehen wir alle aufs Revier und vernehmen Sie sie.«

Shaw sah ihn verblüfft und verärgert an. »Ihr Zeitungsleute wißt zu gut Bescheid. Sie hat nichts verbrochen, Raffidy. Sie soll sich nur komisch auf der Straße benommen haben. Angeblich hat sie geheult und sich hysterisch aufgeführt.«

»Aber jetzt ist sie doch ganz ruhig. Alle meine Frauen heulen und führen sich hysterisch auf, wenn sie nicht bei mir sein können.«

Stukey kam hinter der Theke hervor. Er trocknete sich die Hände an seiner Schürze ab und sagte: »Ich möchte hier keinen Ärger, meine Herren.«

»Lassen Sie sie nicht allein auf die Straße«, sagte Shaw schroff. Er stieß seinen Kollegen an, und sie stampften beide hinaus.

»Bringen Sie der Dame einen Brandy, Stuke«, sagte Max. Stukey zuckte die Achseln und ging wieder hinter die Theke.

Jetzt habe ich diese Pennerin am Hals, dachte Max. Sie schien entschlossen, seinen Arm weiter als Kissen zu benützen, und sein Arm schlief allmählich ein.

»He«, sagte er leise. Er schob seine andere Hand unter ihren Kopf, legte einen Finger unter ihr Kinn und hob ihn vorsichtig hoch.

Sie nahm sein Gesicht in beide Hände und blickte ihn mit

dem wärmsten Lächeln an, das er seit langer Zeit gesehen hatte.

Stukey brachte den Brandy und verschwand wieder. Max betrachtete das Mädchen und versuchte, sich eine Meinung über sie zu bilden. Ein komischer Frühjahrshut, der etwas schief auf ihrem Kopf saß. Das Haar für die momentane Mode zu lang, blond und gelockt. Nicht grellblond gefärbt, sondern weich und natürlich. Kurze, gerade Nase, ungezupfte Brauen, graue, tränenfeuchte Augen, graublaue Schatten der Erschöpfung unter den Augen. Ein junger Mund, warm und ein wenig nach unten gezogen. Wie von einem kürzlich erlittenen Schmerz. Blaß. Auf der Wange und neben der Nase ein verschmierter Fleck.

Winzige Jagdhörner erschallten in Max. Das war keine Pennerin. Das konnte eine sehr interessante Sache für die Zeitung sein. Er lächelte traurig, als ihm bewußt wurde, daß es keine Zeitung mehr gab, der er das Ganze telefonisch durchgeben konnte.

Offenbar hatte das Mädchen – sie war höchstens zweiundzwanzig – Schlimmes erlebt. Die Seite ihrer Hand war zerkratzt und ihr Haar zerzaust.

Die grauen Augen beunruhigten ihn. Sie lächelte ihn an, doch ihre Augen waren leer und ausdruckslos, als ob sie nicht ihn anlächelte, sondern jemanden direkt hinter ihm. Ein bißchen unheimlich, dieses Mädchen.

»Trink deinen Brandy«, sagte er.

»Du weißt doch, daß ich nichts trinke, Jerry.«

Max grunzte, als hätte ihn jemand mit dem Ellbogen in den Bauch gestoßen. »Schau dich doch um, Baby. Sie sind weg. Und du kannst einen Brandy vertragen.«

Sie ließ seine Hand los und nahm das Glas. »Mit einem Zug?«

»Klar.«

Sie kippte den Brandy hinunter und knallte das Glas hustend und mit Tränen in den Augen auf den Tisch. »Puuuh!« sagte sie.

Er sah, wie die Farbe in ihre Wangen zurückkehrte. »Bleib sitzen«, sagte er. Stukey blickte herüber und schien vor Neugier zu platzen. Er ging zur Theke, zahlte, ging zum Tisch zurück, half ihr hoch und ging mit ihr hinaus in die Spätnachmittagssonne. Sie klammerte sich an seinen Arm. Im allgemeinen mochte Max keine Frauen, die sich so anklammerten, doch dieser fühlte er sich ziemlich überlegen. Sie war größer, als er gedacht hatte, und nicht ganz sicher auf den Beinen.

»Wohin gehen wir, Jerry?« fragte sie. Mit ihrer Stimme war es das gleiche wie mit ihren Augen – sie schien zu jemandem ein kleines Stück hinter ihm zu sprechen.

Nach ein paar Metern blieb er stehen und sagte: »Das möchte ich gleich klarstellen, Kleine. Ich bin nicht Jerry.«

Sie riß die Augen auf und machte sich von ihm los. Ihr Mund zuckte, und sie gab einen heiseren stöhnenden Laut von sich. Max hatte schon oft erlebt, daß Frauen Theater spielten. Das war kein Theater.

Sie blickte drein, als ob sie schreiend von ihm weglaufen wollte. Er trat zu ihr, packte sie an den Schultern und schüttelte sie leicht. »He«, sagte er. »Natürlich bin ich Jerry. War doch nur ein Witz, Baby.«

Mitten auf der sonnenhellen Straße umarmte sie ihn und sagte heiser: »Mach das nicht noch einmal mit mir, Jerry. Bitte.«

Ein paar kleine Jungen beobachteten das Ganze und sprangen johlend und pfeifend um sie herum.

Als Max mit ihr weiter die Straße entlangging, kam er sich vor, als jongliere er mit einer Handgranate, die bereits abgezogen war. Zugleich erfüllte ihn ein gewisses Verantwortungsgefühl. Wenn ihr also etwas daran lag, daß er Jerry war, dann war er eben Jerry.

»Wann hast du zum letztenmal was gegessen?« fragte er.

»Ich – ich weiß nicht.«

Ein paar Straßen weiter war Hiram's. Es lohnte sich nicht, ein Taxi zu nehmen. Sie setzten sich hinten in eine Nische, und sie bestellte sich ein Steak. Sie aß, ohne Max' Gesicht aus den Augen zu lassen, und ihm kam der Gedanke, daß dieser Jerry ein sehr glücklicher Bursche sein mußte.

Schließlich dachte er sich ein Spiel aus. Er grinste sie ein wenig mühsam an und sgte: »Liebling, wie wär's, wenn wir so tun würden, als hätten wir uns eben erst kennengelernt?«

»Das wäre nett.«

»Freut mich, Sie kennenzulernen, Miß. Mein Name ist Jerry Glockenspiel.«

»Unsinn! Dein Name ist Jerry Norma. Ich bin Marylen Banner.« Sie schüttelte feierlich seine Hand.

Max runzelte die Stirn. Zerstreut sagte er: »Hallo, Marylen.« Bei dem Namen Jerry Norma hatte tief in seinem Innern ein Glöckchen geklingelt. Er erinnerte sich, daß über Jerry Norma irgendwann einmal etwas in der Zeitung gestanden hatte. Kein großer Artikel. Nur etwa eine viertel Spalte auf Seite drei.

Mit leiser, doch vor Erregung bebender Stimme sagte sie: »Warum hast du das getan, Jerry? Warum hast du mich so im Stich gelassen?«

Max seufzte innerlich. Junge läßt Mädchen sitzen. Mädchen dreht durch. Banale alte Geschichte. Aber es war besser, wenn er darauf einstieg – vielleicht konnte er auf diese Weise etwas aus ihr herauskriegen.

»Ich weiß – hätt' ich nicht tun dürfen.«

»Du hast nur so getan, nicht?«

»Klar. Natürlich.«

Sie neigte den Kopf zur Seite und sagte leise. »Das Licht – ganz schnell ging plötzlich das Licht an. Und dieser Betonboden. Du bist weggegangen, und das Licht ging an, und dann dieser furchtbare Krach. Du bist umgekippt und ganz langsam hingefallen, Jerry. Und dann – als ich zu dir lief...«

Sie brach ab, schloß die Augen und legte die Hand auf die Stirn. Ohne die Flecken wäre ihr Gesicht von zarter Schönheit gewesen.

Max biß die Zähne zusammen. Er drückte seine Zigarette aus und sagte in ruhigem, gleichmütigem Ton: »Du dachtest, ich sei erschossen worden, hm?«

Sie öffnete die Augen. »Erschossen? Ich – ich – ich kann mich nicht erinnern.«

»Ich bin von dir weggegangen und das Licht ging an.«

»Ich glaube, du hast mich im Auto sitzengelassen. Ja, im Auto.«

»Und das Auto stand in einer Garage, nicht?«

»Es ist alles weg, Jerry. Ich kann mich nicht erinnern. Ich kann nicht.«

Plötzlich blickte sie aufgeregt um sich, auf die Tischplatte, auf den Fußboden unter der Sitzbank. »Meine Handtasche! Ich hab' meine Handtasche verloren!«

»Du hast keine gehabt, als du in die Kneipe kamst, Marylen. Kannst du dich erinnern, wo du davor gewesen bist?«

»Ich weiß nicht, Jerry. Ich hab' dich die ganze Zeit gesucht.«

Er merkte, daß sie gewandt sprach, daß ihre Kleidung geschmackvoll, wenngleich nicht sehr teuer oder völlig neu war.

»Ich bring' dich jetzt nach Hause, Marylen. Wo wohnst du?«

»Hör auf, mich aufzuziehen. Bitte. Ich bin zu erschöpft dazu.«

Max starrte sie an. »Mein Gott, ich hab' einfach vergessen, wo du hier wohnst.«

»Aber weißt du denn nicht mehr, Jerry. Du hast mich doch am Zug abgeholt. Wir wollten ein Hotel für mich suchen, und du hast gesagt, wenn wir verheiratet sind, kann ich zu dir ziehen. Aber wo ist bloß meine Handtasche! Mein ganzes Geld ist drin. Alles.«

»Ja, jetzt erinnere ich mich. Du bist mit dem Zug von Chicago gekommen.«

»Jerry, bist du nicht ganz richtig im Kopf? Von New Orleans! Als du mir schriebst, habe ich meinen Job aufgegeben und ein Mädchen gefunden, das meinen Teil der Wohnung in der Burgundy Street übernommen hat. Und dann bin ich so schnell wie möglich zu dir gekommen, Liebling.«

Max fuhr mit dem Finger über die Innenseite seines Hemdkragens. »Ach, ja – natürlich.«

»Was machen wir jetzt?« fragte sie. »Wir haben alle meine Sachen auf dem Bahnhof untergestellt, und die Scheine sind in der Handtasche.«

»Vielleicht sollten wir uns mit deiner Familie in Verbindung setzen.«

»Was redest du für Unsinn, Max? Ich hab' dir doch erzählt, daß ich meine Familie so lange nicht gesehen habe, daß ich mich kaum an sie erinnern kann. Ich hab' dir von meinem Vormund erzählt und daß gerade soviel Geld da war, daß ich die Schule besuchen konnte und dann selbst für mich sorgen mußte.«

»Was soll ich denn nur mit dir machen?« fragte Max hilflos.

»Aber du hast doch genug Geld, Liebling. Suchen wir ein Zimmer für mich, und morgen kaufen wir zusammen alles ein, was ich für die Hochzeit brauche.«

Plötzlich zuckte sie zusammen, sank auf den Tisch und sagte: »Jerry, mir ist schlecht. Mir ist so schlecht...«

Als er draußen ein Taxi angehalten hatte, ging er zum Tisch zurück und holte sie. Sie klammerte sich an ihm fest und ging mit gesenktem Kopf, die Augen halb geschlossen. Die Leute starrten sie belustigt an und dachten, sie sei betrunken.

»Zum Memorial-Krankenhaus – aber bitte schnell«, sagte er zu dem Fahrer.

Doch ein paar Straßen weiter beugte er sich vor und sagte: »Ich hab's mir anders überlegt. Fahren Sie uns zur Bleecker Street.«

Er bezahlte das Taxi, half ihr die drei Stufen hinauf und hielt sie im linken Arm, während er die Tür aufsperrte. Drinnen brach sie völlig zusammen, und er hob sie hoch und trug sie wie ein Kind auf den Armen weiter. Gruber, der Hausmeister, trat in den Hausflur und starrte ihn an. Dann grinste er.

»Heben Sie ihren Hut auf und geben Sie ihn mir«, fuhr Max ihn an. »Und holen Sie meinen Freund Doc Morrison. Er hat seine Praxis gegenüber auf der andern Straßenseite.«

Während Gruber zur Haustür hinausging, trug er sie in den Lift. Er mußte sie auf den Boden legen, während er seinen Wohnungsschlüssel aus der Tasche holte und die Tür aufsperrte. In seinem winzigen Wohnzimmer stank es nach kaltem Rauch, und überall lag dicker Staub. Durch die offene Schlafzimmertür konnte er das ungemachte Bett sehen. Ihr

Kopf hing locker herab, und ihre Arme schwangen hin und her, als er sich seitlich durch die schmale Tür zwängte.

Stöhnend legte er sie aufs Bett. Dann ging er zum Fenster und rauchte eine Zigarette, bis es an der Tür klopfte.

Morrison war ein flinker, dunkelhaariger junger Mann. Er stellte seine Tasche auf den Boden, ging zu ihr und fühlte ihren Puls. »Was fehlt ihr?«

»Sie sind der Doktor. Sie ist nicht betrunken, falls Sie das meinen.«

»Gehen Sie raus und machen Sie die Tür zu.«

Max setzte sich in den Sessel. Er nahm eine Zeitung, mußte jedoch feststellen, daß die Worte keinen Sinn ergaben. Er legte sie wieder weg.

Nach einer Viertelstunde kam Morrison heraus und ließ die Schlafzimmertür offen. Max schaute hinein. Das Mädchen schnarchte leise.

Morrison sah Max wütend an und sagte: »Jemand hat sie fürchterlich verprügelt.«

»Verprügelt?«

»Kommen Sie.« Morrison ging mit ihm ins Schlafzimmer und zog ihren Arm unter der Decke hervor. Zwischen Ellbogen und Schulter waren zwei blaurote blutunterlaufene Stellen. Er sagte: »Ich habe etwa ein Dutzend solcher Stellen gefunden. Und schauen Sie sich das an.« Er drehte ihren Kopf zur Seite und zog das feine blonde Haar vom Ohr weg. Hinter dem Ohr war eine große, häßlich aussehende Beule. »Sieht so aus, als ob sie mit einem harten Gegenstand geschlagen wurde. Aber ich bin mir nicht sicher. Ihr Zustand ist die Folge des Schocks und vielleicht einer leichten Gehirnerschütterung. Ich habe ihr ein Beruhigungsmittel gespritzt. Sie wird zwölf Stunden lang tief schlafen. Knochen scheinen keine gebrochen zu sein. Den Kerl, der sie so zugerichtet hat, würde ich gern zwischen die Finger kriegen.«

»Das wäre mir auch ein Vergnügen, Doc«, sagte Max leise.

»Zwanzig Dollar, bitte. Ich schau' morgen vorbei, wie's ihr geht und ob Röntgenaufnahmen gemacht werden müssen.«

Morrison nahm den Zwanziger und schlug beim Hinausgehen die Tür wütend hinter sich zu. Max ging zurück, trat neben das Bett und blickte auf sie nieder. Im Schlaf war ihr Gesicht ruhig und kindlich. Ihr blondes Haar war weich über das Kissen gebreitet.

Er hob das leichte Kostüm auf, das sie getragen hatte, und durchsuchte sorgfältig die beiden Taschen. Er fand ein zerknülltes Taschentuch, das leicht nach Parfüm roch. Sonst nichts. Dann sah er sich die Etiketten in ihren Sachen an. Die Schuhe und das Kostüm waren eindeutig aus New Orleans, die anderen Sachen möglicherweise.

Er machte das Fenster etwas weiter auf, warf noch einen Blick auf sie und sagte: »Liebling, allmählich wirst du zu einer Last.«

Dann verließ er das Schlafzimmer und machte leise die Tür zu. Er sperrte die Wohnungstür ab. Die Straßenlaternen brannten schon, und die Luft war ein bißchen kühler. An der Ecke sprang er auf einen Bus und fuhr damit zur Redaktion des *Examiner*.

»Tut mir leid, Raffidy, aber wir haben keine...« sagte Townsend hinter seinem Schreibtisch.

»Es geht um was anderes, Bobby. Ich möchte nachsehen, ob ihr in eurem Archiv etwas über einen Bürger dieser schönen Stadt namens Jerry Norma habt. Jerome, nehme ich an.«

Townsend war erleichtert, daß Raffidy nicht wegen einer Stellung gekommen war, die er nicht für ihn hatte. Er stellte ihm einen leeren Schreibtisch zur Verfügung, und nach ein paar Minuten brachte ein Botenjunge ein großes braunes Kuvert aus dem Archiv.

Nach zehn Minuten war Raffidy über Jerry Norma ganz gut im Bild. Im Jahr 1966 hatte ein Tankwart den achtzehn Jahre alten Norma mit einem Schraubenschlüssel niedergeschlagen, als dieser die Kasse aufzubrechen versuchte. Er bekam ein bis drei Jahre und wurde nach fünfzehn Monaten wegen guter Führung entlassen. 1968 war gegen ihn wegen des Verdachts, einer Bande von Autodieben anzugehören, ermittelt worden. Die Ermittlungen wurden wegen Mangels an Beweisen eingestellt. 1971 stand er im Verdacht, einen Angestellten des Amtes für die Vergabe von Lizenzen für den Verkauf von Alkohol bestochen zu haben, doch es wurde keine Anklage gegen ihn erhoben. Seit damals hatte er keinen Ärger mit der Polizei gehabt. 1975 wurde er in einem Artikel als ›Teilhaber‹ eines Unternehmens namens Valley Farms erwähnt. Max kannte es. Reitpferde, Whisky sours zum Frühstück und Glücksspiele. Ein halbprivater Club, der im Ruf stand, seine Duldung bei der Polizei durch Bestechung erkauft zu haben.

1977 eine Notiz, wonach Jerome Norma als Vertreter der Concord Amusement Devices eine Erklärung abgegeben hatte, daß keine der in der Nähe von öffentlichen Schulen aufgestellten Spielautomaten irgend etwas mit Glücksspiel zu tun hätten, sondern lediglich als Geschicklichkeitsspiele zu betrachten seien.

Neben dem Artikel befand sich ein Foto. Max betrachtete es genau. Ja, Norma mußte etwa so groß sein wie er. Ein bißchen schlanker vielleicht. Aber ungefähr die gleiche Statur.

Er kannte den Typ. Ein kleiner Ganove, der am Anfang ein paar Dummheiten macht und dann herausfindet, daß man hart an der Grenze des Gesetzes operieren kann, ohne es direkt zu übertreten. Der immer gerissener wird und schnell lernt, wie man zu einem Vier-Tausend-Dollar-Auto und einer eleganten Wohnung kommt.

Aber wie paßte das Mädchen ins Bild? Er wußte, daß die Concord Amusement Devices zu einer über das ganze Land verbreiteten Organisation gehörte. Wenn Jerry Norma einen guten Posten bei der Concord hatte, konnnte es leicht sein, daß er öfter Geschäftsreisen nach New Orleans machte. Glücksspiel war dort wieder groß im Kommen. Und wenn er dort Marylen kennengelernt hatte, war es verständlich, wenn er sich in sie verliebt hatte. Sie war anders als die Frauen, die er gewohnt war. Sie hatte – das konnte man ruhig zugeben – mehr als nur ein bißchen Charme und Bildung.

Er holte sich ein Telefonbuch und stellte fest, daß J. B. Norma drinstand. Er ließ sich eine Außenleitung geben und wählte seine Nummer. Das Telefon am andern Ende wurde während des zweiten Klingelns abgenommen. Eine Stimme sagte leise und vorsichtig: »Ja?«

»Mr. Norma?«

»Der ist nicht da. Wer ist dort?«

»Ich hatte um fünf eine Verabredung mit ihm, aber er ist nicht gekommen.«

»Davon weiß ich nichts. Er ist verreist.«

»Und wann kommt er zurück?«

»Keine Ahnung. Wenn Sie Ihren Namen hinterlassen wollen...«

»Sind Sie ein Freund von ihm?«

»Ja. Er hat mir, solange er weg ist, seine Wohnung überlassen.«

»Es handelt sich um ein – ein Gerät, das bei mir aufgestellt werden soll.«

»Ach so!« Es gab eine Pause. Max hörte in der Ferne Stimmen. Er lauschte aufmerksam, doch in dem Lärm, der in der Redaktion um ihn herrschte, konnte er nichts verstehen. Der Mann kam zurück und sagte: »Wenn es sich um etwas in Zusammenhang mit der Concord Amusement Devices handelt, wenden Sie sich morgen an Bill Walch im Concord-Büro. Wissen Sie die Adresse?«

»In der Madison, nicht?«

»Genau.«

Max legte langsam auf. Das Mädchen hatte erzählt, daß Jerry Norma in einem Raum, der wahrscheinlich eine Garage gewesen war, langsam zusammengebrochen war. Und jetzt war Jerry Norma verreist. Vielleicht war er auf einer sehr weiten Reise. Von Bill Walch hatte er schon gehört. Walch war ebenfalls bei Valley Farms. Ein großer jovialer Mann mit vielfältigen geheimnisvollen Geschäftsinteressen.

Er bedankte sich bei Townsend und verließ das Gebäude. Mit einem Bus fuhr er zu Stukey's zurück. Das Lokal war jetzt wesentlich voller und der Qualm zum Schneiden dick. Er stellte sich an die Theke. Im Fernsehen lief eine Varieté-Show.

Stukey trat zu ihm, schenkte ihm ein Glas ein. »Ein paar Männer haben nach Ihnen gefragt«, sagte er, kaum die Lippen bewegend.

»Die gleichen, die vorhin da waren?«

»Nein, von der andern Scite des Zauns. Sehr brutale Typen. Sie haben das Mädchen gesucht. Ich hab' ihnen nur gesagt, daß sie mit einem Fremden weggegangen ist.«

»Danke, Stuke.«

»Sie sind in die gleiche Richtung gegangen wie Sie mit dem Mädchen.«

Max trank sein Glas aus, legte das Geld auf die Theke und ging schnell, bevor er den Whisky noch richtig geschluckt hatte. Er lief die Straße hinunter bis zur Mitte des Blocks, wo die grüne Hiram's-Neonreklame leuchtete. Zwei Taxis parkten an dem Stand an der Ecke. Er ging zu dem ersten. Der Fahrer machte die Tür auf. Max schlug sie zu und sagte: »Waren irgendwelche Männer da und haben Ihnen Fragen gestellt?«

»Ja, auf sehr unfreundliche Weise. Warum?«

»Sie haben einen Mann und eine Frau gesucht, die kurz nach fünf aus dem Restaurant kamen. Stimmt's?«

»Was krieg' ich für die Auskunft?«

»Kommt drauf an, was sie wert ist.«

»Okay, sie haben die beiden gesucht. Über den Mann konnten sie nichts Genaues sagen. Joey hat sie rauskommen sehen. Zuerst kam der Mann und hat ein Taxi gerufen, und dann ist er wieder reingegangen und hat das Mädchen geholt. Sie war anscheinend betrunken oder krank. Joey hätte die Fuhre gekriegt, aber sein Motor ist nicht gleich angesprungen, und so sind sie mit einem Taxi gefahren, das eben vorbeikam. Diese Kerle haben Joey ein Loch in den Bauch gefragt. Aber er konnte ihnen nicht mehr sagen als das, was ich Ihnen eben gesagt habe.«

Max atmete erleichtert auf und gab ihm ein großzügiges Trinkgeld. Dann fuhr er mit dem Bus zu seiner Wohnung zurück. Er bat Gruber, ihm ein Feldbett zu leihen und in seinem kleinen Wohnzimmer aufzustellen. Während er es holte, ging er ins Schlafzimmer, machte die Nachttischlampe an und beugte sich über das Mädchen. Sie atmete schwer. Ihre Haltung hatte sie nicht verändert.

Max gab Gruber ein Trinkgeld, machte das Licht aus und legte sich auf das Feldbett, einen Aschenbecher auf dem Bauch. Eine Weile beobachtete er die Muster, die die Scheinwerfer der Autos auf die Zimmerdecke warfen. Dann drückte er die Zigarette aus, legte sich auf die Seite und schlief sofort ein. Er träumte, daß jemand die Treppe heraufkam, und wachte auf. Er ging ins Schlafzimmer, machte den Kleiderschrank auf und holte die japanische Automatik unter seinen Hemden hervor. Dann ging er ins Wohnzimmer zurück, trat ans Fenster, schob beim Licht der Straßenbeleuchtung eine Patrone ins Magazin und schob den Sicherungsriegel vor. Mit dem Ding unterm Kissen schlief er besser.

Jemand klopfte an der Tür. Er öffnete die Augen und blinzelte in die Morgensonne. Auf seiner Uhr war es halb neun. Er schlüpfte in seinen Bademantel, steckte die Pistole in die Tasche und machte die Tür auf.

»Wie hat sie geschlafen?« fragte Dr. Morrison.

»Gut, glaube ich. Wollen Sie sie anschauen?« Er führte den Doktor ins Schlafzimmer.

Marylen lag jetzt auf der Seite und atmete viel leichter. Als Morrison sie am H ·ndgelenk nahm, um ihren Puls zu fühlen, schlug sie die Augen auf. Mit erstauntem Gesicht blickte sie sich im Zimmer um. Ihre Verwirrung mischte sich mit Angst. Max, der hinter Morrison stand, legte den Zeigefinger auf die Lippen und bedeutete ihr mit übertriebenen Gesten, ruhig zu sein. Als ihr Blick auf ihn fiel, riß sie die Augen auf. »Bitte nicht aufsetzen«, sagte Morrison. Er öffnete seine Tasche und nahm etwas heraus, das aussah wie eine kleine Taschenlampe. Er schob ihr Augenlid zurück und richtete den dünnen Strahl in ihr Auge. Dann tat er das gleiche beim andern Auge. Er berührte sie leicht hinterm Ohr.

»Tut das weh?« fragte er.

»Ja, Doktor«, sagte sie leise.

Morrison richtete sich auf. »Bleiben Sie heute noch liegen und ruhen Sie sich aus. Sie sind ziemlich schlimm zugerichtet worden. Ich lasse Ihnen diese Tabletten hier. Nehmen Sie alle drei Stunden eine.«

Max ging mit ihm zur Tür. Morrison sagte: »Sie ist zäher, als sie aussieht. Sorgen Sie dafür, daß sie liegenbleibt.«

Max bezahlte ihn und ging schnell zurück ins Schlafzimmer. Marylen blickte zu ihm auf.

»Sie haben mir Zeichen gegeben, daß ich ruhig sein soll. Warum? Wer sind Sie? Wo sind wir?«

Max sank auf einen Stuhl und sagte: »Gehirnerschütterung.«

»Was?«

»Marylen, Sie haben eine Gehirnerschütterung. Oder hatten eine. Ich bin – oder war – Reporter. Bei einer Gehirnerschütterung ist es möglich, daß man bis zu einem Zeitpunkt vor dem Unfall das Gedächtnis verliert.«

»Wo ist Jerry?« sagte sie ängstlich. »Ist er verletzt?«

Max hob die Hand. »Jetzt seien Sie mal eine Minute ruhig, damit ich Ihnen alles erklären kann. Mein Name ist Max Raffidy. Ich saß in einer Kneipe.«

Langsam erzählte er ihr das Ganze, und sie starrte ihn mit großen Augen an. Daß sie ihm gesagt hatte, daß Jerry zusammengebrochen und auf den Betonboden gestürzt war, ließ er aus, ebenso seine Vermutungen bezüglich Jerry. Daß er in Jerrys Wohnung angerufen hatte, sagte er ihr jedoch.

Als er fertig war, fragte sie: »Und ich habe gedacht, Sie sind Jerry?«

»Allmählich habe ich es schon selbst geglaubt.«

Sie sah ihn nachdenklich an. »Sie ähneln ihm ein bißchen. Aber nicht sehr. Mr. Raffidy, das alles muß für Sie sehr unangenehm gewesen sein. Ich bin Ihnen sehr dankbar. Ich werde ...«

»Was? Jerry anrufen? Er ist verreist. Sie haben keinen einzigen Cent und nur die Kleider, die Sie anhatten. Sie haben nicht mal einen Lippenstift, und Sie kennen in dieser Stadt keinen Menschen. Sie sind hierhergekommen, haben sich mit Jerry getroffen, und irgendwie wurden sie getrennt, und man hat Sie verprügelt.«

»Ich kann doch aber nicht hier bleiben!«

»Marylen, ich bin kein Held. Ich bin ein arbeitsloser Reporter. Zur Zeit ist es in dieser Stadt sehr schwer, einen Job zu finden. Aber wenn ich einer Zeitung einen dicken Knüller, einen Exklusivbericht, auf den Tisch lege, dann habe ich eine Chance, einen zu kriegen.«

Sie preßte die Lippen zusammen und sah ihn erschrocken

an. »Aber das hört sich ja an, als ob Jerry etwas Schreckliches passiert ist.«

»Ich will Sie nicht beunruhigen, Marylen. Aber es könnte ihm etwas Schreckliches passieren.«

»Und wenn ich in seine Wohnung gehe und mit dem Mann, mit dem Sie telefoniert haben, sprechen würde?«

»Ich habe gestern abend erfahren, daß ein paar gefährliche Typen hinter Ihnen her sind, Baby.«

Sie sank auf die Kissen zurück und blickte zur Decke auf.

»Ich verstehe das alles nicht!«

»Wie haben Sie diesen Jerry kennengelernt?«

»Vor einem Jahr bin ich mit einem Mädchen, das im gleichen Büro wie ich arbeitete, zu einer Party gegangen. Ich hatte gar keine Lust, aber mir war langweilig. Ich hab' sie nicht besonders gemocht – sie war zu laut. Es war eine Cocktailparty in einem Hotel. Dort habe ich Jerry kennengelernt. Er ist – sehr nett. Er ist viel unterwegs und verkauft irgendwelche Apparate und sorgt dafür, daß sie richtig aufgestellt werden. Er hat ein sehr selbstbewußtes Auftreten, aber er war lustig und mir gegenüber zärtlich und schüchtern.«

»Hat er Sie öfters besucht?«

»Fünfmal. Beim letztenmal hat er mir einen Heiratsantrag gemacht. Er sagte, er hätte verschiedene Dinge in Ordnung zu bringen – geschäftliche Dinge – und dann könnten wir an die Westküste gehen, und er würde dort mit einem kleinen Kapital ein eigenes Geschäft aufmachen. Er würde kommen und mich abholen, und dann würden wir heiraten und an die Westküste gehen. Und dann rief er mich an. Er schien sehr nervös und sagte, es würde alles nicht richtig klappen. Ich solle zu ihm hierher kommen. Ich war einverstanden. Er wollte mir das Geld für die Fahrt schicken, aber ich sagte, ich hätte genug. Er schien immer eine Menge Geld zu haben.«

Max begann allmählich etwas klarer zu sehen. Er dachte einen Moment nach, dann sagte er: »Sie können mir vertrauen, Marylen. Bleiben Sie im Bett. Ich mache Ihnen schnell ein Frühstück, und dann fahre ich zu der Firma, bei der Jerry gearbeitet hat. Vielleicht kann ich dort etwas herauskriegen...«

Während sie ihren Kaffee trank, sagte er: »Das ist eine Pistole, Baby. Wenn Sie damit schießen wollen, müssen Sie dieses kleine Ding nach unten schieben und dann am Abzug ziehen. Jedesmal, wenn Sie das tun, schießt sie, bis zu achtmal.«

»Aber ich...«

»Jemand hat Sie verprügelt, Mädchen, und vielleicht wird man's noch mal versuchen. Wenn jemand an der Tür klopft, rühren Sie sich nicht. Wenn sie die Tür aufbrechen wollen, dann sagen Sie ihnen, daß Sie eine Pistole haben. Wenn sie's tatsächlich tun, dann schießen Sie auf die Tür. Okay?«

»Also gut, Max.«

»Das war's, was ich hören wollte.«

Als er an der Tür war, rief sie: »Bitte bringen Sie mir einen orangefarbenen Lippenstift mit – und eine Haarbürste und eine Zahnbürste und Zahnpasta.«

Das Wartezimmer war mit honigfarbenem Holz getäfelt, und hinter einem Glasfenster saß ein Mädchen, das zugleich Empfangsdame und Telefonistin war. Auf niedrigen Tischen lagen die neuesten Zeitschriften. An der Wand hingen gerahmte Farbfotos von winterlichen Landschaften.

Das Mädchen sagte: »Mr. Walch erwartet Sie, Mr. Raffidy.«

Er ging zur Tür. Sie drückte auf den Öffner, und er stieß sie auf. Walchs Zimmer war das erste auf der linken Seite.

Er empfing Max an der Tür. »Hat mir verdammt leid getan, als ich die Sache mit dem *Chronicle* erfahren habe. Muß ein ziemlicher Schlag für Sie gewesen sein. Vielleicht kann ich Ihnen einen Empfehlungsbrief an einen Freund von mir geben.«

»Nein, Bill. Vielen Dank. Es geht um was anderes.«

Bill klopfte ihm auf die Schulter. »Bitte, setzen Sie sich doch.« Walch ging hinter seinen Schreibtisch, setzte sich, biß die Spitze einer Zigarre ab und spuckte sie in Richtung des Papierkorbs.

»Es ist eine ziemlich delikate Sache, Bill«, sagte Max. »Vor ein paar Tagen bekam ich einen Job als Strohmann für eine Gruppe, die außerhalb der Stadt einen Club eröffnen wollen. Ich habe mich mit einem Mann namens Norma in Verbindung gesetzt. Er sagte, er könne mir beschaffen, was meine Klienten für ihren Club brauchten, und ich sagte Norma, es handle sich um einen Auftrag im Wert von etwa hunderttausend Dollar. Er wollte einen Bonitätsbeweis. Ich ging zu meinen Leuten, und sie gaben mir fünfzehnhundert in bar. Ich habe natürlich nicht erwartet, eine Quittung zu bekommen. Norma sagte, wir müßten über eine prozentuelle Beteiligung verhandeln, wenn er mit seinem Vorgesetzten gesprochen habe. Gestern nachmittag um fünf wollte er sich mit mir treffen, aber er ist nicht gekommen. Da habe ich in seiner Wohnung angerufen.«

»Ich habe mich schon gefragt, wer da angerufen hat«, unterbrach ihn Walch.

»Jetzt wissen Sie's – ich. Jedenfalls, er ist verreist, und ich bin in einer Klemme. Meine Klienten möchten den endgültigen Abschluß um einen oder zwei Monate verschieben. Es haben sich Schwierigkeiten wegen des Grundstücks ergeben, für das sie sich interessieren. Sie möchten die fünfzehnhundert zurückhaben, und ich habe versprochen, sie ihnen heute zu bringen. Jetzt steck' ich ganz schön in der Patsche. Ich weiß natürlich genug über solche Dinge, daß mir klar ist, daß Sie keine schriftlichen Unterlagen brauchen können, und daß alles auf Vertrauen beruht. Aber was soll ich nun tun? Es wäre mir verdammt zuwider, an die Öffentlichkeit zu bringen, daß einer von Ihren Leuten mich um lausige fünfzehnhundert Dollar betrogen hat.«

Bill Walch betrachtete das Ende seiner Zigarre. Einen Moment war sein Gesicht völlig ausdruckslos. »Es wäre mir verdammt zuwider, annehmen zu müssen, daß Sie inzwischen einen Job bei einer andern Zeigung haben, Max, und versuchen, mich hereinzulegen.«

»Das ist Ihr Risiko – genauso ein Risiko, wie ich es gegenüber Norma eingegangen bin.«

Plötzlich verzog sich Bills Gesicht zu einem Lächeln, einem warmen, herzlichen Lächeln. »Das können wir schnell klären, mein Lieber. Ich erwarte jeden Moment einen Anruf von Jerry. Ich werde ihn fragen, und dann wissen wir Bescheid. Okay?«

Bemüht, sich seinen Schreck nicht anmerken zu lassen und Bills Lächeln zu erwidern, sagte Max: »Ausgezeichnet. Prima!«

Nach ein paar Sekunden klingelte das Telefon. »Seien Sie doch bitte so nett und gehen Sie wieder ins Wartezimmer, ja? Das ist eine vertrauliche Sache. Ein großes Geschäft.«

Auf steifen Beinen ging Max ins Wartezimmer. Er hatte das Gefühl, daß die Pistole sich in den falschen Händen befand. Es wäre ein herrliches Gefühl gewesen, sie in der Tasche zu haben. Nach fünf Minuten erschien Bill Walch. Mit einem breiten Lächeln und einem langen weißen Kuvert trat er ins Wartezimmer und sagte: »Alles in Ordnung, Max. Hier ist das Geld. Melden Sie sich wieder, wenn die Sache mit der Pacht erledigt ist. Sagen Sie Ihren Leuten, wenn sie von der Distriktspolizei und der Bundespolizei nicht belästigt werden wollen, dann müssen sie uns zehn Prozent von den Bruttoeinnahmen zahlen – bei monatlicher Abrechnung.«

Max' Bewegungen glichen denen einer großen, lächelnden, mechanischen Spielzeugpuppe. Er murmelte ein paar Abschiedsworte, ging rückwärts zur Tür, fand den Knopf und ging den Korridor hinunter zum Lift. Während er darauf wartete, daß der große Bronzepfeil sich seinem Stockwerk näherte, schaute er in das Kuvert. Ein flacher Stoß Geldscheine lag darin. Lauter Hunderter. Fünfzehn Stück. Er nahm das Geld heraus, faltete es zusammen und steckte es hinter ein paar müde Fünf- und Eindollarscheine in seine Brieftasche.

Unten auf der Straße blickte er vorsichtig in beide Richtungen. Es hatte fast zu leicht geklappt. Der schwierige Teil stand ihm noch bevor – Marylen zu sagen, daß die Tatsache, daß Walch ihm das Geld gegeben hatte, eindeutig bewies, daß ihr Liebster bei einer Bevölkerungszählung keine Rolle mehr spielte.

Er hatte seinerzeit an einigen sensationellen Artikeln gearbeitet, und der *Chronicle* hatte ein wenig den ausgefransten Rand der Concord-Organisation angeknabbert und ein paar kleine Helfershelfer hochgehen lassen. Aber noch nie war er so leicht auf einen Beweis gestoßen. Doch es gab keine Zeitung, die ihn unterstützte. Keine Organisation. Es war zu früh, um die Polizei zu verständigen. Trotzdem grinste er voll Befriedigung, und das Grinsen löschte die düsteren Züge auf seinem Gesicht und ließ ihn jünger und unbekümmerter erscheinen.

Dabei hatte er das Gefühl, daß sich die Haare in seinem Nacken sträubten. Er schlenderte lässig die Straße hinunter und blieb stehen, um in ein Schaufenster zu schauen. Ein Mann, der kein besonderes Ziel hatte. Im dritten Fenster des Kaufhauses war ein Schlafzimmer aufgebaut, an dessen Toilettentisch eine Plastikpuppe saß. Der Toilettentisch hatte einen Spiegel. In diesem Spiegel sah er den Mann, der langsam die andere Straßenseite entlangging, stehenblieb und mit den Händen eine Zigarette abschirmte und das Streichholz wegwarf.

Und hinter dem Mann fuhr ein Auto an den Rinnstein und hielt an. Doch niemand stieg aus.

Max wandte sich von dem Fenster ab und ging schneller weiter. Offenbar hatte Walch angeordnet, ihn zu beschatten. Aber warum? Hatte er irgendeinen Fehler gemacht? Oder wollte Walch sich absichern, falls das Ganze eine Falle war und Max für eine andere Zeitung arbeitete oder gar für eine dieser lästigen Bürgerinitiativen? Wenn Walch so beunruhigt war, daß er ihn beschatten ließ, dann wäre es einfacher für ihn gewesen, sich wegen der fünfzehnhundert Dollar dumm zu stellen.

Auf jeden Fall mußte er jetzt zu dem Mädchen zurück. Er nahm an der nächsten Ecke ein Taxi, und als er zurückblickte, sah er, daß der Mann auf der andern Straßenseite schnell in das wartende Auto stieg.

»Stadtauswärts«, sagte er zu dem Fahrer.

Nach fünf Blocks beugte er sich vor und gab dem Fahrer einen Geldschein. »Möglicherweise muß ich schnell raus. Machen Sie sich deshalb keine Gedanken.«

Der Fahrer warf einen erschrockenen Blick über die Schulter. Dann schaute er in den Rückspiegel. »Ich fahr noch ein Stück weiter und halte dann bei der Casualty Trust. Springen Sie dort raus und gehen Sie durch das Gebäude. Wenn Sie

Glück haben, erwischen Sie in der nächsten Straße einen Bus, der in die Innenstadt fährt.«

»Sie sind ein intelligenter, scharfsichtiger Bürger.«

»Vielen Dank.«

Max ging mit raschen Schritten durch die Bank und bemühte sich wie jemand dreinzublicken, der eilig zu einer Verabredung muß.

Es war kein Bus da, aber ein Taxi. Max stieg ein und schaute zurück. Drei Blocks hinter sich glaubte er eine kleine Gestalt auf die Straße rennen zu sehen. Doch er war sich nicht sicher.

Er riskierte es, dem Fahrer seine Adresse zu sagen. Der Lift war nicht da, und so lief er keuchend die Treppe hinauf. Er holte seinen Schlüssel hervor, doch als er sah, daß die Tür einen Spalt offenstand, blieb er einen Moment regungslos stehen. Dann stieß er sie auf, trat neben die Tür und rief: »Marylen!«

Die Zimmer waren leer und verstaubt, und die müde Sonne schien auf den zerschlissenen Teppich. Darauf lagen die Schlüssel, die Gruber aus der Hand gefallen waren. Grubers Hand lag im Schatten. Die Schlüssel hingen an einer Kette, zusammen mit einem hübschen Anhänger: einem Totenkopf aus weißem Plastik. Gruber lag auf dem Gesicht, die Beine gespreizt, die Zehen nach innen gerichtet. Max fluchte leise, als er neben Gruber niederkniete. Er drückte den Daumen auf die rechte Seite seines sehnigen Handgelenks und spürte den kräftigen Puls. Er wälzte ihn herum. An Grubers Kinn war ein dunkelroter Fleck.

Das Mädchen war weg, ihre Kleider auch. Auf dem Toilettentisch lag ein Zettel. Darauf stand in einer gespreizten Schulmädchenschrift nichts als: »Danke für alles.« Auf dem Zettel lag die japanische Automatik. Sie war entsichert. Eine blöde Art und Weise, eine Pistole zurückzugeben, dachte er mit klinischer Objektivität.

Gruber kam zu sich, als er ihm Wasser auf den Kopf schüttete. Zuerst war er benommen, und dann wurde er wütend und begann laut zu schimpfen, mit einer Energie, die für den schwächlichen kleinen Mann erstaunlich war.

Schließlich begriff Max, was geschehen war. Mr. Raffidy hatte das Mädchen eingesperrt. Ein Freund von ihr war gekommen und hatte Gruber gebeten, die Tür aufzusperren. Auch das Mädchen habe von ihm verlangt, die Tür aufzusperren. Er erinnerte sich, daß der Freund, ein kleiner dicker Mann mit roten Wangen, gesagt hatte: »Miss Banner, Jerry wartet unten im Auto auf Sie.«

Als er die Tür aufgesperrt hatte und das Mädchen sich im Schlafzimmer anzog, war Gruber hineingegangen, weil er dachte, er würde ein Trinkgeld kriegen. Der Mann hatte nach seiner Hüfttasche gegriffen, und dann sei seine Hand unheimlich schnell von der Hüfttasche vorgeschossen.

Nein, er würde sofort zur Polizei gehen. Er denke nicht daran, sich einfach von so einem dahergelaufenen dicken Kerl hier in seinem Haus niederschlagen zu lassen. Max stellte sich in die Tür und versperrte ihm den Weg, und Gruber hüpfte wütend im Zimmer herum und wurde noch wütender, als er einen Zahnsplitter in seinem Mund entdeckte.

Max nahm einen von den nagelneuen Hundertern aus seiner Brieftasche. Er raschelt damit und sagte: »Hier ist etwas Balsam für Ihre Wunden, Gruber. Wenn Sie ihn einstecken, können Sie sich eine Menge dafür kaufen. Oder Sie können die Polizei holen. Dann steck' ich ihn wieder ein.«

Gruber beruhigte sich langsam, trat von einem Bein aufs andere und sagte schließlich: »Also gut. Aber in was für Sachen sind Sie da verwickelt, Mr. Raffidy?«

»Nicht so wichtig. Wie hat dieser Mann ausgesehen?«

Gruber konnte ihn nicht genauer beschreiben. Das Auto hatte er nicht gesehen. Das Mädchen schien okay, aber nervös. Jedenfalls hatte ihre Stimme so geklungen. Gruber ging zum Lift und murmelte etwas von einem anständigen Haus und daß er nie gedacht hätte, daß Raffidy solche Freunde habe.

Max setzte sich auf den Rand des Feldbetts. Die Tür war zu, und er war allein mit seinem furchtbaren Schuldgefühl. Er dachte an all die Dinge, die er hätte tun sollen. Das Mädchen in ein nettes, sicheres Krankenhaus bringen. Lowery, dem Captain der Mordkommission, sofort Bericht erstatten.

Um einen Ausgangspunkt zu finden, überlegte er, was er über die Organisation wußte. An ihrer Spitze stand Myron Ledecker, der Obermacher von Concord Devices und Valley Farms. Ein großer, magerer, schwindsüchtig aussehender Mann mit einer Habichtsnase, einer Glatze und britischem Akzent. Mitglied eines exklusiven Clubs. Akzeptiert von jenen, die nicht wußten, oder denen es egal war, daß sein Vermögen zum Teil aus den Zehncentstücken von Schulkindern bestand.

Zur nächsten Ebene gehörten Bill Walch und Brad Antonelli. Brad hatte damit begonnen, daß er bei Buchmachern die Schutzgelder kassierte. Jerry Norma hatte zur dritten Ebene gehört; vermutlich hatte er Walch unterstanden.

Er überlegte, wie sie das Mädchen wohl gefunden hatten. Es dauerte nicht lange, bis er die Lösung fand. Als die beiden Männer, die sie suchten, von dem Taxifahrer nichts erfuhren, waren sie zurückgegangen und hatten herauszufinden versucht, wer der Mann war, der sie begleitete. Stukey hatte ihnen bestimmt nichts gesagt. Aber der Kellner im Hiram's kannte seinen Namen. Ihm wurde klar, daß er sich nicht sehr klug verhalten hatte. Aber er konnte die Uhr nicht zurückdrehen.

Er überlegte weiter. Sie hatten das Mädchen, die einzige Zeugin des Mordes, doch sie konnte sich noch nicht daran erinnern. Der Schock und die Gehirnerschütterung hatten ihn aus ihrem Gedächtnis verdrängt. Wahrscheinlich nahmen sie an, daß sie ihm davon erzählt hatte. Obwohl er nur davon gehört hatte, mußten sie eine Entscheidung treffen. Er nahm an, daß sie ihn nicht umbringen würden. Ein weiterer Mord wäre zuviel, wahrscheinlich würden sie versuchen, ihn zu diskreditieren.

Er mußte ihnen zuvorkommen. Wenigstens einen Fehler konnte er gutmachen. Er rief Captain Lowery an. Es dauerte ein paar Minuten, bis er durchkam.

»Ed?« sagte er. »Hier Max Raffidy. Ich möchte Ihnen etwas melden...«

In spöttischem, gereiztem Ton unterbrach ihn Captain Lowery: »Etwas melden? Bei Gott, Raffidy, wenn Sie mein Referat noch mal an der Nase herumführen wie vor zwanzig Minuten, dann laß ich Sie einbuchten!«

»Aber...«

»Ich hab' Sie immer für ganz intelligent gehalten, Raffidy. Hat die Pleite des *Chronicle* Sie so umgeschmissen, daß Sie übergeschnappt sind? Auf Ihre verdammten Meldungen pfeif ich. Wenn Ihnen jemand die Brieftasche geklaut hat, dann melden Sie das dem Polizisten an der nächsten Ecke.«

Das laute Klicken im Hörer, als Lowery auflegte, ließ Max zusammenzucken. Sie waren nur eine Spur schneller als er gewesen. Und es konnte nur jemand gewesen sein, der sich in dieser Stadt auskannte, der wußte, mit wem er befreundet war. Zum Beispiel Walch. Sie hatten erreicht, daß die Mordkommission nichts, was er sagte, ernst nehmen würde, vor allem, wenn er keine Beweise hatte.

Er nahm den Deckel von der Schreibmaschine, spannte ein Blatt Papier ein und tippte einen kurzen Bericht über das Ganze. Der letzte Satz lautete: »Damit Sie ein paar Anhaltspunkte haben, Lowery, falls sie mich umlegen.« Er faltete ihn zusammen, steckte ihn in ein Kuvert, klebte eine Briefmarke drauf und warf ihn in den nächsten Briefkasten. Am einfachsten wäre es gewesen, den nächsten Zug zu nehmen und zu verschwinden. Die vierzehnhundert würden reichen, bis er einen neuen Job fand. Aber es würde nicht so leicht sein, ihr langes blondes Haar zu vergessen, die dunklen Ringe unter ihren grau-blauen Augen.

Er machte sich eine Tasse Kaffee und ging noch einmal sämtliche Einzelheiten durch. Jerry hatte das Mädchen am Zug abgeholt. Der Schlafwagen von New Orleans war mittags angekommen. Um viertel vor fünf war das Mädchen in sein Leben getreten. Das hieß, daß sie mit Jerry nur tagsüber zusammen gewesen war. An eine Übernachtung hätte sie sich erinnert. Alle ihre Sachen waren noch auf dem Bahnhof untergestellt. Andererseits hatte sie davon gesprochen, daß plötzlich Licht angegangen war. Betonfußboden. Schüsse. Was bedeutete das? Eine Garage wäre beleuchtet gewesen oder hätte Fenster gehabt.

Er schnippte mit den Fingern. Ein Lagerhaus! Tatsächlich,

das wäre eine Möglichkeit. Der Betonfußboden. Er war sicher, daß die Concord hier in der Stadt keine Herstellungseinrichtungen hatte, doch es mußte eine Auslieferungsstelle für ihre Produkte geben, von präparierten Roulettetischen bis zu Falschspielwürfeln.

Aber wo? Vermutlich innerhalb der Stadtgrenze, in der Nähe der Eisenbahn. Er blickte auf seine Uhr. Genug Zeit, zum Finanzamt zu fahren.

Er war im Finanzamt bekannt und erhielt die Erlaubnis, im Firmenregister nachzusehen. Unter Concord, Ledecker und Walch fand er nichts. Doch unter Valley Farms, Inc., entdeckte er eine Adresse in der Market Street. Der Angestellte suchte ihm die Unterlagen heraus.

In seiner verbissenen Wut hatte er die einfachsten Vorsichtsmaßnahmen vergessen. Sie warteten vor dem Finanzamt, als er herauskam. Der eine war der Mann, den er gesehen hatte, als er vor ein paar Stunden aus dem Concord-Büro gekommen war.

Sie waren groß, muskulös und brutal. Sie kamen auf ihn zu, und als er ihnen ausweichen wollte, rammte ihm der eine seine Faust in den Magen. Als er zusammensackte, nahmen sie ihn zwischen sich und stützten ihn. Ein paar Passanten sahen die drei Männer im Vorbeigehen neugierig an. Die beiden lachten laut und klopften ihm auf die Schulter. Sie schoben ihn schnell in ein Auto, und ihr Gelächter übertönte die japsenden Geräusche, mit denen er nach Luft rang.

Der eine Mann setzte sich hinters Lenkrad, der andere durchsuchte ihn und nahm ihm mit einem vorwurfsvollen Schnalzen die Pistole ab.

»Wohin fahren wir?« fragte Max.

»Zu Mr. Ledecker.«

Ledecker saß in seiner Wohnung in Valley Farms in einem Polstersessel. Als die beiden Raffidy durch die Tür stießen, blickte er auf und sagte freundlich: »Ah, Mr. Raffidy.« Er wandte sich zu dem Mädchen auf der Couch und sagte: »Du entschuldigst, meine Liebe?«

Sie zuckte gleichgültig die Schultern, stand auf und ging

hinaus. Der eine Mann setzte sich auf ihren Platz, und der andere ging.

»Nehmen Sie doch bitte dort drüben Platz«, sagte Ledekker.

Max setzte sich.

Ledecker sagte: »Sie sind ein sehr tüchtiger junger Mann. Der arme Bill Walch hat Ihre Geschichte geschluckt. Er hat Sie beschatten lassen, weil er wissen wollte, wer Ihr Auftraggeber ist. Wir dachten, es ist vielleicht besser, direkt mit ihm zu verhandeln. Aber eine halbe Stunde später kamen wir dahinter, daß Sie es waren, der sich so freundlich um Miß Banner gekümmert hat. Da wurde uns klar, wie raffiniert Sie sind, Mr. Raffidy.«

»Vielen Dank für das Kompliment.«

»Oh, Raffinesse finde ich immer anerkennenswert. Bei meiner Art von Geschäft ist sie äußerst wichtig. Und genau darum geht es, Mr. Raffidy. Um ein Geschäft. Wir gehen normale geschäftliche Risiken ein. Wenn jedoch jemand ein legales geschäftliches Unternehmen betrügt, dann kann sich dieses an die Polizei wenden. Das ist uns leider nicht möglich. Wir müssen so etwas selbst in die Hand nehmen.«

»Das hat in diesem Fall aber nicht so recht geklappt, hm?«

»Wie meinen Sie das?«

»Zu viele nicht einkalkulierbare Faktoren. Ich, zum Beispiel.«

»Da haben Sie recht.« Ledecker schwieg einen Moment und blickte hinaus auf die hügligen Felder, die in der Ferne von einem Wald gesäumt waren. Ein paar Reitpferde grasten draußen auf der Wiese. Der muskulöse Mann saß auf der Couch, die Zunge zwischen den Zähnen, und schnitt sich mit einem kleinen Taschenmesser die Fingernägel. Ledecker hatte die Beine gekreuzt und wippte mit dem Fuß auf und ab.

»Mr. Raffidy, uns ist ein kleines Mißgeschick passiert. Wir sind Mr. Norma auf die Schliche gekommen. Ich muß immer große Bargeldbeträge hier aufbewahren. Wir wissen nicht, wie Jerry die Kombination herausbekommen hat, doch unser Safe hier wurde vor einer Woche ausgeräumt. Alle meine Mitarbeiter standen unter Verdacht. Jerry hat seine Gewohnheiten nicht geändert. Doch ich kam dahinter, daß er zweimal ohne Anlaß ins Lagerhaus gegangen war. Wir durchsuchten das Lagerhaus und stellten fest, daß Jerry die zweihunderttausend Dollar in einer kleinen Kiste versteckt hatte, in der das Rad eines Roulettetischs gewesen war. Doch wir brauchten Beweise. Ich ließ das Lagerhaus von einem meiner vertrauenswürdigsten Assistenten bewachen. Als Jerry das Geld holen wollte, wurde er – daran gehindert.«

»Sie meinen, er wurde umgelegt.«

»Ja, sozusagen. Und dann entdeckten wir das Mißgeschick. Jerry hatte ein Mädchen bei sich. Sie setzte sich heftig zur Wehr, wurde aber schließlich überwältigt. Mein Assistent rief mich an. Ich riet ihm, die junge Dame in eine bestimmte Wohnung zu bringen, die wir in der Primrose Street haben. Er legte sie hinter die Vordersitze auf den Wagenboden. In dem starken Verkehr konnte sie die Tür öffnen und in der Menschenmenge untertauchen. Ich hätte gern herausgefunden, wie gefährlich sie als Zeugin ist.«

»Warum erzählen Sie mir das alles?«

»Weil Sie ein gescheiter junger Mann sind. Die junge Dame hat so getan, als ob sie das Gedächtnis verloren hat. Doch als sie den Mann zu Gesicht bekam, der Mr. Norma unschädlich gemacht hat, bekam sie einen hysterischen Anfall. Sie sind ziemlich viel mit ihr zusammen gewesen. Bestimmt hat sie Ihnen alles erzählt, was sie weiß. Ich möchte Sie fragen, was ich mit ihr machen soll.«

»Sie haben mir die Möglichkeit vermasselt, mich an die Polizei zu wenden.«

»Das war einfach notwendig.«

»Auf welche Weise könnte ich Ihnen schaden, Ledecker?«

»Ich weiß nicht. Wie können Sie beweisen, daß Sie nicht den Versuch unternehmen werden?«

»Das kann ich nicht.«

»Dann scheint das eine Art Patt zu sein. Finden Sie nicht auch?«

»Reden Sie nicht um den Brei herum, Ledecker. Was wollen Sie von mir?«

»Sie sind ziemlich ungeduldig, Mr. Raffidy. Also schön,

ich will ganz offen sein. Meine Leute haben eine merkwürdige Abneigung, das Mädchen zu beseitigen. Ihnen gegenüber hätten sie nicht solche Skrupel. Sie wären jedoch, sobald Sie diese etwas unangenehme Aufgabe erledigt hätten, ein freier Mann, Mr. Raffidy.«

Max saß regungslos da. »Ich brauche wohl nicht zu fragen, was passiert, wenn ich Ihnen sage, daß mir so etwas nicht liegt.«

»Nein, wirklich nicht. Denken Sie bitte nicht, daß ich so etwas besonders mag. Wenn Sie uns helfen, das Mädchen zu beseitigen, dann müßten Sie aber den Mund halten. Vor der Polizei brauchen Sie keine Angst zu haben, wenn Sie nicht versuchen, mich hereinzulegen. Wir haben unsere Mittel und Wege.«

Es war jetzt an der Zeit, den Bericht an Lowery zu erwähnen. Max öffnete den Mund, um ihm davon zu erzählen, doch dann machte er ihn wieder zu.

»Was wollten Sie eben sagen?«

»Nichts. Gar nichts.« Wenn er Ledecker etwas von dem Bericht sagte, würde er damit das Todesurteil für das Mädchen besiegeln. Da kam ihm eine Idee. »Warum werfen Sie nicht diesen vertrauenswürdigen Assistenten den Wölfen vor? Das wäre doch ganz einfach.«

Ledecker lächelte ohne Humor. »Dem Assistenten vertraue ich, weil er das Glück hatte, in den Besitz schriftlicher Beweise für eine frühere Unbesonnenheit von mir zu gelangen. Ich habe sie begangen, als ich noch jünger und ziemlich unklug war. Er ist in einer weit besseren Lage als Sie, Mr. Raffidy.«

Max rutschte unruhig in dem Sessel hin und her. »Und auf welche Weise soll ich das Mädchen umbringen?«

Ledecker runzelte die Stirn. »Bitte, Mr. Raffidy – drücken Sie sich doch etwas gepflegter aus.«

»Also, wie?«

»Da gibt es verschiedene Möglichkeiten. Wir können Sie in den Wald bringen, und Sie erschießen sie. Oder Sie können sie erwürgen. Oder mit einem schweren Gegenstand erschlagen.«

»Sehr gepflegt, hm? Warum solche brutalen Methoden?«

»Wegen der Wirkung auf Sie, Mr. Raffidy. Ich würde eine brutale Methode, wie Sie es nennen, gut finden.«

»Wo ist sie?«

»Ungefähr zwanzig Meter von Ihnen entfernt.«

»Und wann soll das Ganze stattfinden?«

»Gleich nach Einbruch der Dunkelheit. Ich glaube, das wäre die beste Zeit.«

»Und was machen Sie mit der Leiche?«

»Wir werden verschiedene Fotos von ihr machen und sie dann verschwinden lassen. Wie und wo, brauchen Sie nicht zu wissen.«

»Und dann?«

»Dann können Sie machen, was Sie wollen.«

»Warum bringen Sie nicht uns beide um? Ich könnte Ihnen doch Schwierigkeiten machen.«

Ledecker seufzte. »Weil die Möglichkeit zu groß ist, mein Junge, daß Sie versucht haben, sich mit einem Bericht an die Polizei abzusichern.«

»Angenommen, das stimmt. Dann brauche ich bloß stillzusitzen und abzuwarten.«

»Tu ihm ein bißchen weh, Joseph«, sagte Ledecker gereizt.

Max sprang auf und stellte sich mit dem Rücken an die Wand, als Joseph auf ihn zukam. Mit der gelangweilten, ausdruckslosen Miene eines Profi duckte sich Joseph, so daß Max' Schwinger ihn an der Stirn traf. Dan stürzte er sich auf ihn, bei jedem Schlag vor Anstrengung grunzend.

Als Joseph zurücktrat, fiel Max auf Hände und Knie und kippte dann auf die Seite. Er zog die Knie bis zur Brust hoch und kämpfte, den Kopf hin und her rollend, gegen den Schmerz an, und versuchte zu überlegen, was er tun sollte.

Ledecker beugte sich über ihn. Er schien in dem Nebel, in den der Schmerz Max hüllte, vor und zurück zu schwanken. »Werden Sie jetzt endlich Ihr Maul halten, Raffidy?«

Joseph war befriedigt zur Couch zurückgegangen. Max war nahe daran, das Bewußtsein zu verlieren, doch als ihm die Idee kam, riß er sich zusammen. »Wie sind Sie eigentlich Ihren britischen Akzent losgeworden?« krächzte er.

Er sah, wie Ledeckers eleganter schwarzer Schuh auf ihn zukam. Im letzten Moment drehte er seinen Kopf weg, so daß der Fuß ins Leere stieß und Ledecker das Gleichgewicht verlor. Max packte ihn am Knöchel und warf ihn zu Boden. Er umklammerte sein Handgelenk, drehte ihm den Arm auf den Rücken und legte seine rechte Hand auf Ledeckers Kehle. Joseph stürzte auf sie zu.

»Halt!« schrie Max. Er zerrte Ledecker in eine sitzende Haltung hoch. »Wenn Sie näherkommen, drück' ich ihm die Kehle zu«, sagte er. »Ich kann ihm mit einem Griff die Luftröhre zerquetschen.«

Als Ledecker nach seiner Hand griff, drehte Max ihm den Arm fester herum. Ledecker stöhnte: »Geh weg, Joseph.«

Joseph, dessen Gesicht nicht mehr ausdruckslos war, wich langsam zurück. »Joseph soll mir die Kanone geben, die er mir abgenommen hat«, sagte Max leise.

»Hören Sie endlich mit dem Unsinn auf«, sagte Ledecker. Seine Stimme klang etwas zuversichtlicher.

Max drückte kurz mit seinen Fingern zu und ließ seine Kehle wieder los. Ein krampfhafter Husten schüttelte Ledekker.

»Joseph, gib ihm die Kanone«, keuchte er.

»Boß, ich...«

»Los, gib sie ihm!«

Max sagte: »Nehmen Sie sie am Lauf, legen Sie sie auf den Boden und geben Sie ihr einen Stoß, daß sie hierher schlittert.«

Joseph zögerte einen Moment. Dann rutschte die Automatik über den Teppich. Max ließ Ledeckers Kehle los, nahm die Pistole und richtete sich mühsam auf.

Auch Ledecker stand langsam auf. Sein Gesicht war ruhig. »Was nun, Raffidy?«

»Stellen Sie sich beide mit dem Gesicht zur Wand, die Füße etwa einen Meter von der Bodenleiste, und stemmen Sie die Hände an die Wand.«

Joseph warf ihm einen verächtlichen Blick zu. Max hob die Pistole und sagte: »Soll ich dir das Knie zerschmettern, Joe?«

Joseph ging mit schweren Schritten zur Wand. Max trat

hinter die beiden. Er holte aus und hieb Joseph die Pistole etwas über dem rechten Ohr auf den Kopf. Josephs Gesicht schlug mit einem dumpfen, schmatzenden Geräusch auf den Holzboden. Dann drückte er Ledecker den Lauf in den Nacken und klopfte alle Stellen ab, wo eine kleine Pistole versteckt sein konnte.

»Ganz egal, was Sie vorhaben, Raffidy«, sagte Ledecker, »es wird schiefgehen. Es sind fünfzehn von meinen Leuten im Haus. Die Hälfte ist bewaffnet.«

»Wenn Sie an meiner Stelle wären, mein Lieber«, sagte Max freundlich, »würden Sie's doch sicher auch wenigstens versuchen, oder? Los, kommen Sie. Drehen Sie sich langsam um. Die Kanone ist in meiner Tasche. Ich halte mich einen halben Schritt hinter Ihnen. Falls irgendwas passiert, was mir nicht paßt, jag ich Ihnen eine Kugle in den Rükken.«

Er konnte die Schweißperlen auf Ledeckers Gesicht sehen. »Wohin?« fragte Ledecker.

»Zur Tür hinaus und den Gang hinunter zur Treppe. Langsam die Treppe runter, durch den Clubraum und hinaus auf die Zufahrt. Dann ins Auto. Und dann in die Stadt.«

»Schon gut, Raffidy – ganz, wie Sie wollen.«

»Und die ganze Zeit sprechen Sie mit mir. Nicht zu laut und nicht zu leise. Sie erklären mir irgendeins Ihrer Geräte. Verstanden?«

»Selbstverständlich.«

»Los, fangen Sie an.«

»Einer unserer erfolgreichsten – äh – Artikel in diesem Jahr ist ein Würfelbecher, den der Spielleiter auf eine bestimmte Weise in der Hand halten muß, um die Würfel zu manipulieren...«

In leierndem Ton sprach er weiter. Der Gang war leer. Auf der Treppe begegneten sie einem Mann mit einem Tablett voller Gläser. Der Mann trat auf dem Treppenabsatz in eine Ecke zurück und ließ sie vorbei. Die Tür, durch die sie am Ende der Treppe traten, befand sich neben der Bar. Zwei Paare saßen auf der anderen Seite des Clubraums. Ledecker ging mit steifem Rücken weiter. Max bemühte sich, freundlich zu lächeln. Dann traten sie durch die Seitentür auf den Parkplatz.

Ledecker blieb stehen und sagte: »Der Wagen wird gleich da sein.«

Ein Angestellter fuhr den Wagen vor, ließ den Motor laufen und sprang heraus. Auf der anderen Seite des Parkplatzes ratterte eine kleine Zementmischmaschine. Daneben standen ein paar Arbeiter.

Die Kugel schien ihn zu treffen, bevor das leise Krachen des Schusses zu hören war. Max kam es vor, als ob ihm jemand, der hinter ihm stand, einen Schmiedehammer auf die Schulter hieb. Er wurde zur Tür herumgerissen, und dann taumelte er die zwei Stufen hinunter, stürzte auf den Kies und rollte auf den Rücken.

Sein linker Arm war wie tot. In dieser Haltung konnte er nicht die Pistole aus seiner rechten Tasche reißen. Ledecker rannte die zwei Stufen herunter auf ihn zu, um schnell seinen Arm festzuhalten. Als der zweite Schuß krachte, sank Ledekker schlaff auf Max' Beine. Max blickte auf und sah, daß Joseph im ersten Stock am Fenster stand und mit der Pistole auf ihn zielte, das Gesicht von Haß verzerrt.

Max begriff sofort, daß Ledecker mitten in die Schußlinie geraten war. Er wälzte sich unter Ledecker hervor, kroch um das Auto herum, und rammte den Angestellten, der mit offenem Mund dastand, mit der Schulter, so daß er das Gleichgewicht verlor. Er rutschte hinter das Lenkrad und fuhr los. Während die Reifen auf dem Kies durchdrehten, hörte er, wie ein weiterer Schuß krachte und die Kugel in die Seite des Wagens schlug.

Der Angestellte stürzte zum Fenster und griff nach den Schlüsseln. Max riß den schweren Wagen herum und streifte ihn, so daß er zu Boden stürzte. Dann raste er schleudernd auf die Zufahrt und bog in Richtung Stadt auf die Straße ein.

Ihm war schwindlig und schlecht von dem Schock, den er durch die Schußverletzung erlitten hatte. Den Schmerz begann er eben erst zu spüren. Er war dankbar, daß der Wagen eine automatische Schaltung hatte. Er lenkte ihn mit der rechten Hand, und die linke Hand lag auf seinem Schoß.

»Ein Glück, daß die Knochen in Ihrer Schulter ebenso dick sind wie die in Ihrem Schädel«, sagte Captain Lowery. »Was haben Sie vor? Wollen Sie jetzt einfach gehen?«

»Was dagegen? Der Arzt ist einverstanden. Vielen Dank, Schwester. Hängen Sie die Jacke einfach über meine Schulter.«

Im Korridor der Notaufnahme brannten die Nachtlampen.

»Wie gesagt, wir sind also hinausgefahren«, sagte Lowery.

»Vielen Dank.«

»Sparen Sie sich Ihren Sarkasmus. Wir sind hinausgefahren und haben uns Joseph vorgeknöpft. Die Beschuldigung gegen Sie lautet, Sie hätten versucht, Ledecker zu entführen und Sie hätten das Auto gestohlen. Sie wollten Ihnen einen Mord anhängen, aber wir haben die Kugel gefunden und zusammen mit Josephs Pistole ins Labor geschickt. Sie passen zusammen. Aber, Herrgott noch mal – kein Mädchen. Keine Spur von einem Mädchen. Hat es das Mädchen wirklich gegeben oder war das nur ein Wunschtraum von Ihnen?«

»Fragen Sie Dr. Morrison, der seine Praxis gegenüber meinem Haus hat. Er hat sie gesehen. Fragen Sie Gruber, meinen Hausmeister.«

»Na schön, das Mädchen gibt's also. Ich habe Walch und Antonelli holen lassen und ihnen Ihre Geschichte erzählt. Sie haben sich vor Lachen den Bauch gehalten. Sie glauben, daß Jerry Norma auf einer Geschäftsreise ist. Ledecker wüßte Bescheid, sagten sie, aber der ist ja tot. Sie meinten, ich wäre wohl nicht ganz richtig im Kopf, daß ich Zeitungsleuten irgendwas glaube. Also, was sollen wir jetzt tun?«

»Kann ich mit Ihnen mitkommen?«

»Wohin?«

»Fahren wir zu dem Lagerhaus und nehmen wir ein paar Jungens vom Labor mit. Angenommen, wir können nachweisen, daß das Mädchen dort war und daß sie ihr etwas getan haben. Wie stehen dann Walch und Antonelli und die übrige Organisation da?«

Lowery blickte drein, als hätte er Lust, in die Hände zu spucken. »Mein Lieber, das wäre eine einmalige Gelegenheit, die ganze Bande zu zerschmettern. Ein- für allemal!«

Die beiden Polizeiautos hielten vor dem Lagerhaus. Der Durchsuchungsbefehl war in Ordnung. In dem Gebäude ging das Licht an.

Max sagte zu den Laborleuten: »Sehen Sie den Ölfleck? Anscheinend hat das Auto hier gestanden. Norma ist damit hineingefahren und ausgestiegen. Versuchen Sie festzustellen, ob er erschossen wurde.«

Es dauerte nichte lange, bis einer der Männer eine sorgfältig geschrubbte Stelle auf dem Fußboden entdeckte. Sie packten ihre Chemikalien aus und machten sich an die Arbeit. Schließlich sagte einer: »Captain, hier war Blut. Vor nicht allzu langer Zeit. Vielleicht menschliches Blut. Kann ich noch nicht sagen.«

Lowery selbst fand auf dem Beton eine Schramme, die von einem Geschoß stammte. Nachdem man von ihr eine Linie zu der geschrubbten Stelle gezogen und den Abprallwinkel geschätzt hatte, entdeckte man nach viertelstündiger mühsamer Suche die Kugel. Sie steckte im Seitenteil eines Regals.

Lowery sagte mit einem etwas weniger verächtlichen Unterton: »Na, allmählich beginne ich Ihnen zu glauben, Raffidy. Es besteht Grund zu der Annahme, daß Norma hier erschossen wurde und daß das Mädchen das Ganze gesehen hat. Und was nun?«

»Sie haben sie von Valley Farms weggebracht. Nach dem Schlamassel mit Ledecker und meiner Flucht werden sie kaum so dumm sein, sie umzubringen. Sie haben bestimmt beschlossen, sie erstmal für eine Weile zu verstecken und abzuwarten, was passiert.«

»Und was meinen Sie, wo sie sie versteckt haben?«

»Ledecker sagte etwas von einer Wohnung in der Primrose Street.«

»Nette Gegend«, sagte Lowery trocken. »Fahren wir hin.«

Es war zehn Uhr, als sie das richtige Haus, und die richtige Wohnung fanden. Lowery verteilte seine Männer auf sämtliche Ausgänge, und zwei schickte er mit Gasgranaten und einem tragbaren Scheinwerfer auf den Hof.

Am Ende der Treppe flüsterte Lowery: »Warten Sie hier, Raffidy. Jetzt wird's ernst.«

Max zuckte die Schultern. Es tat ihm gut, sich an die Wand zu lehnen. Der pochende Schmerz in seiner Schulter wurde immer stärker. Doch als Lowery mit zwei Männern auf die Tür zuging, trat er in den Korridor und schob sich langsam auf die Tür zu.

»Machen Sie auf«, rief Lowery.

»Wer ist da?«

»Die Polizei. Machen Sie die Tür weit auf und kommen Sie mit erhobenen Händen heraus«, befahl Lowery.

Eine andere Stimme sagte in sanftem, freundlichem Ton: »Nein, lieber nicht.«

Lowery trillerte auf seiner Pfeife, und Max sah unter dem Türrand einen hellen Lichtstreifen, als die Männer auf dem Hof den Scheinwerfer aufs Fenster richteten.

»Sie sind umstellt«, sagte Lowery. »Los, machen Sie auf oder wir holen Sie raus!«

Wieder die sanfte Stimme. »Hier drinnen ist ein Mädchen, Inspektor.«

»Das wissen wir!«

»Gut, ich komm' raus, aber mit dem Mädchen als Geisel. Und dann?« Max sah, wie Lowery sich mit dem Handrücken über die Stirn strich. Einen Moment herrschte Schweigen.

Dann sagte Lowery: »Sie schaffen es nicht.«

»Ich riskier's«, sagte die Stimme. »Sagen Sie Ihren Leuten, sie sollen zurücktreten.«

Lowery trat ein paar Schritte zurück. Er hob die 38'er mit beiden Händen und starrte sie an, als hätte er sie noch nie gesehen. Dann flüsterte er den beiden Männern etwas zu. Sie gingen mit schweren Schritten zum Ende des Korridors. Lowery winkte Max, und er ging den beiden nach.

»Okay«, sagte Lowery, »Sie können rauskommen – der Weg ist frei. Aber sowie Sie sich nur einen Schritt von dem Mädchen entfernen...«

»Schluß mit dem Gerede«, sagte die Stimme.

Lowery ging sechs bis sieben Meter von der Tür weg, drückte sich mit dem Rücken an die Wand, streckte den rechten Arm aus und zielte auf die Tür.

Tiefe Stille. Die Tür ging nach innen auf, und Max hörte ein

Knarren. Wieder Stille. Dann sah er ihr blasses Gesicht, das lange blonde Haar, ihr Kostüm. Sie kam heraus, langsam einen Fuß vor den andern setzend. Er sah die dicke rosa Hand, die ihren Arm umklammerte, den Lauf der Pistole an ihrem Kopf, die andere dicke Hand, die die Pistole hielt. Dann das fröhliche, runde rosige Gesicht des dicken kleinen Mannes. Als der Mann seine kleinen, glänzenden Augen auf Lowery richtete, krachte Lowerys Pistole.

Der dicke, kleine Mann schwankte nicht. Er stürzte so plötzlich und schnell zu Boden, als sei er aus mehreren Metern Höhe herabgefallen.

Marylen drehte sich um, taumelnd wie eine Schlafwandlerin, und ihr Blick fiel auf Max. Langsam ging sie auf ihn zu – dann lief sie in seine offenen Arme.

Lowery lehnte sich an die Wand. Der andere Mann, ein Doppelgänger von Joseph, kam mit erhobenen Händen heraus. Lowery sagte, halb zu sich selbst: »Ich mußte ganz genau treffen. Bei einem Kopfschuß hätte er reflexartig abgedrückt. Ich mußte eine Stelle treffen, die so groß ist wie ein Zehncentstück, und wo die Kugel das Rückgrat durchtrennt.«

»Warum haben Sie ihn nicht laufen lassen?« fragte Max wütend. »Warum sind Sie dieses Risiko eingegangen?«

»Weil er das Mädchen draußen sofort umgelegt hätte, Sie verdammter Idiot.«

Marylen drückte ihr Gesicht an Max' Brust und sagte: »Ich hab' gesehen, wie er Jerry erschossen hat. Ich erinnere mich.«

»Und wo, Mr. Raffidy, finden wir jetzt Jerry Normas Leiche?« fragte Lowery.

»Draußen in Valley Farms steht eine riesige Zementmischmaschine, Captain...«

Es war ein trüber, grauer Morgen. In den Straßen der Innenstadt herrschte noch Stille, als Lowery mit verdrossenem, erschöpftem Gesicht den Hörer auflegte. »Sie haben ihn gefunden«, sagte er. »Seine Kumpel haben ihm eine Schaufel Zement aufs Gesicht geklatscht.«

»Und was ist mit Antonelli und Walch?«

»Walch steht vor einem Zusammenbruch. Mit dem, was er uns erzählen wird, können wir Antonelli knacken. Der dicke, kleine Mann war Stan Norton. Der Bursche, der Ledecker erpreßt hat.«

Max sagte langsam: »Kann ich jetzt alles, was ich weiß, telefonisch durchgeben, Captain?«

»Verdammt, Sie sind als Reporter hier?«

»Dachten Sie, so einen Exklusivbericht laß ich mir entgehen? Ich arbeite schon die ganze Zeit als Reporter. Seit ich vom Krankenhaus aus den Augenzeugenbericht über Ledekkers Tod durchgegeben habe.«

Lowery seufzte. »Ich kann Sie nicht daran hindern. Aber ich fahr' jetzt erst mal nach Hause und leg mich ein bißchen aufs Ohr.«

»Ich auch. Unterwegs schau ich im Memorial vorbei und seh nach dem Mädchen. Sobald sie in Ordnung ist, schick' ich sie heim.«

Lowery stapfte zur Tür. »In mancher Hinsicht sind Sie fast genial, Raffidy«, sagte er. »Aber was Frauen betrifft, sind Sie ein völliger Trottel.«

»Was soll ich denn tun?« sagte Max wütend. »Soll ich sie als Talisman behalten?«

Doch er sprach zur geschlossenen Tür. Er bewältigte die schwierige Aufgabe, sich eine Zigarette anzuzünden. Dann legte er den Hörer hin und begann die Nummer der Zeitung zu wählen. Inzwischen hatten sich die lauernden Wölfe von den anderen Zeitungen bestimmt auf Lowery gestürzt.

Noch der halben Nummer hörte er zu wählen auf und sagte leise: »Hmmm – so ein Talisman wär vielleicht gar nicht übel.«

Er legte auf und begann wieder zu wählen.

Die Leiche in seinen Träumen

Wie schon unzählige Male zuvor, rief Alicia Crane ihn im Traum, mit ihrer süßen, klaren Stimme.

»Matthew! Matthew, mein Liebling. Matthew Otis!«

»Du bist tot!« sagte er im Traum. »Tot, tot und nochmals tot.« Merkwürdig, daß sie ihm nicht glauben wollte oder konnte. Was machte sie überhaupt hier, in China? Die Schlacht stand kurz bevor. Er konnte schon den Schlachtlärm hören, das Krachen von Gewehrschüssen, das dumpfe Dröhnen der Mörser und das Jaulen der Granaten, dem jedesmal eine schwere Detonation folgte.

»Du bist tot, Alicia Crane! Tot!«

Sie hörte nicht auf ihn. »Matthew! Matthew, mein Liebling!«

Er wachte auf. Seine Beine hatte er übereinandergeschlagen und auf dem gegenüberliegenden Sitz ausgestreckt. Das eine war bis zum Knie eingeschlafen und wurde nun von einem unangenehmen Prickeln durchströmt. Der Zug ratterte gemächlich an der Küste entlang, in Richtung Cranesbay. Auf dem unebenen Gleis war die Fahrt ein einziges Schlingern und Holpern. Alles erschien ihm so fremd nach seinem Traum. Ja, Alicia war tot. Vor neun Jahren hatte er sie umgebracht, im November 1939. In diesem Monat war es genau neun Jahre her.

Er drehte sich zur Seite und starrte in die Dunkelheit. Die Lichter eines Bauernhofes huschten vorbei. Eine Illustrierte lag auf dem Boden. Er hob sie auf und suchte den Artikel, den er gerade gelesen hatte, als er einschlief: ›Billiger Tod in China‹, von Matthew Otis. Mit einem faden Lächeln überflog er die einleitenden Worte des Verlegers:

Während dieser Artikel in Druck geht, kehrt Matthew Otis nach drei langen Jahren, die er bei der chinesischen Armee verbracht hat, in seine Heimat zurück. Um Informationen aus erster Hand zu sammeln, hat er dort als Soldat gedient. Nur wer das chinesische Militär kennt, weiß um die unsäglichen Entbehrungen, die Mr. Otis erdulden mußte, um Ihnen möglichst hautnah von dem chinesischen Bürgerkrieg zu berichten. Matthew Otis ist ein großer, kräftiger Mann, der mit seinen zweiunddreißig Jahren wesentlich älter aussieht. Sein Gesicht ist von Wind und Wetter gegerbt, und seine grauen Augen lassen die Greuel ahnen, deren Zeuge er in seinen...

Matthew gähnte und legte die Illustrierte auf den Nachbarsitz. Vielleicht würde er eines Tages einen Artikel schreiben, in dem er die wahren Beweggründe seiner Abenteuerlust aufdecken würde. Vielleicht würde er verraten, daß er die entlegensten Flecken der Erde nur deswegen gesucht hatte, weil er vor einem Mädchen floh, das unanständigerweise nicht tot sein wollte.

Er müßte dann auch erzählen, daß er zum erstenmal seit damals nach Cranesbay zurückkehrte, weil er hoffte, dadurch von dem Alptraum befreit zu werden, der ihn seit jenem Todestag, besser gesagt jener Mordnacht, verfolgte.

Er schmunzelte. Erstklassiger Stoff für einen Artikel. Wie seine Gedanken im ersten Jahr ihrer Bekanntschaft ständig bei dieser jungen, lebendigen Frau gewesen waren, dem Klang ihrer Stimme und ihrer erhabenen, eleganten Haltung.

In den neun Jahren war die Erinnerung an sie eher stärker als schwächer geworden. Er konnte ihr nicht entkommen. Durch sie wurden all die gefahrvollen Tage und die wenigen Freuden schal.

Er hatte Angst vor dieser Rückkehr, und doch blieb ihm keine andere Wahl, wenn er jemals wieder in der Gegenwart und für die Zukunft leben wollte.

Die Schuld ist wie eine Hand vor den Augen, wie ein Messer im Herz. Sie raubt einem den Frieden, die Freude, die Begeisterung und die Selbstachtung. Man führt ein Schattendasein und handelt zwar wie ein Erwachsener, aber der Geist wird von Alpträumen gepeinigt, die man sonst nur im Kindesalter hat.

Grauer Tabakdunst hing streifig in der verbrauchten Luft des Waggons, der mit schwacher, gelblicher Beleuchtung durch die Nacht ratterte. Auf der anderen Seite des Mittelgangs grabschte eine pummelige Frau nach ihrem wild strampelnden und schreienden Kind. Eine Bank weiter saßen zwei Seeleute, blau-weiße Erinnerungen an die Kriegsmarine, die, mit offenen Mündern, laut schnarchend schliefen.

Die Spannung in ihm wuchs. Ein leiser Schauer rann ihm über den Rücken, und er hatte ein leeres Gefühl im Magen. Es war aber eher die Erregung eines Mannes, der nachts in einer verlassenen Fabrikhalle mit den Fingern in das langsam mahlende Räderwerk einer Maschine gerät und mitansehen muß, wie sie seine Hand und seinen Arm hineinzieht und ihn schließlich tötet. Oder die Angst eines Autofahrers, der auf eisglatter Straße die Kontrolle über sein Fahrzeug verliert und auf einen Abgrund zuschliddert.

Matthew Otis macht Urlaub! Matthew Otis kehrt zurück, um die Dämonen zu beschwichtigen. Matthew Otis auf der Rückreise ins übervölkerte Cranesbay, wo er aufgewachsen war, sich in Alicia Crane verliebt und sie getötet hatte.

An der einsamen Kreuzung schrillte die Signalpfeife der Lokomotive. Irgendwo dort draußen in der Dunkelheit lag der Ozean. Auf der anderen Seite ging es steil die Hügel hinauf. Vor ihm mußte jetzt das halbmondförmige Cranesbay liegen, eine lieblos angelegte Stadt in dem freien Raum zwischen den Hügeln und dem Ozean. Wieder ertönte die Signalpfeife, deren melancholischer Klang tief in seinem Innern widerhallte.

Es gab keine Möglichkeit, in den nächtlichen Regen hinauszuspringen und einen Rückzug um die halbe Erde anzutreten. Zu spät. Das kleine Reservierungskärtchen im Glaskasten an der Tür war wie ein Symbol der Unwiderruflichkeit. Seine Gedanken waren wieder bei ihrer Stimme, die ihn schon so oft im Traum heimgesucht hatte. Dazu gesellte sich die Erinnerung an eine Zeit, in der ihre Stimme noch anders geklungen hatte, ihre Augen noch liebevoll auf ihm geruht und ihre Hand...

Alicia Crane streckte ihre Hand über den Tisch und verfolgte mit einer Fingerkuppe die blaue Linie einer Vene auf seinem Handrücken.

Die Tanzfläche war überfüllt, und die Band spielte gekonnt eine Komposition von Benny Goodman.

»Matt«, sagte sie sanft, »welche Worte würdest du für zwei Leute finden, die so sind wie wir?«

Er lächelte sie an. »Wie füreinander geschaffen.«

»Das klingt viel zu schnippisch, Liebling«, sagte sie.

»Ich kann auch nichts dafür, Alicia. 1939 ist das Jahr der flotten Sprüche. Vor hundert Jahren hätte ich dir ewige Treue geschworen, auf den Knien rutschend meine engen Hosen versaut und die rechte Hand aufs Herz gelegt.«

»Versuch's doch mal, Matt!«

»Es würde nur wie ein Affentheater aussehen. Nein, Liebes. Ich kann dir nur sagen, daß ich dich wie die Pointe eines flotten Spruches liebe, den du mir voll und ganz abkaufst. Ich liebe dich, mein Schatz.«

»Ich will einen Kuß«, sagte sie mit fester Stimme.

Er beugte sich langsam zu ihr hinüber und flüsterte ihr ins Ohr: »Was hältst du von einem Spaziergang zum Auto?«

»Später, Matt. Ich hab' mir schon als Kind den Zuckerguß bis zum Schluß aufgehoben. Jetzt bleiben wir erst einmal sitzen und stellen uns vor, wie schön der Kuß werden wird. Dann wird er besonders gut.«

Sie lächelte, aber der Ausdruck ihrer grauen Augen beunruhigte ihn. Ihr Lächeln verschwand gänzlich, als sie zur Tür blickte.

»Was gibt's?«

»Roy Bedford, Matt. Einen Augenblick dachte ich, er sei betrunken. Er haßt dich, Matt.«

»Ich kann's ihm nicht verübeln. Er hatte das hübscheste Mädchen der Welt, und jetzt gehört sie mir. Soll er doch.«

»Reiz ihn bitte nicht, falls er zu uns kommt, Matt.«

»Ich will keinen Streit.«

Er sah zu ihm hinüber. Roy Bedford war mit einem Mädchen gekommen, dessen Haar zu einer krausen Mähne frisiert war. Sie hatte den Lippenstift dick aufgetragen. Roy führte sie an einen Ecktisch, blickte zu ihnen herüber, sagte etwas zu dem Mädchen und ging auf den Tisch von Matt und Alicia zu.

Auf seinem Gesicht strahlte ein unbeschwertes Lächeln. Er war groß, hatte ein scharf geschnittenes Gesicht, schwarzes lockiges Haar und weit auseinanderstehende Augen.

Er kam an den Tisch, lächelte Alicia an und sagte: »Wie geht's denn den beiden Turteltäubchen?« Ein häßlicher Unterton lag in seiner Stimme.

»Ganz wunderbar, Roy«, antwortete Alicia rundheraus.

»Setz dich und bestell dir was zum Trinken, Roy«, fügte Matt hinzu.

Zu seinem Erstaunen setzte sich Roy neben Alicia. »Danke.«

Sie starrten sich beide an, und in ihren Blicken stand die Geschichte eines häßlichen Wettstreits geschrieben, der bis in ihre gemeinsame Schulzeit zurückreichte. Für Roy Bedford war das Siegen ebenso wichtig wie das Atmen. Diesmal hatte er verloren, wie schon einmal zuvor. Damals hatte ihr Basketballtrainer versucht, eine Boxstaffel aufzustellen...

(Matt konnte sich kaum noch auf den Beinen halten, eine Augenbraue war aufgeplatzt, und durch einen Nebel von Blut und Schmerzen sah er auf Roy Bedford herab, der sich in blinder Wut erneut vom Boden aufrappelte, nur um wieder niedergeschlagen zu werden. Bedfords rasselnder Atem erfüllte die leere Turnhalle.

»Hast du genug?« fragte Matt.

Roy stürzte sich mit der letzten Kraft der Verzweiflung auf ihn. Matts Arme fühlten sich an wie Blei, aber er schlug ihn wiederum zu Boden. Roy Bedford blieb regungslos liegen. Er rollte sich auf den Bauch und fing an zu schluchzen. Matt zog sich die Handschuhe aus, ging langsam zu den Duschräumen und wusch sich das Blut ab. Als er sich ein wenig später nach Roy umsah, saß der auf einem Stuhl und hatte die Hände vors Gesicht geschlagen. Matthew wußte, daß er ihm das niemals verzeihen würde. Das war auch das Ende der Boxstaffel gewesen.)

Roy Bedford war erneut besiegt, und das von derselben Person. Alicia gehört zu mir, dachte Matt, und Roy weiß es.

Die Drinks wurden serviert, und Roy trank seinen sehr schnell. Matt sah auf die andere Seite des Saales hinüber.

Das Mädchen, mit dem Roy gekommen war, saß immer noch da.

»Vielleicht fühlt sich deine Freundin etwas einsam. Du solltest besser wieder zu ihr gehen«, sagte Matt.

»Alicia wird nicht wollen, daß ich gehe«, erwiderte Roy leichthin.

»Mach kein Theater, Roy«, fügte Alicia hinzu. Auch sie klang unbeschwert. »Es gibt nichts, worüber wir miteinander reden könnten. Tu mir den Gefallen und geh zurück. Glaub nur nicht, daß du mich irgendwie beeindruckst. Du langweilst mich höchstens.«

Auf der anderen Seite des Lokals öffnete Rose Carney ihre Handtasche, nahm ein Päckchen Zigaretten heraus und riß die Zellophanhülle herunter. Sie hatte beobachtet, wie Roy sich zu Matt Otis und Alicia gesetzt hatte.

Was glaubt er nur, wer ich bin. Alles lasse ich mir von ihm nicht bieten. Dabei wußte sie genau, daß sie noch viel mehr erdulden würde, nur um mit Roy Bedford gesehen zu werden. Dennoch, er sollte ruhig merken, daß sie sich ärgerte. Ihm einfach die kalte Schulter zeigen, selbst wenn er sie mit einer einzigen Berührung aus der Fassung bringen konnte.

Er wäre nicht an den Tisch gegangen, wenn er nicht immer noch etwas für Alicia übrig hätte, dachte Rose. Sie fühlte sich plötzlich einsam und verlassen.

Der Kellner kam zu ihr und sagte: »Sie sind zwar mit dem Herrn hereingekommen, aber jetzt scheint er andere Gesellschaft vorzuziehen. Der Chef duldet keine Damen ohne Begleitung.«

»Wenn Sie nicht glauben, daß er zu mir gehört, dann versuchen Sie mal, mich hinauszuwerfen und warten seine Reaktion ab. Das ist nämlich Roy Bedford, Freundchen«, entgegnete sie trotzig.

Der Kellner zog die Brauen hoch. »Ach, und das soll wohl was heißen?«

»Jetzt vielleicht noch nicht, aber später einmal.«

Der Kellner ging wieder. Rose wußte, daß der Name Roy Bedford eines Tages in Cranesbay etwas bedeuten würde. Sie spürte seinen unnachgiebigen Ehrgeiz und seinen Machthunger. Sie waren schon oft in lauen Sommernächten zusammen spazierengegangen, und dabei hatte er einiges von sich erzählt.

(»Vater war der schlimmste Säufer der Stadt, Rosie, und die Leute starren mich an, als warteten sie nur darauf, daß auch ich in der Gosse ende. Ich bin froh, daß ich keine höhere Schule besucht habe. Was ich weiß und kann, habe ich mir hart erarbeitet. Die Schüler vom College sind alle Klugschwätzer, Matt Otis, Evan Cleveland und die Furnivall-Schwestern. Jedem einzelnen von ihnen werde ich's zeigen. Meinetwegen habe ich Dreck unter den Fingernägeln, weil ich bei Jud Proctor in der Autowerkstatt arbeite, aber vergangene Woche habe ich einen Anteil an seiner Garage gekauft. In ein oder zwei Jahren kaufe ich ihm den ganzen Laden ab. Mit dem Geld, das die Garage abwirft, werde ich mich nach und nach in andere Geschäfte einkaufen, Rosie. Ich werde in vieles einsteigen.«

»Vielleicht auch in die Ehe?« fragte sie hoffnungsvoll.

»Dazu reicht die Zeit nicht«, antwortete er und nahm sie in den Arm.)

Plötzlich war er wieder da und setzte sich zu ihr an den Tisch. »Danke, Roy. Sie wollten mich schon hinausbefördern, weil sie dachten, ich sei ohne Begleitung. Ich hatte das Gefühl...«

Sie redete nicht mehr weiter, weil sie die kalte Wut in seinen Augen sah.

Er faßte sie am Handgelenk und lächelte sie an. Seine Fingernägel gruben sich schmerzhaft in ihre Haut.

»Hör auf, Roy. Was tust du?« wimmerte sie leise.

Er ließ ihr Handgelenk los. Seine Nägel hatten tiefe Spuren hinterlassen. »Laß uns gehen«, sagte er tonlos.

Alicia sah Roys kerzengeraden Gang, als die beiden den Tisch verließen. Schaudernd drehte sie sich zu Matt um.

»Er macht mir angst, Matt«, sagte sie.

Er lächelte. »Was kann er schon machen, mein Schatz? Abgesehen davon seid ihr nie befreundet gewesen. Das hat doch alles nur mit deinem Namen zu tun. Du heißt zufällig Crane, und er ist in dieser Stadt geboren, von deren Namensgebern du abstammst. Der Kerl ist einfach verrückt vor Ehrgeiz und nicht mehr als ein Sturm in der Teetasse. Aber jetzt will ich meine Ruhe haben und von dir hören was für ein Prachtbursche ich bin, Alicia.«

Der Schaffner kam zur Tür herein und rief: »Bis Cranesbay noch fünf Minuten.« Matthew Otis wandte sich vom Fenster ab, durch das er scheinbar auf eine neun Jahre alte Geschichte zurückgeblickt hatte.

Alicias Gesicht vor dem Zugfenster war das Grauen, wie ihre Stimme, die er schon tausendmal in seinen Träumen vernommen hatte. Und vor ihm lauerte das Grauen der Stadt Cranesbay, die im Dunkeln auf ihn wartete.

Der Zug wurde langsamer und mit ihm auch das hackende Geräusch der Gleisstöße. Die ersten Lichter der Wohnhäuser huschten am Fenster vorbei, und schließlich schlängelte sich der Zug in den schmutzigen Bahnhof. Das fahle Licht der Glühbirnen schimmerte durch die rußverschmierten Dächer über den Bahnsteigen.

Er knöpfte seinen Mantel zu und ging mit zögernden Schritten durch den Mittelgang, wobei sein schwerer Koffer immer wieder gegen die Sitzbänke stieß. Als er aus dem Zug stieg und den Bahnsteig betrat, schlug ihm die frische Brise von Cranesbay entgegen, eine feuchte Meeresluft. Das Bahnhofsgebäude bestand aus einem häßlichen, quadratischen Raum mit weiß gefliestem Boden. Es roch nach Kaffee und Toiletten.

Auf einer der Bänke saß ein Betrunkener, der ewige Wahrheiten vor sich hin brabbelte, die keinen Menschen interessierten. Hinterm Schalter saß ein ausgemergelter Mann mit einer grünen Schirmmütze und blätterte in einer Illustrierten.

Nichts hatte sich geändert.

Das Ocean Bay Hotel war sechs Häuserblöcke von der Küste und nur zwei vom Bahnhof entfernt. Er legte die Strecke zu Fuß zurück, und der Regen lief ihm in Strömen übers Gesicht.

Die Vorhalle war leer. Hinter dem Tisch an der Rezeption

saß ein Mann in einer grauen Livree. Er legte den Anmeldeschein auf den Tisch und laß mit geübten Augen die spiegelverkehrte Handschrift.

»Ah, Mr. Otis!« sagte er und rieb sich die klobigen Hände. »Wir fragten uns schon, wann Sie nach Cranesbay kommen würden.«

Matt sah ihn überrascht an. Er hatte plötzlich das Gefühl, daß es in Cranesbay im Grunde niemanden gab, für den er sich interessiert hätte.

»Oh! Eine Zeitungsnotiz?«

»Zwei Spalten, Mr. Otis. Eine Rezension Ihres neuen Buches, eine Kurzbiografie und ein paar Bemerkungen über Ihr Leben in China.« Er lachte. »Cranesbay ist stolz auf Sie. Ich gebe Ihnen eine schöne Suite in der achten Etage. Von dort haben Sie einen guten Blick aufs Meer.«

»Prima, vielen Dank«, sagte Matt.

Ein schlanker, gähnender Page erschien und ließ sich die Schlüssel geben. In der achten Etage angekommen, sperrte er den Schließmechanismus der Aufzugtür und trug die Reisetasche bis zur Suite.

Als Matt allein war, legte er Hut und Mantel ab, schaltete das Licht aus, öffnete das Fenster und sah aufs Meer hinaus.

Er hörte das Rauschen der Brandung an der felsigen Küste. Es klang wie in jener Nacht vor neun Jahren, als...

Das Geräusch der Brandung drang an sein Ohr, und zuerst dachte er, er läge im Bett und wunderte sich, warum es so laut klang. Ein Sturm vielleicht? Er lag dort mit geschlossenen Augen, lauschte der dumpfen Brandung und spürte einen allmählich wachsenden Schmerz.

Die Schmerzen breiteten sich immer weiter aus, und er stellte sich die nüchterne Frage eines Unbeteiligten, wie lange er sie noch regungslos und ohne zu schreien aushalten würde.

Seine Wange lehnte an etwas Nassem. Dann spürte er die Kleidung auf seiner Haut, öffnete die Augen und bewegte seine Finger. Seine Hand fand Gras, einen Zweig und Steine.

Die Schmerzen kehrten zurück, besonders über dem einen

Ohr. Er befühlte die Stelle: eine riesige Beule mit einer Platzwunde. Die anderen Schmerzen kamen aus dem Unterleib. Auch dort fand er Schwellungen.

Ich bin verletzt, dachte er überrascht, und liege auf der Erde. Mein Körper ist völlig verschwollen und verdreht.

Die dritte Schmerzwelle raubte ihm das Bewußtsein.

Als er wieder erwachte, waren die Schmerzen nicht mehr so schlimm. Die Kälte hatte ihn gefühllos gemacht. Er streckte seine Hand aus und berührte einen weichen, eiskalten Gegenstand, den er aber nicht identifizieren konnte, weil seine Hand vor Kälte völlig taub war. Er rollte sich auf den Bauch und wärme sie mit seinem Körper.

Schließlich langte er wieder hinüber und spürte unter seinen Fingerkuppen eine sanft geschwungene Augenbraue, eine gerade Nase und weiche Lippen. Als er das Auge berührte, spürte er, daß das Lid hochgezogen war, und für einen Moment ruhte sein Finger auf dem blanken, feuchten Augapfel, der unter seiner Berührung nicht zu zucken schien.

Nun schrie er zum erstenmal...

Matthew Otis fühlte sich sehr müde, wandte sich vom Fenster ab und schaltete das Licht wieder an. All die Anspannung, die ständig zugenommen hatte, seit er damals in Hongkong von Bord gegangen war, schien nun zu verschwinden und ihn in eine tiefe Müdigkeit zu stürzen

Er quälte sich aus seiner Kleidung, ließ sie achtlos auf dem Boden liegen und fiel ins Bett. Obwohl das Licht noch brannte, fiel er sofort in Schlaf, in einen unendlich tiefen Schlaf...

Er hatte General Soong gesagt, daß ihre Position nicht besonders günstig war. In der unerträglichen, staubigen Hitze der Morgensonne war die der Achten Armee angeschlossene Artillerie angerückt, hatte die muldenreiche, von Bombentrichtern übersäte Ebene mühsam durchquert und lag nun vor jener Anhöhe, in deren oberem Teil sich die ruhmreiche 21. Division verschanzt hatte. Die Artillerie der 21. hinter dem Höhenkamm eröffnete das Feuer, das von unten erwidert wurde. Zu seiner Rechten zerfetzte ein Granatsplitter die Kehle eines Chinesen, der mit einem seltsam gluckernden Aufschrei aus seiner Deckung aufsprang, den Abhang hinunterrollte und schließlich liegenblieb.

Während einer Feuerpause robbten zwei seiner Kameraden zu ihm, nahmen ihm die Kleider und die wenigen Habseligkeiten ab. Um die Mittagszeit war seine Leiche bereits aufgedunsen. Tief unten in der Ebene rückte der Feind vor. Von hier oben sah der Vormarsch der kleinen Figuren der Achten Armee sehr langsam aus. Die Soldaten suchten Schutz hinter den riesigen Felsblöcken, die über den Abhang verteilt lagen, und rückten bedrohlich näher.

In der Abenddämmerung waren sie bereits in Reichweite der Gewehre. Auf ein Signal hin, verließen alle ihre Deckung und rannten die Anhöhe hinauf. Ihre Gesichter waren von Furcht und schrecklichen Anstrengungen gezeichnet.

Dann sah er sie. Sie rannte nackt im Zwielicht der Dämmerung dahin. Ihr langes, goldglänzendes Haar wehte über ihrem Rücken. Sie lief mit einem Lächeln auf ihn zu und rief mit hallender Stimme: »Matthew, mein Liebling. Matthew Otis!«

Er sprang auf und schrie, sie sollten aufhören, auf sie zu schießen. Aber seine Stimme versagte und statt eines Schreies kam nur ein Flüstern. Er wollte ihr entgegenlaufen und sie aus der Schußlinie holen, aber er konnte sich nicht bewegen.

Endlich kam er hoch, aber als er über den aufgedunsenen Leichnam sprang, hagelten die Gewehrkugeln in ihren weißen Leib und hinterließen eine blutige, zerfließende Schrift. Sie stolperte ihm entgegen und sank zu Boden, als die Dämmerung zur Nacht geworden war.

In der Dunkelheit streckte er die Hand nach ihr aus, fuhr die geschwungene Linie ihrer Augenbraue nach, die gerade Nase und stockte für einen Augenblick, als er den bloßen, regungslosen Augapfel spürte.

»Du bist tot, Alicia«, sagte er sanft.

»Du hast recht, Matt. Tot, tot, tot, tot...«

Schweißgebadet wachte er auf. Er fühlte sich schwach und

nervös. Auf wackeligen Beinen ging er ins Badezimmer, stellte sich unter die Dusche und versuchte die Erinnerung an den Traum abzuwaschen.

1872 betrat der Schmied James Furnivall die Ortschaft Cranesbay. Drei Tage später hatte der damals Zwanzigjährige sein Geschäft eingerichtet.

Sechzehn Jahre später kam sein einziger Sohn, Roger Furnivall, zur Welt. 1908 erweiterten er und sein Sohn das Geschäft, um diese neumodischen Dinge zu reparieren, die Automobile genannte wurden. Als Roger dreißig war, heiratete er Patricia Bowen aus Boston, übernahm die Firma und nannte sie Furnivall Druckluftmaschinen-Fabrik. Sie erstreckte sich mittlerweile über zwei Häuserblocks. Allein die Kriegsaufträge hatten über zwei Millionen Dollar eingebracht.

1927 starb Rogers Vater, eine Woche bevor Patricia im Kindbett verschied und Roger zwei Töchter hinterließ. Die eine hieß Patience und war erst vier Jahre alt, die andere, Susan, war noch jünger.

1948, es war neun Uhr an jenem Morgen nach der Rückkehr von Matthew Otis, stand Patience Furnivall in ihrem Schlafzimmer und schaute aus dem Fenster. Links lag die Furnivall Druckluftmaschinen-Fabrik. Dahinter schimmerte das Gewirr der Rangiergleise, und dann kam schon das Meer, an dessen Horizont ein Küstenschiff eine graue Rauchfahne hinter sich her zog.

Die Fabrikgebäude waren schon alt und mußten dringend renoviert werden. In den letzten Jahren war das Geschäft schlecht gewesen. Sie und Evan Cleveland, der Fabrikdirektor, hatten die Auftragslage gehörig überschätzt.

Sie seufzte und wandte sich vom Fenster ab. Das Dienstmädchen klopfte leise an die Tür und sagte: »Mr. Bedford wartet im Sonnenzimmer, Miß Furnivall.«

Sie warf einen kurzen Blick in den Spiegel und was sie sah, war zwar nicht gerade umwerfend, aber auch keine Enttäuschung. Sie sah eine schlanke fünfundzwanzigjährige Frau. Sie war groß und hatte eine blasse Gesichtsfarbe. Ihr dichtes, schwarzes Haar war so straff nach hinten gekämmt, daß ihre markanten Gesichtszüge fast denen einer Orientalin ähnelten. Ihre vollen, warmen Lippen waren der einzige Farbtupfer in ihrem ebenmäßigen Gesicht.

Jetzt wären wir also so weit, sagte sie zu sich; einfach hinuntergehen und etwas versilbern, was dadurch entstanden ist, daß der Großvater mit einem Rucksack auf dem Rücken und dem Schmiedehammer in der Hand in diese Stadt kam. Ich kann mich noch an ihn erinnern. Er war groß und stark und behielt seinen aufrechten Gang bis zum letzten Atemzug. Wenn Vater nur genauso alt geworden wäre. Der Krieg hat ihn fertiggemacht. Sechzehn Stunden am Tag in der Fabrik haben ihn zerbrochen. Jetzt heißt's, die Schultern gerade zu halten, Patience, lächelnd die Treppe hinunterzugehen und dein Erbe an Roy Bedford zu verkaufen.

Als sie zum Sonnenzimmer ging und Roy Bedford erblickte, fühlte sie Haß in sich hochsteigen. Er war auf eine unausstehliche Art selbstsicher und entschlossen.

Er sprang auf und ergriff ihre Hand. »Hallo, Patience. Schön, daß ich dich mal allein antreffe.«

Sie lächelte, setzte sich auf die Couch, und er nahm ihr gegenüber Platz. Sie wußte, daß sie das Gespräch eröffnen mußte. Roy wollte das Stichwort hören.

»Wie lautet dein Angebot?« fragte sie ohne Umschweife.

Er betrachtete nachdenklich die Glut seiner Zigarette und sagte: »Seit Kriegsende habt ihr nicht einmal Dividende kassiert. Zur Debatte stehen vierzigtausend Anteile, die momentan zu zwanzig Dollar das Stück gehandelt werden. Das sind dreißig Dollar unter dem Nennwert. Mit deiner Schwester zusammen hast du zweiundzwanzigtausend Anteile. Ich kontrolliere 17341 Anteile, und es ist nur eine Frage der Zeit, bis ich die achtzehntausend voll habe. Ihr überstimmt mich bei jeder Entscheidung und gebt mir keinen Einfluß aufs Management. Ich mache euch zwei Vorschläge. Jede von euch verkauft mir 1500 Anteile und erhält dafür 75000 Dollar, was einen Bonus von 45000 Dollar über dem Marktwert bedeutet. Euch bleiben damit 19000 Anteile. Die Alternative wäre, euch total auszukaufen, was mir, ehrlich gesagt, lieber wäre. Ich würde etwa ein halbes Jahr brauchen, um das Geld aufzutreiben, aber dann kann ich jeder von euch immerhin eine halbe Million Dollar für alle Anteile zahlen. Das wären dann zweihunderttausend Dollar über dem gegenwärtigen Marktwert. Ich könnte es so anlegen, daß jede von euch ein jährliches Einkommen von zwanzigtausend Dollar bezieht.«

Patience lächelte. »Das hört sich alles so großzügig an, Roy. Dabei bietest du uns eine Million für etwas, das vor vier Jahren noch drei Millionen eingebracht hätte.«

»Vor vier Jahren, Pat. Ich biete dir jetzt eine Million für etwas, das in einem Jahr nur noch eine halbe einbringt.«

»Evan ist da anderer Meinung.«

»Evan ist ein Träumer, Pat. Wenn ich die Mehrheit hätte, würde ich ihn auf der Stelle abservieren.«

»Bist du nicht ein wenig zu hart, Roy?«

Er setzte ein breites Grinsen auf. »Den Ein-Drittel-Anteil an einer kleinen Reparaturwerkstatt habe ich nicht durch sanftes Gesäusel in neun Jahren zu großem Geld gemacht. Ich habe meine eigenen Leute eingeschleust. Wenn diese neue Serie von Hämmern und Spezialwerkzeugen, die Evan entwickeln ließ, etwas taugt, dann sind wir mit von der Partie. Wenn nicht, fliegt das Zeug wieder raus.«

»Das klingt recht gut, Roy. Wenn wir nur…«

»…genügend Stahl hätten. Ich weiß. Du kaufst Stahl auf dem grauen Markt und kannst wegen der Kostensteigerung keine Gewinne erzielen.«

»Und du könntest?« fragte sie mit einem gequälten Lächeln.

»Aber natürlich!«

Ihre Worte kamen langsam. »Ich würde gerne verkaufen, Roy.«

»Abgemacht?« fragte er eifrig.

Sie schüttelte den Kopf. »Nicht auf diese Art und Weise. Ich will keine Prügel beziehen. Vater und Großvater würde es kaum stören, daß ich aus der Firma aussteige, aber daß ich das Handtuch werfe, während wir in den roten Zahlen stekken, würde sie schon stören.«

Bedford lächelte selbstsicher. »Pat, genau aus diesem Grund kommst du nicht zu Geld. Du bist zu sentimental.«

»Frag mich in sechs Monaten noch mal, Roy. Dann sprechen wir wieder über das Geschäft.«

Roy wurde bleich vor Wut. Er sprang auf und sagte: »So haben wir nicht gerechnet, Miß Furnivall. Ich warne dich. Mein Angebot gilt genau eine Woche. Wenn du dich bis dahin nicht entschieden hast, kannst du einige Überraschungen erleben.«

Sie sah ihn ruhig an. »Willst du mir etwa drohen, Roy?«

»Ich würde alles daran setzen, dich samt deiner Bruchbude von der Bildfläche zu fegen!«

»Bitte, verlasse sofort mein Haus!«

Sein Mund verzog sich zu einem falschen Grinsen. »Immer schön taktvoll, selbst wenn du vor Wut fast platzt, wie? Okay, ich verschwinde, aber bis zum Wochenende solltest du zu mir kommen, und wenn du dabei auf den Knien rutschen wirst.«

Sie erhob sich langsam und sagte mit fester Simme: »Mr Bedford, ich brauche keine Woche, um mir das zu überlegen. Ich sage es Ihnen jetzt. Lieber melde ich Konkurs an, als auf Ihre Bedingungen einzugehen. Auf Wiedersehen.«

»Ich vermute, du sprichst auch in Susans Namen.«

Er wartete ihre Antwort nicht mehr ab. Die Tür knallte hinter ihm zu, und Patience lehnte sich zitternd an den Türstock.

Er hatte sie besiegt, mit Susan als Trumpfkarte. Hoffentlich durchschaut Susan seine Falschspielerei, dachte sie.

Susan war überhaupt das schwache Glied in der Kette. Sie war so unbeschwert und skrupellos und scherte sich nicht im mindesten um das Ansehen der Familie.

Sie rief in der Fabrik an und ließ sich mit Evan Cleveland verbinden. Sie teilte ihm mit, daß sie in einer halben Stunde bei ihm sein würde, um eine wichtige Sache mit ihm zu besprechen...

Evan Cleveland war in der selben Abschlußklasse gewesen wie Roy Bedford und Matt Otis. Als Alicia Crane starb, hatte er bereits drei Jahre als Ingenieur gearbeitet. Er hatte in der Fabrik zuerst an einer automatischen Drehbank gearbeitet, dann als Störungssucher, stellvertretender Vorarbeiter, Vorarbeiter und als zweiter stellvertretender Betriebsleiter. Nach dem Tod von Roger Furnivall hatte man ihn zum Manager der Fabrik berufen.

Er war klein und mollig, aber sehr lebendig und stets guter Laune. Ein graumelierter Rotschopf mit einer Knollennase, die von Sommersprossen übersät war. Aus seinen ruhigen blauen Augen sprachen Humor und Güte.

Nachdem Patience von ihrer Unterredung mit Bedford berichtet hatte, lehnte er sich in seinem Sessel zurück und betrachtete die Papiere auf seinem Schreibtisch.

»Das habe ich doch richtig gemacht, oder?« fragte sie.

»Das ist es ja gerade, Pat. Ich bin mir da nicht so sicher. Gestern hätte ich deine Frage mit einem klaren Ja beantwortet, aber heute sieht es schon wieder anders aus.«

»Gibt es Schwierigkeiten?« fragte sie beunruhigt.

»Gestern waren wir noch ziemlich sicher, daß wir hundertfünfzig Tonnen Stahl zu einem vernünftigen Preis kaufen könnten. Wir hätten die Ladung nächsten Mittwoch erhalten, aber ein anderer hat uns überboten und den Stahl gekauft. In einer Woche stehen wir vor der Alternative, die Fabrik zu schließen oder Stahl zu einem Preis einzukaufen, bei dem du Stielaugen bekommen wirst.«

»Da ist doch noch etwas«, sagte sie mit ruhiger Stimme.

Er stand auf, verschränkte die Hände hinter dem Rücken, ging ans Fenster und sah auf die Fabrik hinunter.

»Du hast wieder einmal recht, Pat« erwiderte er seufzend. »Heute morgen bekam ich einen Anruf von einem Herrn Feeney aus Rochester. Er bringt uns wegen Verletzung des Patentrechts vor Gericht. Es geht dabei um die ganze Produktionsanlage, auf der wir fertigen. Er behauptet, daß er sie vor uns erfunden hat.«

»Aber du sagtest doch, daß die Patente unanfechtbar seien!«

»Das haben die Gerichte zu entscheiden. Die können uns verbieten, auch nur eine Maschine der neuen Serie vom Band zu lassen.« Als er sich plötzlich umdrehte, bemerkte sie, wie müde und abgekämpft er war. »Pat«, sagte er, »ich werde das

Gefühl nicht los, daß wir den Stahl bekommen hätten, wenn Roy Bedford nicht an unserer Fabrik interessiert wäre. Außerdem besitzt Roy Anteile der Delansey-Maschinenfabrik, und Feeney arbeitete einmal für Delensey. Merkst du was?«

Sie runzelte die Stirn. »Meinst du, er könnte uns so etwas antun?«

Evan Cleveland antwortete ihr mit einem müden Lächeln. »Er tut es. Du weißt so gut wie ich, daß er sogar Susan heiraten würde, nur um an die Aktienmajorität heranzukommen. Der Kerl besteht aus Dynamit.«

»Ich rede mal mit Susan«, sagte sie.

»Oder nimm Bedfords Angebot an.«

Mühsam brachte sie ein Lächeln zustande. »Evan, wenn ich auf dieses Angebot eingehe, werde ich nie wieder an meine Vorfahren denken können, ohne zu erröten.« Sie verabschiedete sich und verließ das Büro.

Evan Cleveland setzte sich wieder an seinen Schreibtisch und spielte gedankenverloren mit einem gelben Bleistift.

Vielleicht wäre es gut, wenn sie Roy Bedford bezwingen könnte. Vielleicht wäre es auch gut, wenn sie jeden Cent bei diesem Kampf verlieren würde. Vielleicht hätte er dann den Mut, ihr zu sagen, daß er sie schon immer geliebt hatte, seit jenem Tag, an dem sie vom Birnbaum gefallen war und sich das Handgelenk gebrochen hatte.

Der Bleistift zerbrach plötzlich mit einem lauten Krachen. Mit leiser Stimme stieß Evan Cleveland alle Verwünschungen gegen Roy Bedford aus, die ihm einfielen.

Das Telefon klingelte, und er nahm den Hörer ab. Eine Stimme sagte: »Evan?«

»Am Apparat. Mit wem spreche ich?«

»Mit deinem Lieblingskorrespondenten in der chinesischen Armee, Kumpel.«

»Matt!« schrie er. »Wo bist du? Bist du in der Stadt? Wann kannst du herkommen?«

»Überschlag dich nicht, Junge. Jetzt ist es zehn vor zwölf. Wir könnten im ›Ocean Bay‹ zusammen Mittag essen, es sei denn, du hast etwas anderes vor. Ich werde an der Bar sitzen.«

»Abgemacht«, antwortete er und hörte noch Matts leises Lachen und das Klicken, als die Leitung unterbrochen wurde.

Matthew Otis stand an der Bar des ›Ocean Bay‹ und sah dem Barkeeper zu, wie er einen Martini mixte. In fünf Minuten würde Evan Cleveland eintreffen. Er versuchte sich zu konzentrieren, aber er sah wieder alte Gespenster in der Bar. Dort drüben am Ecktisch hatten er und Alicia einen Abend verbracht, nachdem sie ihre Verabredung mit Roy Bedford abgesagt hatte.

Ein korpulenter Mann mit gelblicher Gesichtsfarbe trat ein, ging zum anderen Ende der Bar und betrachtete ihn neugierig, bevor er einen Drink bestellte.

Er kannte das Gesicht von früher. Es war John Bernard, der Leichenbeschauer. Die Leichenschaukommission hatte damals die Möglichkeit eines reinen Unfalltodes widerlegt. John Bernard war damit nicht zufrieden gewesen...

»Dr. Green, beschreiben Sie die Verletzungen der Toten.«

»Mr. Otis fuhr mit offenem Verdeck. Als sich der Wagen überschlug, wurden beide Insassen herausgeschleudert. Dabei riß der Griff, mit dem das Verdeck gesichert wird, dem Mädchen die Halsschlagader auf. Sie verblutete in Sekundenschnelle, wie das eben bei einer Lazeration der Karotis so üblich ist.«

»Haben Sie auch Mr. Otis untersucht?«

»Jawohl.«

»Würden Sie uns bitte seine Verletzungen schildern?«

»Oberschenkelbruch nahe des Hüftgelenks, Beckenbruch und eine schwere Gehirnerschütterung. Er wurde offensichtlich unverletzt aus dem Wagen geschleudert, der dann wohl über ihn hinwegrollte.«

»Erlitt er dadurch eine bleibende Verletzung?«

»Das läßt sich jetzt noch nicht sagen. Das Gipskorsett kann erst in einem Monat abgenommen werden. Danach wird er zumindest noch eine Weile auf den Rollstuhl angewiesen sein. Die Gehirnerschütterung hat sein Gedächtnis blockiert. Er kann sich an den Unfall nicht mehr erinnern.«

»Könnte Alkohol die selbe Wirkung haben?«

»Ja, das ist durchaus möglich, wenn der Alkoholspiegel hoch genug ist.«

»Vielen Dank, Dr. Green. Bitte rufen Sie den nächsten Zeugen... Ihr Name und Beruf?«

»Anthony Dorio. Ich bin Kellner im ›Ocean Club‹.«

»Sie haben Mr. Otis und seine Begleiterin in der fraglichen Nacht bedient?«

»Ja, Sir.«

»Wie viele Drinks hatte Mr. Otis?«

»Ungefähr fünf.«

»Wissen Sie das genau?«

»Nicht genau, aber fünf waren es mindestens.«

»War er betrunken, als er die Bar verließ?«

»Also, betrunken war er nicht gerade, eher lustig.«

»Lustig? Könnten Sie diesen Grad der Trunkenheit etwas präziser schildern?«

»Na, lustig eben. Er lachte, neckte das Mädchen und gab mir beim Bezahlen einen ganzen Dollar Trinkgeld...«

»Ihr Name und Beruf, Sir?«

»Stanley Hoornbeck, Straßenbauingenieur.«

»Sie haben den Unfallort inspiziert?«

»Ja, Sir.«

»Beschreiben Sie uns bitte seine Lage.«

»Auf halbem Weg zwischen dem ›Ocean Club‹ und Cranesbay führt die Straße quer über die Hügel, weil deren Abhänge bis zum Meer hinabreichen. Nach zwei scharfen Kurven verläuft die Straße geradeaus. Es folgt eine lange, gerade, zehnprozentige Steigung. Die Straße hat dort drei Spuren und auf ihrer rechten Seite an einer Stelle einen jähen Abgrund von etwa fünfundzwanzig Metern. Weil die Straße an dieser Stelle gerade verläuft, befindet sich dort auch keine Leitplanke. Die Schleuderspuren waren immer noch zu sehen, denn der Regen hatte sie nicht weggewaschen. Offensichtlich ist Otis auf den Abhang zugefahren, hat zu spät gebremst und ist dort hinuntergestürzt...«

»Matthew Otis, Sir, arbeitslos. Ich hatte gerade das College hinter mich gebracht, als...«

»Wir brauchen keine Erklärungen. Sagen Sie uns lieber, was in jener Nacht geschah.«

»Ich kann mich nur daran erinnern, daß ich mit Alicia an einem Ecktisch saß und mit ihr sprach. Sonst weiß ich nichts mehr.«

»Waren Sie damals angetrunken?«

»Nein, Sir, ich war nicht betrunken. Ich erhielt einen Schlag auf den Kopf und...«

»Haben Sie irgendeine Erklärung dafür, daß Sie von der Straße abgekommen sind?«

»Nein, Sir. Ich finde keine Erklärung dafür. Dr. Green meint, daß die Erinnerung daran eines Tages zurückkommen wird, und ich habe wirklich versucht...«

»Antworten Sie bitte nur auf unsere Fragen, Otis. In welchem Verhältnis standen Sie zur Verstorbenen?«

»Wir wollten heiraten.«

»Haben Sie sich in jener Nacht gestritten?«

»Nein, Sir...«

Er saß im Rollstuhl und blickte in das gelbliche Gesicht des Leichenbeschauers, als dieser sagte: »Matthew Otis, Sie haben gehört, daß das Urteil auf Tod durch Unfallfolgen lautet. Mir sind die Hände gebunden, aber meiner Ansicht nach sind Sie ein Mörder, Sir. Ihre Absichten haben nichts damit zu tun. Das Mädchen starb durch Ihr Verschulden. Sie haben ihren Eltern, ihren Freunden und hoffentlich auch sich selbst damit unendliches Leid zugefügt. Dr. Greens Meinung nach werden Sie wieder gehen können. Meiner Meinung nach wäre es aber gerechter, wenn Sie für den Rest Ihres Lebens an den Rollstuhl gefesselt blieben. Sie hätten dann viele einsame Stunden, in denen Sie an Alicia Crane denken könnten, die Urenkelin unseres Stadtgründers. Sie könnten dann lange dieses Mädchens gedenken, das in der Blüte seiner Jugend einen schrecklichen Tod sterben mußte. Als Sie, Matthew Otis, das Mädchen fahrlässig töteten, haben Sie auch ihre möglichen Kinder und Kindeskinder getötet. Es steht außer Zweifel, daß sie noch leben würde, wenn sie nicht getrunken hätten. Dann säßen Sie auch nicht hier. Ich möchte nicht in Ihrer Haut stecken, Matthew Otis...«

Jemand griff fest nach seinem Arm, und als Matthew Otis sich abrupt umdrehte, blickte er in das lächelnde Gesicht von Evan Cleveland. Sie gaben sich die Hände und tauschten erst einmal die üblichen Höflichkeitsfloskeln aus.

Erst als sie ihre Drinks bestellt hatten und sich an einen Tisch setzten, bemerkte Matt die tiefen Furchen in Evans sonst so heiterem Gesicht. Evan sagte: »Eigentlich sollte es mir kalt den Buckel hinunterlaufen, hier neben einem Nationalhelden zu sitzen.«

»Ruhig Blut, alter Junge.«

»Nein, ich meinte das im unangenehmen Sinn. Wie lange willst du hierbleiben?«

»Vielleicht zwei Tage, vielleicht auch zwei Wochen.«

»Hattest du noch viel Kummer wegen der Sache von damals?« Die Anspielung auf den Unfall rief bei beiden die Erinnerung an Alicias Tod wach und verhärtete das lockere Gespräch.

»Ich bin noch über ein Jahr an Krücken herumgelaufen und kann nun in den Knochen spüren, wann Regen kommt. Das ist alles, was geblieben ist. Hör auf, mich auszufragen und erzähl mir lieber, was sich hier getan hat. Wie geht's den Furnivall-Töchtern?«

»Sie sind immer noch so reich und schön wie früher. Nach dem Tod ihres Vaters hat Pat wie besessen für das Unternehmen gearbeitet. Es waren keine rosigen Zeiten. Vergangenes Jahr kam Susan aus Wellesley zurück. Sie macht sich nichts aus Cranesbay und bleibt nur so lange hier, wie sie sich die Taschen mit Geld vollstopfen kann.«

»Hast du geheiratet, Evan?«

»Nein, und du?«

»Auch nicht. Wie hat sich Roy Bedford entwickelt?«

»Ekelhaft. 1940 wurde er Alleininhaber der Reparaturwerkstatt. Gegen Ende der vierziger Jahre hat er sich auf Maschinenbau verlegt und einen Vertrag mit der Britischen Einkaufsgenossenschaft geschlossen. Seine Investitionen haben sich schnell bezahlt gemacht. Dann hat er sich hoch verschuldet, um im Süden der Stadt eine eigene Fabrik zu bauen, für Flugzeugteile. Mit den Profiten hat er seine Finger in so ziemlich allen Kuchen, an denen man entlang der Ostküste knabbern kann. Webereien im sonnigen Süden, eine Gießerei in Buffalo, ein Walzwerk in Rochester und Anteile an Fabriken im Landesinneren. Er macht Geld wie Heu. Er hat das Haus der Cranes in der Perkins Street gekauft. Ein Jahr nach Alicias Tod ist die Familie nach Kalifornien gezogen.«

»Hat er das Mädchen geheiratet, mit dem er zusammen war, als ich von hier fortging?«

»Rose Carney? Nein. Er hat ihr ein nettes Strandhaus, drei Meilen außerhalb der Stadt, geschenkt. Ab und zu gibt er dort Partys. Sie macht eine gute Figur als Gastgeberin, ist jetzt schlanker und benimmt sich wie eine Dame. Sie hat ganz gut mit unserem Roy Schritt halten können.«

»Was ist aus Maura Gissing geworden?«

»Die? Ach so, mit der bist du doch herumgezogen, bevor du dich mit Alicia verlobt hast. Die ist immer noch in der Stadt. Sie ist Witwe. Hat einen gewissen Barton geheiratet, der dann im Krieg gefallen ist. Sie arbeitet in der städtischen Telefonvermittlung und ist auch in kommunalen Angelegenheiten tätig. Kinder hat sie keine.«

»Vielleicht werde ich sie besuchen.«

»Du bist also nur zurückgekommen, um dir eine Frau zu angeln?«

»Ganz und gar nicht. Für Frauen habe ich keine Zeit.«

»Hast dich wohl mit irgendeinem chinesischen Trick gegen Frauen immun gemacht, wie?«

Während des Essens berichtete Evan ihm von den Schwierigkeiten der Fabrik, und wie sehr Roy Bedford sich abmühte, sie in seine Finger zu bekommen.

Evans Gesicht drückte Verzweiflung aus. »Ich kann einfach nicht verstehen, warum er das Werk haben will. Er hat wirklich genug Eisen im Feuer.«

Matt nippte an seinem Kaffee. »Ist doch klar, was da abläuft, Evan. Jeder dachte, Roy würde so enden wie sein alter Herr. Schau ihn dir jetzt an. Mit zweiunddreißig ist er schon ein großes Tier in Cranesbay. Wer waren denn die beiden ersten Familien der Stadt? Die Cranes und die Furnivalls. Nun wohnt er ihm Haus der Cranes. Er wird nicht eher ruhen, bis er die Fabrik der Furnivalls unter Kontrolle hat.«

Evan lächelte müde. »Ziemlich schwer, einen Psychopathen zu bremsen, besonders wenn er so viel Geld hat. Wenn ich bloß wüßte, was ich dagegen tun kann.«

»Kannst du kämpfen?«

»Pat will kämpfen. Sie hat einen Tick, von wegen Familienehre. Sie haßt Bedford und alles, was mit seinem Namen verbunden ist. Aber unser finanzieller Spielraum ist erschöpft. Wenn wir dichtmachen müssen, bedeutet das für alle den totalen Ruin.«

»Was wird dann aus dir, Evan?«

»Ach, ich steck' meine Karte eben in eine andere Stechuhr.«

»Wenn ich dir nur helfen könnte«, sagte Matt.

Evan runzelte die Stirn und rührte in seinem Kaffeesatz herum. Matt blickte zur Tür und sah Roy Bedford mit einem jungen Mädchen hereinkommen. Sie war recht groß und sah Patience Furnivall sehr ähnlich. Sie wirkte aber irgendwie lebendiger, überschwenglicher. Ihre Augen strahlten heller, und ihr Mund war breiter. Ihr Gang hatte etwas Gesundes, Kraftvolles. Über ihre Schultern hinweg lächelte sie Roy Bedford zu.

»Dort kommt dein Problem persönlich«, sagte Matt leise. Evan wandte sich um und starrte Matt bestürzt an.

»Ach, wie nett!« sagte er. »Das ist Susan Furnivall.«

Roy Bedford hatte sich in den neun Jahren kaum verändert. Sein lockiges, schwarzes Haar war ein wenig dünner geworden, aber die scharfen, lebendigen Gesichtszüge waren dieselben; die weit auseinanderstehenden Augen hatten immer noch den undurchsichtigen, sanften Ausdruck. Er war gut gekleidet und strahlte vor Selbstvertrauen.

Matt sah, wie er zu ihrem Tisch herüberschaute, etwas zu Susan sagte und dann mit ihr an den Tisch kam. Evan und Matt standen auf. »Hallo, Matt! Ich hörte, daß du in der Stadt bist.«

»Du läßt wohl ein paar Spione für dich arbeiten«, sagte Matt.

»Ich halte mich auf dem laufenden. Das ist Susan Furnivall, Matt. Hallo, Evan.«

Susan seufzte. »Sie waren mein großer Schwarm, Mr. Otis. Als ich in der fünften Klasse war, spielten Sie im Football-Team. Ich habe Ihr Foto ausgeschnitten und unter mein Kopfkissen gelegt. Hallo, Evan.«

»Da kann ich nicht mithalten, Susan. Wie geht's Patience?«

»Der Kapitalistin? Schlimm. Warum schauen Sie nicht einmal vorbei und besuchen sie? Ich habe Ihr Bild nicht mehr. Sie nahm es mir weg, und jetzt liegt es unter ihrem Kopfkissen.«

»Du scheinst ja in der ganzen Familie deine Spuren hinterlassen zu haben«, sagte Roy. »Na gut, wir treffen uns irgendwann einmal. Schau mal auf einen Drink bei mir vorbei, wenn du Zeit hast.«

Sie verabschiedeten sich und nahmen einen Tisch in der Ecke.

»Sie besitzt elftausend Anteile vom Aktienpaket des Unternehmens«, sagte Evan. »Jung und schön ist sie obendrein. Für Roy wird es allmählich Zeit, zu heiraten. Es wäre der leichteste Weg, Pat auszubooten.«

»Du denkst dir nur wieder neue Probleme aus«, sagte Matt.

»So? Dann wirf bei Gelegenheit mal einen Blick rüber.«

Als sie das Lokal verließen, blickte Matt kurz zurück. Susan hatte sich an Roy geschmiegt. Ihr Gesicht strahlte, und ihre Augen glänzten sanft. Sie hatte ihre Hand auf Roys Handgelenk gelegt...

Als der Kellner kam, nahm sie ihre Hand wieder fort. Sie bestellte etwas, und während Roy die Speisekarte durchsah, dachte sie an Matthew Otis. Es klaffte ein tiefer Spalt zwischen ihren Kindheitsträumen und ihren gegenwärtigen Vorstellungen.

Matthew Otis war immer jung, fröhlich und vom Erfolg verwöhnt gewesen. Es gab für sie zwei Männer namens Matthew Otis. Der eine war für immer auf dem grünen Spielfeld geblieben, wo er hoch in die Luft stieg, um einen langen Ball abzufangen und loszurennen, während auf der Tribüne die

Menge vor Begeisterung tobte. Der neue Matthew Otis war ein schwerfälliger Mann mit einem wettergegerbten Gesicht und einem teilnahmslosen Blick.

Sie sah Roy an. Er war ganz anders. Sie stellte ihn sich mit einem dieser seltsam geformten Helme vor, die die Spanier trugen, als sie in der Neuen Welt nach Gold suchten. Seine gefährliche, brutale Art war irgendwie aufregend und faszinierte sie.

»Deine Miene ist nicht gerade schmeichelhaft, Susan«, sagte er. »Du schaust mich an, als wolltest du von mir geohrfeigt werden.«

»Du bist ein Conquistador«, sagte sie.

Sein Gesicht wurde völlig ausdruckslos. »Das ist gar nicht so übel. Sie kamen im 16. Jahrhundert hierher und haben alles kassiert. Genau das gleiche mache ich jetzt auch.«

»Manchmal jagst du mir Angst ein. Ich hatte nicht damit gerechnet, daß du weißt, was ein Conquistador ist.«

Er wurde plötzlich wütend. »Ihr College-Snobs! Ihr habt die Weisheit in vollklimatisierten Klassenzimmern mit dem Löffel gefressen. Ich habe alles nachts nach der Arbeit gelernt – und mehr als ihr.«

Sie lachte. »Dein wunder Punkt, wie?«

Sein Zorn legte sich wieder. »Klar, mein Häschen. Warum jage ich dir Angst ein?«

Sie ließ sich Zeit, um die richtigen Worte zu wählen. »Als ich ein kleines Mädchen war, bin ich oft mit Vater in die Fabrik gegangen. Dort gab es einen Raum mit Betonboden, in dem eine riesige Maschine stand, die fast bis zur Decke reichte. In der Maschine befand sich eine Art Hammer, der in regelmäßigen Abständen heruntersauste und den ganzen Raum erschütterte. Ich dachte mir damals, daß wohl nichts auf der Welt diesen Hammer stoppen könnte. Er war kalt und unbeirrbar. Ich hatte fürchterliche Angst und ergriff jedesmal die Hand meines Vaters so fest, daß er mich auslachte. Genau so stark war aber auch der Trieb, der mich zu der Stelle hinzog, wo der Hammer aufschlug und mich vernichten würde.«

Er grinste. »Auch nicht gerade schmeichelhaft, Kleines.«

»Du machst dir im Grunde nichts aus mir, Roy«, sagte sie leise.

»Stell dich nicht an!«

»Ich weiß, wovon ich rede. Ich bin jung, gesund, sauber und kleide mich gut. Aber für dich ist das alles nur ein großes Geschäft.«

»Ein großes Geschäft?«

»Ganz recht! Ich weiß, wie du vorgehst. Du willst mich nur haben, weil du außer einer jungen hübschen Frau auch die Aktienmehrheit bekommen würdest. Zwei Fliegen mit einer Klappe.« Ihre Stimme klang wütend.

Er sah ihr fest n die Augen. »So ist es. Und du kannst nicht das Geringste dagegen tun. Du hast keinen Vater mehr, der dich vor dem Gesenkhammer beschützen könnte. Es ist nur eine Frage der Zeit, wann du dich darunterlegst.« Seine Hand umklammerte ihr Handgelenk wie ein Schraubstock. Sie sah ihm in die Augen, und der Rest des Saales verschwand wie in einem Nebel.

Sie spürte, daß sie schneller atmete. Schließlich lehnte er sich zurück und lächelte sie an. Der Raum wurde wieder deutlicher.

»Ich glaube, ich hasse dich«, sagte sie ruhig.

»Ein sehr heftiges Gefühl. Recht so.«

Das Essen kam, aber sie hatte keinen Appetit mehr. Sie wollte seine unverschämte Gelassenheit erschüttern. »Rose Carney wird nicht darüber erfreut sein, Roy.«

Er trank einen Schluck Mineralwasser. »Rose Carney tut, denkt und glaubt, was ich ihr zu tun, denken und glauben befehle. Ich werde ihr befehlen, darüber glücklich zu sein.«

»Sag ihr, daß sie ihr Unterwäsche einpacken und nach Kalifornien fahren soll, Roy. Aber mit unbekanntem Zielort.«

Sein Gesicht war ausdruckslos. Dann setzte er ein strahlendes Lächeln auf. »Also, du traust dir ja einiges zu, Kleines! Abgemacht, Rosie bekommt eine Einfachfahrkarte verpaßt. Mit dem Geld vom Verkauf des Strandhauses mache ich ihr ein großzügiges Abschiedsgeschenk.«

»Und du wirst in Zukunft Pat gegenüber freundlicher sein.«

Das Lächeln verschwand wieder. »Verlang nicht zu viel, Susan. Deine Prachtschwester ist nicht so wie wir.«

Susan wurde wütend. »Wie kannst du so etwas sagen?« Insgeheim wußte sie jedoch nur zu gut, daß sie selbst nicht mit ihrer Schwester zurechtkam, aber es war ihr bislang nie bewußt geworden.

Matthew Otis ging durch die kühle Abenddämmerung die Anhöhe hinauf, die zum Haus der Furnivalls führte. Er fragte sich, warum er sich auf einmal so für Bedfords Versuch interessierte, die Furnivall-Gesellschaft zu kaufen, da der eigentliche Grund seiner Rückkehr nach Cranesbay ja ein anderer war. Er wollte den Geist von Alicia Crane loswerden. Ihr Traumbild war über die Jahre stärker geworden und verfremdete auf unerträgliche Weise seine Alltagsrealität. Die wundersamen Nächte, in denen ihre zauberhafte Stimme kristallklar an sein Ohr drang, waren für ihn zur eigentlichen Wirklichkeit geworden.

Ursprünglich hatte er einen Wagen mieten wollen. Schon seit Jahren hatte er nicht mehr hinter dem Steuer gesessen. Jede Nacht wollte er zum Ocean Club fahren, bis es einmal ebenso regnerisch und diesig wäre, wie in jener Nacht, als sie starb. Er wollte auf derselben Straße fahren, an derselben Stelle parken und über die Felsen dorthin herunterklettern, wo sein zerschmetterter Körper gelegen hatte. Eine einsame Totenandacht und anschließend im Morgengrauen ein Besuch an ihrem Grab. Ihr Geist wäre dann besänftigt. Oder er würde endlich verstehen, warum sie ihn in seinen Träumen heimsuchte.

Oft hatte er sich vorgestellt, daß durch ein erneutes Durchleben jener Nacht sein Gedächtnis zurückkehren würde. Die Ärzte hatten ihm gesagt, daß die Erinnerung an die Ereignisse vor dem Unfall durch die Gehirnerschütterung ausgelöscht worden sei, aber nach Monaten oder Jahren mit ziemlicher Sicherheit zurückkehren würde. Nur ihm war die Erinnerung versagt geblieben. Wenn sei Gedächtnis nun aber wieder aufgefrischt würde...

Er fürchtete sich davor, die Unfallnacht noch einmal zu

durchleben und beschäftigte sich mit Evans Schwierigkeiten wahrscheinlich nur deshalb so intensiv, weil er dieses Vorhaben aus seinen Gedanken verdrängen wollte. Selbst mit diesem Besuch bei Patience Furnivall wollte er im Grunde nur jenen Moment hinausschieben, in dem er die einsame Bergstraße hinauf, zum Ort des Todes, fahren würde.

Das Haus der Furnivalls war im viktorianischen Stil gebaut, und seine unfreundlichen Konturen wurden von Ulmen verdeckt. Er klingelte, und Patience öffnete die Tür. »Matt!« sagte sie, mit einer warmen, einladenden Stimme. »Evan hat mir gesagt, daß du in der Stadt bist. Ich freue mich sehr, dich wiederzusehen. Komm herein.«

Sie schaltete das Licht in dem kleinen Zimmer an. Es war angenehm warm und erfüllt von Erinnerungen an frühere Zeiten, als Matthew Otis und sein jüngerer Bruder von ihren Eltern in dieses Haus mitgenommen worden waren. Er war damals zwölf, stritt sich mit der sechsjährigen Patience und nahm noch keine Notiz von Susan. Der vertraute Geruch von Holzpolitur und Lederpolstern lag in der Luft. Das kleine Fenster in der Zwischentür hatte immer noch einen Sprung. Patience hatte damals ein Buch nach ihm geworfen.

Sie saßen einander gegenüber und schauten sich an. Es lag keine Spannung in ihrem Schweigen. Pat hatte sich zu einer attraktiven Frau gemausert. Mit ihrem straff zurückgekämmten Haar sah sie etwas streng aus und besaß eine würdevolle Ausstrahlung. Sie war eine Frau, die ihr gutes Aussehen und den Ausdruck ihrer warmen, ruhigen Augen auch im Laufe der Jahre nicht verlieren würde.

»Es ist schön dich zu sehen, Pat«, sagte er leise.

»Du hast dich sehr verändert, Matt, und bist nicht mehr der langbeinige, übermütige Kerl, der wie ein tapsiger Pinscher herumstakste.«

»Du steckst auch nicht mehr im Spielanzug, Pat. Laß dich ansehen. Als ich wegging, warst du sechzehn. Deine weißen Schuhe und Strümpfe waren schmutzig, und deine Beine waren zu dünn.«

Sie entschuldigte sich für einen Augenblick. Er saß in dem kleinen, gemütlichen Zimmer und fühlte sich mit der Welt im

Frieden. Sie kam mit zwei Martinis zurück und sagte: »Das ist einer der Vorteile von berühmten Persönlichkeiten, Matt. Ich habe in einem Magazin gelesen, daß du Martinis magst.«

Er hob sein Glas. »Auf die Furnivall-Werke.«

Sie prostete ihm zu und sagte etwas zerknirscht: »Das ist auch schon alles, was wir für die Firma tun können. Auf sie anstoßen. Evan sagte mir, daß er dich in alles eingeweiht hat.«

Er starrte in sein Glas. »Die alte Schule ist abgetreten, Pat. Wenn dein Großvater noch lebte, würde er die Sache schon schaukeln. Wir sind zu weich dafür. Solche Psychopathen wie Roy Bedford erobern jetzt die Erde. Wir befinden uns jetzt im Zeitalter der Industriepiraten. Es hat mit dem Schwarzmarkt angefangen und ist durch die Armeeüberschüsse und die Materialverknappung beschleunigt worden.«

»Ich will ihn besiegen«, sagte sie.

Der bittere Ernst ihrer Stimme überraschte ihn.

Sie lächelte. »Das klang wohl sehr grimmig, aber ich empfinde wirklich so. Ich könnte ihn mit Begeisterung über den Haufen knallen. Er ist kein Senkrechtstarter. Das sage ich nicht aus verletzter Eitelkeit, Matt. Er ist ein lupenreiner Halsabschneider. Wenn er sich alles durch ehrliche Arbeit verdient hätte, wäre es ja in Ordnung. Aber er ist rücksichtslos, gerissen und heimtückisch.«

»Wenn's eine Möglichkeit gibt, würde ich gern helfen«, sagte er.

Sie seufzte. »Die Zeit ist zu knapp. Wenn wir mehr Zeit hätten, könnten wir ihm vielleicht nachweisen, daß er unsere Stahllieferungen behindert hat und einen Prozeß finanziert, nur um uns zu belästigen. Wir könnten ihn vielleicht auf Schadenersatz verklagen.«

Als die Eingangstür zuschlug, wandte sie sich um. Susan kam herein. Die Kälte hatte ihr Gesicht gerötet, aber ihre Augen strahlten hell.

Sic sah Matt an und sagte: »Na, Sie kommen ja ziemlich herum, Mr. Otis! Bei welchem Thema seid ihr denn gerade? Wie man das gewaltige Erbe der Furnivalls retten kann?«

»Wenn du dich auch mehr mit diesem Gedanken beschäftigen würdest, Susan, dann könntest du uns vielleicht helfen«, sagte Patience ruhig.

»Ach, wach endlich auf!« sagte Susan verärgert. »Du hältst dich wohl immer noch für einen Industrieboß. Warum willst du das nicht Roy überlassen? Er würde uns vielleicht wieder zu mehr Geld verhelfen. Du und Evan, ihr könnt doch nur Schulden machen.«

»Susan!« fauchte Patience.

»Wenn's doch wahr ist. Und jetzt hol mal tief Luft, geliebtes Schwesterherz, ich habe nämlich eine umwerfende Neuigkeit für dich. Ich gehe jetzt nach oben und packe meine Sachen. Roy wird mich in einer halben Stunde abholen. Wir fliegen nach Maryland und werden dort heiraten. Ich soll dir von ihm bestellen, daß die Fabrik die Stahllieferung bekommt, und daß ein gewisser Herr seine Klage zurückgezogen hat.«

Matt sah zu Patience hinüber. Sie saß kerzengerade auf ihrem Stuhl, und die Wut hatte ihre Wangen gerötet. Nun wurde sie blaß und ließ die Schultern hängen. Sie verbarg ihr Gesicht in den Händen und schluchzte. »Oh, Susan! Wie konntest du nur?«

Susan gab sich immerhin die Ehre, auch zu erröten. »Du wirst schon drüber wegkommen.«

Sie verließ den Raum. Matt hörte sie die Treppe hinauflaufen und oben eine Tür zuwerfen. Nur das bittere Schluchzen von Patience brach noch das betretene Schweigen im Zimmer.

Er ging zu ihr und legte seine Hand auf ihre Schulter. Sie hob ihr tränenüberströmtes Gesicht. »Aber der Mann ist doch abscheulich! Sie wird nie mit ihm glücklich werden, niemals!«

Matt erkannte, daß es ein Zeichen von Pats gutem Charakter war, daß sie nicht wegen einer verlorenen Schlacht weinte, sondern wegen Susan, die sich gefühlsmäßig auf Abwegen befand.

Er runzelte die Stirn. »Und wenn ich mal hoch gehe und mit ihr rede, Pat?«

»Das macht es doch auch nicht besser. Du vergißt, wie

stur sie ist. Ihr Zimmer ist das zweite nach dem Treppenabsatz.«

Matt klopfte an Susans Tür. »Wer ist da?« rief sie.

»Matt Otis, Sue.«

»Bleib draußen. Ich bin sehr in Eile.«

»Ich muß aber mit dir reden. Es ist wichtig.«

Sie schwieg lange und öffnete dann die Tür. Das gemütliche Schlafzimmer war hell erleuchtet. Zwei halbgepackte Koffer lagen auf dem Bett.

Er bot ihr eine Zigarette an und gab ihr Feuer. »Mach's kurz«, sagte sie. »Wenn Pat glaubt, daß du mir die Sache wieder ausreden kannst, dann seid ihr beide schief gewickelt.«

Er lächelte. »Ich denke gar nicht daran, dir etwas auszureden, Sue. Du hast jetzt deine große Chance und kannst alles haben, wovon du träumst, Geld, Ansehen, einfach alles.«

»Das war wohl ironisch gemeint?« fragte sie stirnrunzelnd.

»Nicht im geringsten. Du bist ein hübsches Mädchen. Ich kann es Roy nicht verübeln, daß er in dich verliebt ist. Er hatte schon immer eine Schwäche für hübsche Dinge.«

Er sah, wie ein Schatten des Zweifels über ihr Gesicht huschte. Sie murmelte: »Liebe ist ein Wort für Träumer.«

»Aber es trifft doch auf euch zu?«

Sie setzte sich auf die Bettkante. »Wenn ich's nur wüßte. In seinem Kopf ist wahrscheinlich kein Platz für Liebe. Er ist wie eine Urkraft, wie der Wind, das Feuer oder der Sturm.«

»Es sind wohl die Anteile, die dir Kopfzerbrechen bereiten?«

Sie blickte schnell zu ihm auf. »Genau. Ich frage mich andauernd, ob das der einzige Grund ist, warum er mich haben will. Er sagt immer, daß er nur mich will und daß ihm die Aktien egal sind.«

»Eine halbe Million Dollar und die Kontrolle über eine gute Fabrik sind schon eine ordentliche Mitgift, Sue. Ich könnte dir etwas vorschlagen.«

»Wie meinst du das?«

»Angenommen, du verkaufst das Paket für einen Dollar an deine Schwester. Den Rest der nach dem Marktpreis berechneten Summe bekommst du in einem Jahr. Ich setze einen

Vertrag auf, und außer mir wird noch eine andere Person dessen Rechtmäßigkeit bezeugen. Sag Roy nichts davon, bis ihr in Maryland seid. Dann kläre ihn darüber auf, daß du die Anteile nicht mehr besitzt und sieh zu, wie er reagiert.«

»Warum soll ich es ihm nicht sofort sagen?«

»Das wären schlechte Bedingungen.«

Sie starrte ihn an und drückte ihre Zigarette aus. Ihre Augen verengten sich. »Du glaubst nicht, daß er sich das gefallen läßt.«

»Und was glaubst du?« fragte er sie sanft.

»Warum hast du mir diesen Floh ins Ohr gesetzt? Jetzt gibt es kein Zurück mehr. Ich muß es wissen.«

»Natürlich mußt du es wissen, Sue.«

Er ging hinunter und erzählte es Patience. Sie brachte ihm Schreibzeug, und er machte den Kaufvertrag fertig und stellte eine Liste der Kapitalanteilscheine auf. Susan kam herunter, unterschrieb ihn und nahm mit ernster Miene den Dollar von Patience entgegen.

Als die Türglocke läutete, eilte Susan in den Korridor. Sie hörten den tiefen, bekannten Klang von Roy Bedfords Stimme. Einige Minuten später startete vor dem Haus der Motor eines Autos. Matt und Patience standen am Fenster und sahen die beiden davonfahren.

»Sie wird es ihm erst kurz vor der Heirat erzählen«, sagte Matt.

»Dann wird er sie nicht heiraten.«

»Susan glaubt das nicht.«

»Weißt du Matt«, sagte Patience nachdenklich, »irgendwie kann ich die Wirkung nachempfinden, die er auf sie ausübt. Er hat überhaupt keine Prinzipien. Er hat etwas von der Faszination, die große Höhen haben, oder Schlangen, oder schnelles Fahren.«

Ihre Stimme klang mit einem Mal müde, so daß er, von plötzlicher Sympathie erfüllt, den Arm um sie legte und sie sanft auf die Lippen küßte. Es sollte nur ein Kuß sein, der seine Sympathie ausdrückte. Aber es wurde etwas ganz anderes daraus.

Als sie sich schließlich trennten, waren ihre Augen groß und glänzend, und sein Atem ging flach.

»Wie ist das gekommen?« fragte sie.

»Spezialimport aus China. Nutze immer die Verwirrung einer Frau aus.«

»Ach du Narr!« schalt sie sanft. »Gehen wir zu Evan und erzählen ihm, was passiert ist.«

Evan stand auf dem Bürgersteig und sah zu, wie sich Pats Wagen entfernte. Sie saß am Steuer und Matthew Otis neben ihr. Sogar noch, nachdem die roten Rücklichter um die Ecke verschwunden waren und das Motorengeräusch nicht mehr zu hören war, stand er dort, die Hände zu Fäusten geballt, daß die Knöchel schmerzten.

Endlich schüttelte er sich wie ein zottiges Tier, das gerade aufgewacht ist, und schleppte sich die Stufen zu seinem Zimmer hinauf. Er machte Licht und setzte sich auf eine Ecke der Couch, die ihm als Bett diente.

Er schaute sich im Zimmer um, als sähe er es zum ersten Mal. Ein Zeichentisch, ein paar gerahmte Diplome, eine Reihe Lehrbücher und Nachschlagewerke. Die Tapete zeigte ein Muster mit ausgeblichenen Rosen.

Seine Finger strichen über die Stoppeln am Kinn. Sein Mund schmerzte vom Lächeln.

Ein fröhliches, glückliches Lächeln. Den ganzen Abend lang. Seht ihr's Leute? Ich bin euer Freund. Ich bin Evan Cleveland, das duldsame Tier. Ich wollte nicht nach Cranesbay zurückkehren. Ich bin hergekommen, weil sie hier ist. Ich kam, um in der Fabrik zu arbeiten, weil ich sie dann öfter sehen würde. Ich habe sie mit stiller Bewunderung beobachtet. Wenn die Zeit vergeht, wenn sie zweiundzwanzig, dreiundzwanzig, vierundzwanzig, fünfundzwanzig wird, freue ich mich. Sie wird mir gehören. Und ich warte in einfältiger Zufriedenheit, daß sie eines Tages meine große Liebe bemerkt.

Evan Cleveland, der große Liebende.

Sie ist kühl und ruhig und schlank und liebenswürdig – und ich glaubte, ich wäre der einzige, der das Feuer hell unter dieser friedlichen Oberfläche brennen sieht. Susan brennt hell an der Oberfläche.

Und dann kommen die beiden heute abend zu mir, und sie ist endlich erwacht. Ich kann kaum hören, was sie mir erzählen! Etwas über Susan und einen Verkauf von Susans Aktien. Sie ist lebendig und zauberhaft. Und dann sehe ich, wie sie Matthew Otis anschaut. Es ist schwer, sich klarzumachen, daß ich Matthew Otis hasse. Aber er hat sie mir gestohlen. Er weiß es nicht, und sie weiß es auch nicht.

Er stand auf, ging zum Wandschrank und holte die Flasche vom obersten Brett. Er ging steif zur Couch zurück und riß dabei die Papierhülle vom Metallverschluß. Er setzte sich, öffnete die Flasche und trank in großen Schlucken. Der Schnaps brannte in seinen Eingeweiden. Wieder setzte er die Flasche an. Als er sie unbeholfen am Boden absetzte, war sie nur noch halb voll.

Er stützte seine Ellbogen auf die Knie, seine breiten Hände hingen lahm herab. Nach einer Weile begann er, sich dumpf stöhnend von einer Seite zur anderen zu wiegen.

Schwer fiel er zur Erde, versuchte aufzustehen, dann verbarg er seinen Kopf in den Armen und weinte. Nach langer Zeit schlief er ein...

Das Cockpit des kleinen Flugzeugs war mit blauem Leder verkleidet. Susan saß neben Roy Bedford, die Innenflächen ihrer Hände kalt und feucht. Roy nahm das Mikrofon aus der Halterung und sprach mit dem Tower, während er über dem kleinen Flugfeld kreiste.

Die Lichter entlang der Rollbahn gingen an. Schließlich setzte das Flugzeug auf, und die Reifen quietschten hinterhältig, als sie den Boden berührten.

»Vier Stunden«, meinte Roy. »Nicht schlecht.«

Er rollte zu den Hallen hinüber. Sie stand an seiner Seite, den Koffer neben sich, während er mit einem Mann sprach, der aus der Dunkelheit aufgetaucht war. Nach einigen Minuten kam ein Auto. Roy kletterte neben sie, griff nach ihrer Hand und hielt sie fest. Das Auto raste in die Nacht...

Das Strandhaus war so gebaut, daß die Wellen bei Flut etwa zehn Fuß unterhalb der Fenstersimse der zwölf Fuß hohen Fenster aus unzerbrechlichem Glas gegen die Felsen schlugen.

Die Wellen waren am frühen Abend höher geworden. Gegen Mitternacht schlug die Dünung mit geballter Kraft gegen die Felsen. Wasser spritzte hinauf und rann die hohen Scheiben hinunter. In einer Eingebung, die ihr nur vage bewußt wurde, hatte Rose Carney ein weißes, schulterfreies Abendkleid angezogen. Ihre nackten, weißen Schultern waren makellos.

Aus dem Lautsprecher donnerte der Baß in Claude Debussys ›La Mer‹. Sie hatte zu hoch aufgedreht. Kerzen flammten, ohne zu flackern.

Der Wein war dunkel wie Blut.

Ein Gesang des Meeres. Ein kleines Lied an die Traurigkeit und an das Meer.

Sie dachte an die Rosie Carney vor neun Jahren. Rosie Carney, verliebt in Roy Bedford. Die Rosie Carney, die seine unglaubliche Willensstärke sah und seine enorme Energie bemerkte. Die Rosie Carney, die ihn liebte.

Hier aber war Rose Carney. Eine schlanke Frau, die bei Kerzenlicht Wein trank, während das Meer an die Felsen unter ihrem Fenster brandete.

Von Anfang an hatte er alles genommen, was sie besaß. Ihre Individualität.

Meine Seele, dachte sie, falls es so etwas gibt. Er hat mich umgeformt, nach seinem Bild. Zu einer modernen Kurtisane. Zu einer Frau, die die richtigen Dinge sagt, die richtigen Dinge tut, um einen guten Geschmack zufriedenzustellen.

Irgendwo auf diesem Weg hatte sie das verloren, was Rosie Carney ausmachte. Sie wurde zu einem Werk von Roy Bedford. Worte und Musik – Roy Bedford. Kostüme – Roy Bedford. Ausstattung – Roy Bedford. Produzent – Roy Bedford, nach einem Drehbuch von Roy Bedford, nach einem Bühnenstück von Roy Bedford, nach der billigen Erzählung eines Automechanikers namens Bedford.

Laut sagte sie, »Was wird aus mir?«

Sie wußte, daß es ihm ein Genuß gewesen war, zu ihr zu kommen und ihr zu sagen, daß alles vorbei sei. Sie hatte ihn an der Tür begrüßt und ihm ihre Lippen zum Kuß entgegengehoben.

»Diesmal nicht, Rose«, hatte er gesagt und sie angegrinst.

Sie hatte ihn finster angeschaut. »Was willst du damit sagen, Roy?«

»Kindchen, du sprichst mit einem Mann, der dabei ist, zu heiraten. Wird Zeit, meinst du nicht auch?«

Eine unglaubliche Minute der Freude lang dachte sie, daß er sie meine, dann aber hatte sie in seine Augen gesehen.

»Ein hübsches junges Ding, Rosie. Wangen wie Äpfel, und sie duftet wie ein Fuder Heu. Heute abend wird Miß Susan Furnivall Mr. Roy Bedford heiraten, und du bist nicht höflich eingeladen, dieser Zeremonie beizuwohnen.«

»Und wir, Roy?«

»Kein Problem, Rosie. Du dürftest einen hübschen kleinen Notgroschen haben. Du siehst gut aus und du hast eine Menge gelernt. Wenn ich morgen wiederkomme, werde ich dieses Plätzchen zum Verkauf anbieten. Du kannst dann ins Hotel übersiedeln. Sobald ich einen Käufer habe, bekommst du die Kaufsumme in bar. Dann kannst du überall hingehen, wo es dir gefällt, nur nicht nach Cranesbay.«

Es war ihr, als ob sie diese Worte nur träume. Es war nicht möglich, daß er sie ausgesprochen haben konnte. Sie hatte immer gedacht, er würde sie eines Tages heiraten.

»Das kannst du mir nicht antun!« hatte sie geschrien.

»Ich gehe nicht!«

Immer noch lächelnd, hatte er sie auf den Mund geschlagen, und sie war rückwärts gegen die Wand getaumelt.

»Zufrieden, Rosie? Bist du nun zufrieden?«

Als er wieder auf sie zukam, hatte sie sich zurückgebeugt und gesagt: »Ich werde gehen, Roy.«

Ihre Reaktion war, daß sie die Tür hinter ihm zuknallte. Sie hörte den Motor aufheulen und das schleifende Geräusch auf dem Kies, als der Wagen wendete und die Auffahrt hinunterjagte.

Sie hob das Glas an ihre geschwollenen Lippen und trank

den herben roten Wein in tiefen Schlucken. Sie streckte die Arme aus und drehte sich langsam in rituellem Tanz zum Tempo der Musik und dem Rauschen des Meeres.

Sie lachte. Sie lachte, bis sich auf ihren Lippen das Salz ihrer Tränen mit dem Geschmack des Weins vermischte.

Lange nachdem Matthew Patience Furnivall verlassen hatte, ging er am Hotel vorbei, zu den Docks hinunter. Wolken jagten über das schmale Gesicht des zunehmenden Mondes. Es hatte sich Wind erhoben, und er schmeckte Salz auf seinen Lippen. Er stand, die Hände tief in den Taschen seines Überziehers vergraben, mit gesenktem Kopf und lauschte – auf Stimmen aus der Vergangenheit.

Einem plötzlichen Entschluß folgend, drehte er dem Meer den Rücken und ging quer durch die stille Innenstadt auf den entfernten Hügel zu. Es dauerte eine Stunde, bis er den Friedhof erreichte. Das eiserne Gitter war mit einer Kette verschlossen. Er kletterte über die niedrige Steinmauer. Der Mond war gerade hell genug, um die gemeißelten Namen auf den Grabsteinen erkennen zu können.

Die Familie der Cranes hatte genau dem Eingangstor gegenüber einen Ehrenplatz. Das dritte angezündete Streichholz zeigte ihm den Grabstein mit der Inschrift ›Alicia Belle Crane 1919–1939‹. Die Erde war feucht. Er ging zu dem Familienstein hinüber, setzte sich auf eine Ecke und zündete sich eine Zigarette an.

Hier unten lag der Körper des Mädchens, das ihn seit neun Jahren in seinen Träumen verfolgte. Durch alle seine Träume hindurch hatte sie ihn gerufen, als ob sie versuchte, ihm etwas mitzuteilen. »Was versuchst du mir mitzuteilen, Liebling?« fragte er sanft.

Stille. Nur der Wind seufzte in den Pinien, und das ferne Rauschen und Schleifen der Brandung war zu hören.

Er hatte sich gefürchtet herzukommen und jetzt, wo er hier saß, fühlte er so etwas wie Frieden.

Er schnippte die Zigarette fort und stand auf. Er war sehr müde. Wieder stieg er über die Mauer und ging den Hügel hinunter, auf die Stadt zu.

In seinem Hotelzimmer duschte er und legte sich zu Bett. Er lag in der Dunkelheit, lauschte auf die Geräusche des Meeres und dachte an Alicia...

Wieder saß er auf der Grabplatte, und in der stillen Luft tönte das Echo seiner Stimme. Er starrte auf den Boden unter dem sie ruhte.

Plötzlich klang ein Ruf durch die Luft, von fern kam ihre klare dünne Stimme aus einem Raum, widerhallend vom Echo. Er sprang auf und drehte sich um. Sie ging zwischen den stillen Grabsteinen, umgeben von Licht. Sie trug das weiße Kleid, das sie am Tag des Schulabschlusses getragen hatte. Ihr Gesicht war jünger als er es in Erinnerung hatte.

»Matthew, Liebling! Matthew Otis!«

»Alicia!« rief er, aber seine Stimme war wie erfroren in seiner Kehle, so wie es ihm in all seinen Träumen geschah. Er wandte sich ihr zu und lief ihr entgegen.

»Was willst du mir all die Zeit sagen?«

Seine Stimme war glasklar. Sie waren nicht mehr auf dem Friedhof. Sie befanden sich in einer großen Halle, ähnlich einem Bahnhofssaal. Der Boden unter seinen Füßen fühlte sich merkwürdig an, und als er hinunterblickte, sah er, daß er auf dem Treibriemen einer Tretmühle lief. Sie lief auf der Tretmühle in entgegengesetzter Richtung und beide bewegten sich immer weiter voneinander weg.

»Matthew!« rief sie. »Matthew, Liebling!« Und ihre Stimme verlor sich in tausend Echos gegen die hohe dunkle Decke.

Plötzlich hörte sie auf zu laufen, sie stand still und wurde in die Dunkelheit fortgetragen, ihre Silhouette wurde kleiner und kleiner, bis sie nur noch ein kleiner, weißer, leuchtender Punkt vor dem schwarzen Horizont war. Dann verschwand auch dieser.

Er stand in der Dunkelheit und war allein.

Er erwachte und fand sich an den Fenstern stehend, ihm war kalt und er zitterte. Erschöpft tastete er sich zum Bett zurück.

Susan lag steif im Dunkeln, Widerwillen erfüllte sie. Roy Bedford regte sich im Schlaf, und seine Hand berührte ihre Schulter. Sehr vorsichtig bewegte sie sich zur Seite, damit er sie nicht berühren konnte.

Es war falsch gelaufen. Ganz unglaublich falsch. Sie hatten in dem kleinen billigen Empfangsraum der Hochzeits-Schmiede gestanden und sie hatte, mit zitternder Stimme, aber leichten Tones gesagt, »Übrigens, Roy, ich habe all meine Aktien, kurz bevor du mich zu Hause abholtest, an Patience verkauft.«

Er hatte seine Zähne zur Parodie eines Lächelns gebleckt. »Du hast was?!«

»Oh, es war alles ganz legal. Mit Kaufvertrag und allem Drum und Dran. Es war Matt Otis' Idee. Ich nehme an, du willst mich jetzt nicht mehr heiraten.«

Er hatte sie mit völlig ausdruckslosen Augen einige Sekunden lang angeschaut. Dann, während der Mann, der sie trauen sollte, hüstelte und sich an dem vor ihm liegenden Buch zu schaffen machte, lachte er. Ein Lachen ohne jeden Humor. Das gellende widerliche Gelächter schüttelte durch seinen Körper.

Als er endlich Luft schnappen konnte, gluckste er, »Matt Otis' Idee? Na, herrlich! Jawohl, Susan, ich will dich heiraten. Sehr gern sogar.«

Tränen standen in ihren Augen, als er ihr den Ring an den Finger steckte. Aber der Brautkuß, den er ihr gab, war nicht zärtlich. Er hatte seine Hand hart auf ihren Nacken gelegt und beugte sich wild zu ihren Lippen herab. Seine Zähne vergruben sich in ihre Lippen, und sie hatte vor Schmerz hoch aufgeatmet. Als sie ihn wegstieß und das warme Blut auf den Lippen betastete, hatte er wieder gelacht. Der Mann, der immer noch das Buch in seinen Händen hielt, war peinlich berührt und ärgerlich. Roy hatte ihn ebenfalls ausgelacht und ihm eine Zehn-Dollar-Note hingeworfen. Harte Finger bohrten sich in ihren Arm, als Roy Susan zum Wagen führte.

Nun war er eingeschlafen. Sie fühlte sich beschmutzt von seinen Berührungen. Am liebsten hätte sie ihren Körper von oben bis unten abgeschrubbt, aber sie fürchtete, ihn zu wekken. Sie lag da, fühlte sich verloren und jung und hoffnungslos.

In diesem Augenblick fing sie an, sich zu fragen, ob sie wohl genug Mut aufbringen würde, ihn eines Tages zu töten.

Das Telefon neben dem Bett klingelte hartnäckig. Matthew Otis langte aus tiefem Schlaf heraus zum Hörer, hob ihn ab und brachte ihn an sein Ohr. Das Leuchtzifferblatt seiner Armbanduhr zeigte auf Viertel vor vier.

»Sind Sie Matt Otis?« fragte eine Frauenstimme.

»Richtig«, murmelte er. »Wer ist dort?«

»Rosie Carney. Ich hab' Sie vor langer Zeit mal gesehen.« Sie sprach undeutlich und schleppend. Er konnte sich die außer Kontrolle geratenen Lippen und ihre Augen voller Tränen gut vorstellen.

»Ich erinnere mich an Sie«, sagte er.

»Ich bin froh, daß Sie sich an mich erinnern, Matt Otis. Ich habe Sie in jener Nacht gesehen, als Ihre Freundin starb. Sie wissen, daß sie Roys Freundin war?«

»Schauen Sie, es ist vier Uhr morgens. Was soll das? Über alte Zeiten reden? Wollen wir das nicht auf morgen verschieben?«

»Verschieben?« Sie lachte. »Na klar, die alte Rose Carney verschiebt's – auf lange Zeit. Wollt halt nur was über jene Nacht sagen. Roy hat mich damals nach Haus gebracht und ist wieder weggegangen. Und später zurückgekommen.«

Sie legte auf. »Hallo! Hallo!« rief er.

Er legte den Hörer auf die Gabel zurück. Betrunkenes Weib. Der Katzenjammer kommt wohl daher, daß sie von Susan erfahren hat. Jetzt schwatzt sie Unsinn. Er versuchte, zu schlafen...

Rose Carney stand in Strümpfen im Sand und schaute zum Strandhaus hoch. Sie hielt die Weinflasche am Hals gefaßt. Aus der Ferne wehten Fragmente einer Musik zu ihr herüber. Die Nacht war kalt, aber sie fror nicht.

Es war, als wartete sie auf etwas Aufregendes, das passieren sollte. Sie nahm einen tiefen Schluck aus der Flasche, warf sie fort und hörte sie an den Felsen zerschellen.

Endlich spiegelten die Scheiben einen hellen Schein wider. Atemlos sah sie zu, wie es heller und heller, wie es zu einem Glühen wurde.

All meine schönen Kleider, dachte sie. Alle Schallplatten. Alles wird brennen und schmelzen. Und die Weinflaschen werden zerspringen. Ein Geschenk für Roy. Ein kleines Präsent für meinen Freund Roy.

Das Knistern und Knacken des Feuers übertönte schließlich die Stimme des Meeres. Flammen flackerten vom flachen Dach hoch auf in die Nachtluft. Das große vordere Fenster zerbarst, und sie spürte die Hitze bis in ihr Gesicht.

»Zu heiß hier«, murmelte sie.

Ihre Hände faßten nach dem Oberteil ihres weißen Kleides, zerrten es vom Körper, und sie stieg heraus. Sie riß sich BH und Höschen vom Leib und stand nun nackt im Sand.

Das entfernte Heulen von Sirenen war wie ein Signal, auf das sie nur gewartet hatte. Sie wandte sich ab und ging die Böschung hinunter zum Meer und weiter ins Wasser. Seltsam, das Wasser ist ja warm. Eine Welle schlug gegen ihre Hüften, so daß sie taumelte und fast hingefallen wäre. Als das Wasser ihre Taille erreicht hatte, begann sie, mit weichen fließenden Bewegungen zu kraulen. Sie schwamm in die offene See hinaus.

Sie fühlte sich so voller Kraft, daß sie glaubte, ewig schwimmen zu können. Ihr Körper spürte das Auf und Ab der Wellen. Ihr Körper war warm, rein und stark.

Nachdem sie eine lange Weile so geschwommen war, machte sie eine Pause, drehte sich zum Ufer um und schaute auf das Strandhaus. Dort sah sie jetzt ein Flammenmeer. Dunkle Gestalten rannten vor der Feuerwand hin und her.

Sie ließ sich lange von den Wellen treiben. Dann drehte sie sich wieder um und schwamm in langen kräftigen Zügen weiter hinaus, in die nächtliche See.

Patience traf Matt an der Tür. Das dunkelgrüne Kleid stand ihr sehr gut.

»Wart ein wenig, ich hole nur meinen Mantel«, sagte sie.

Sie kam zurück, und er fragte, »Weißt du, wer da sein wird?«

»Soweit ich weiß, nur du, ich, Evan und Braut und Bräutigam«, erwiderte sie. Sie reichte ihm die Schlüssel. »Willst du fahren?«

Zu Roys Party im ›Ocean Club‹. Über die Bergstraße fahren... Schon in Ordnung. Ob er nicht doch besser Patience bitten sollte, zu fahren? Und sie bitten, aufzuhören, in den dunklen Nachthimmel zu starren.

Doch er sah sich bereits nach dem Schlüssel greifen. Er sagte: »Ich bin ein bißchen aus der Übung.«

Er klemmte sich hinter das Lenkrad und brauchte einige Minuten, um den Starter zu finden. Es war ein ziemlich neues, dunkelgrünes Coupe.

»Ich hätte nie gedacht, daß er sie heiraten würde«, sagte Patience.

»Das war vielleicht mein Fehler, Pat.«

»Unsinn, er hätte sie auf jeden Fall geheiratet, und es ist ein Glück, daß er nicht zu gleicher Zeit seine dreckigen Finger in die Gesellschaft stecken konnte.«

Er setzte rückwärts aus der Garage heraus, wendete und fuhr die Auffahrt hinunter.

»Hat Susan dich eingeladen oder er?« fragte Matt.

»Er. Er kam mir ein wenig merkwürdig vor. Er sagte, daß es nur ein kleines Essen für Freunde der Braut und des Bräutigams sein solle. Und er erwähnte noch, daß Susan ausdrücklich gebeten habe, daß du und ich und natürlich Evan kommen.«

»Evan ist verliebt in dich, Pat.«

Sie warf ihm einen schnellen Blick zu. »Was erzählst du da?«

»Ich glaube, das war er immer. – Was für ein Gefühlswirrwarr wird's auf dieser Dinnerparty geben! Und ich denke, der Ehrengast wird Rose Carney sein, die das Haus niedergebrannt hat und abgehauen ist.«

»Sie hat ja auch eine böse Quittung bekommen, Matt.«

»Wer kriegt denn keine böse Quittung vom großen Bedford?«

Nachdem sie durch die Stadt gefahren und nach rechts in Richtung ›Ocean Club‹ abgebogen waren, begann es leicht zu regnen. Patience schaltete die Scheibenwischer ein.

Das Lenkrad fühlte sich für ihn seltsam an. Die Zeit war mit einem Mal zurückgedreht. Er befand sich auf dem Weg in den ›Ocean Club‹, an einem Abend wie diesem, neun Jahre zuvor –

Patience streckte ihre Hand zum Armaturenbrett aus und drehte das Radio an.

»...die Tote wurde als Rose Carney identifiziert. Es liegt kein Hinweis auf ein Verbrechen vor. Der nackte Körper wurde am frühen Abend in der Nähe von Toll Point, sechs Meilen südlich der Stadt, ans Ufer gespült. Die Polizei gibt an, daß Miß Carneys Kleider unweit ihres Hauses, das in der Nacht vollständig niedergebrannt ist, gefunden wurden. Es wird angenommen, daß Miß Carney selbst das Feuer gelegt hat und Selbstmord verübte, indem sie ins offene Meer hinausschwamm.«

Patience schaltete das Radio ab und schauderte. Mit zitternder Stimme meinte sie: »Wieder ein Eintrag in Roy Bedfords Ehrenregister.«

Matt starrte dumpf brütend geradeaus. »Und ich bin wohl der letzte, mit dem sie gesprochen hat. Wenn ich gewußt hätte...«

»Was!«

»Sie hat mich angerufen, gegen vier Uhr früh. Ich wußte nicht, worauf sie hinaus wollte. Sie war betrunken.«

»Arme Rose.«

»Arme Susan«, sagte er.

Die Straße wurde immer steiler. Zweimal mußte er in den zweiten Gang schalten, um den Motor zu schonen. Auf der Höhe befand sich ein großer Parkplatz, ein beliebtes Ziel für Ausflügler und Collegeschüler. Weit unten konnte er die Lichter des ›Ocean Clubs‹ ausmachen. Die Straße tauchte wieder hinab ins Dunkel, und irgendwo dort war auch das lange gerade Teilstück, wo vor neun Jahren ein blondes Mädchen lag, ihr Gesicht mit den blicklosen Augen gegen den nebelverhangenen Himmel gewandt.

Vor Anspannung taten ihm seine Kinnbacken weh. Draußen flog die Nacht vorbei und jetzt, gerade vor ihm, begannen die scharfen Kurven.

»Es ist hier oben irgendwo passiert, nicht wahr?« fragte Patience mit sanfter Stimme.

»Ja, hier«, antwortete er und wunderte sich selbst, wie ruhig er das sagte. »Vor neun Jahren – in einer Nacht wie dieser.«

Er bremste vor den scharfen Kurven und fuhr wenige Minuten später auf den Parkplatz des ›Ocean Clubs‹.

Da es erst kurz nach Feierabend war, standen nur wenige Autos auf dem Parkplatz; die Geschäftsleute erschienen sowieso erst nach halb neun.

Der Türsteher fragte: »Mr. Otis? Folgen Sie mir bitte.«

Er begleitete sie zu einem Treppenhaus am anderen Ende der Tanzfläche und sagte mit einem Lächeln: »Das Zimmer geradeaus, wenn Sie die Treppe heraufkommen.«

Matt stieg hinter Patience die Treppen hinauf. Roy begrüßte sie umgänglich und weltmännisch an der Tür, nahm Patiences Mantel, sagte Matt, wohin er ihn bringen solle und führte sie zum Tisch, an dem Evan stand und sich mit Susan unterhielt.

Patience küßte Susan und fragte: »Wie geht's dir, Liebes?«

»Danke, sehr gut«, antwortete sie.

Matt war geschockt darüber, wie sich Susan verändert hatte. Als ob sie all ihren Überschwang verloren hätte. Dunkle Ringe lagen unter ihren großen Augen. Ihre Lippen kräuselten sich zu einem erkünstelten Lächeln, und sie hielt sich sehr gerade.

Als Evan Matt die Hand reichte, legte Roy seinen Arm um Susan, zog sie an sich und fragte: »Ist sie nicht eine schöne Braut?«

Matt bemerkte, daß sie ihren Mund verzog und in ihre Augen ein gequälter Ausdruck trat.

»Das ist sie in der Tat, Roy«, antwortete er betont jovial.

»Wirklich«, bemerkte Evan, sich Matts Ton anschließend.

Auf dem Tisch stand ein schlanker Mixbecher für Martinis. Roy goß zwei Gläser für Patience und Matt ein. Es war ganz offensichtlich, daß Evan zu viel trank. Roy schien nicht zu trinken. Susan nippte an ihrem Glas und starrte vor sich hin.

»Einen Toast auf die Braut«, schlug Evan vor und hob sein Glas.

»Auf die Braut«, fielen alle ein. Susan lächelte ihr sorgfältig aufgesetztes Lächeln, aber ihre Augen blickten ohne Leben.

Roy lachte laut. »Na, Leute, da habt ihr euch ja was Feines gegen mich ausgedacht! Susan dazu zu bringen, ihre Aktien zu verkaufen! Was denkt ihr denn, was ich für ein Kerl bin, he? Die Gesellschaft übernehme ich so oder so, daß ihr's nur wißt. Aber Susan hab' ich geheiratet, weil sie ein ganz süßer Schatz ist.«

»Das klingt ja, als ob es ganz einfach wäre, Roy«, murmelte Patience. »Ich meine, wie du die Firma übernehmen willst.«

Seine Augen zeigten keinen Ausdruck, sein Lächeln jedoch entblößte seine weißen, ebenmäßigen Zähne. »Es ist auch ganz einfach, Pat. Wenn man weiß, wie. Aber was ist mit dem Essen, Leute? Das Haus empfiehlt Steaks oder Hummer.«

Der runde Tisch war für fünf Personen gedeckt. Im Kamin brannte ein Feuer.

Zur Rechten von Roy saß Susan, zu seiner Linken Patience. Evan saß zwischen Patience und Matt und Susan saß zur Linken von Matt.

Das Essen war vorzüglich, und Roy bemühte sich geschickt, die Runde von allzu persönlichen Themen fernzuhalten. Matt amüsierte sich beinahe. Susan sprach wenig. Patience sah immer wieder mit fragendem Gesichtsausdruck zu Susan hinüber. Evan sprach laut und vehement und starrte in den Gesprächspausen Roy Bedford an.

Nach einer Weile brachte Roy das Gespräch auf China, und Matt hörte sich über einige Erlebnisse und Erfahrungen dort sprechen. Patience war wohl die einzige, die ihnen ungeteilte Aufmerksamkeit schenkte.

Schließlich entstand eine Pause. Patience sagte ernst: »Das mit Rose Carney, das war zu schlecht, Roy.«

Er runzelte die Stirn. »Was war schlecht? Das Haus ist versichert gewesen. Sie bekommt das Geld von der Versicherung, wenn sie auftaucht.«

(*Z W I S C H E N D U R C H :*)

Wer möchte hier wohl mit am Tisch sitzen? Bei Menschen, die solch finstere Pläne schmieden?
Der Leser kann die Tischrunde bequem aus der Distanz beobachten. Und wenn sich bei ihm der kleine Hunger meldet, ist schnell für Abhilfe gesorgt. Er muß seine Lektüre nur fünf Minuten unterbrechen – mehr braucht er nicht, um eine kleine warme Mahlzeit für zwischendurch auf seinen Tisch zu bringen …

Matt veruchte, Patience mit den Augen zu warnen, aber sie fuhr fort. »Und ich dachte, du hättest es gehört.« Matt sah, wie sich Susans Hand fester um den Kaffeelöffel schloß. »Sie haben ihre Leiche heute am frühen Abend gefunden. Sie hat sich ertränkt.«

Susan fiel gegen Matt. Roy sagte nur: »Das war aber ganz dumm von ihr, kann ich da nur sagen.«

Matt trug Susan zur Ledercouch am Kamin. Sie war bewußtlos. Evan rieb ihre Handgelenke, während Patience ein feuchtes Taschentuch auf ihre Stirn legte.

Ruhig sagte Roy zu Matt: »Das scheint sie etwas mitgenommen zu haben. Ich glaube, ich sollte sie nach Haus bringen. Ich wollte sie sowieso früh zurück bringen. Ein bißchen viel für sie, das alles, du weißt.«

Als sie ihre Augen wieder öffnete, beugte er sich über sie. Sie schaute ihn zuerst an, ohne ihn zu erkennen, dann aber wurden ihre Augen schmal.

»Geh weg von mir!« sagte sie mit ruhiger Stimme. Ruhig, aber todernst.

Das schien keinen Eindruck auf ihn zu machen. Er sagte: »Du bist ein bißchen durcheinander, Liebling. Komm, ich bring' dich nach Hause.« Diese gelassene Übernahme der Autorität besiegte Susans kurze Revolte.

Er holte ihren Mantel und half ihr hinein. »Kein Grund, die Party abzubrechen«, meinte er. »Susan braucht nur ein wenig Ruhe. Ich hatte anständigen Brandy nach dem Essen bestellt. Ich bitte euch, bleibt noch, wir werden leider nur im Geiste bei euch sein können.«

Er und Susan gingen die Treppen hinunter. Evan plumpste auf seinen Sitz zurück, er war plötzlich ziemlich betrunken und sagte: »Los Leute, seid mal etwas lustiger. Das hier ist eine Party, wißt ihr? Eine große Feier.«

»Du hast recht, Evan«, meinte Patience.

Sie tranken den Kaffee aus, und der Kellner kam mit dem Brandy herein.

Patience schlug plötzlich mit der Faust auf den Tisch und rief aus: »Was hat er ihr angetan? Was um Himmels willen hat er ihr getan?«

»Es ist, als ob etwas in ihr abgestorben wäre«, pflichtete Evan bei.

»Das stimmt«, meinte auch Matt. »Als hätte er ihr das Herz aus der Brust geschnitten. Habt ihr bemerkt, wie lammfromm sie sich benahm?«

»Sie hat Angst vor ihm«, sagte Pat, als habe sie eine große Wahrheit entdeckt.

So saßen sie und sprachen über Roy Bedford und Susans Zukunft, bis das Feuer im Kamin heruntergebrannt war und Evan seinen Kopf auf den Tisch legte und leise zu schnarchen begann.

Matt ging zu Patience hinüber, legte seine Finger zärtlich unter ihr Kinn, hob ihr Gesicht zu sich empor und küßte sie. Dieselbe Magie wie neulich schien zu wirken.

»Du bist plötzlich eine andere«, wunderte sich Matt.

»Ich fühle mich auch so. Schon den ganzen Tag lang. Mir war, als ob all die Probleme, die ich habe, plötzlich jemand anderem gehören.«

»Auf meine Art«, sagte Matt, »bin ich ebenso unfair dir gegenüber, wie Roy es Susan gegenüber ist.«

»Wie meinst du das?«

»Ich bin hierher zurückgekommen, um einen Geist mit goldenem Haar loszuwerden. Alicia. Sie hat mich neun Jahre lang in meinen Träumen verfolgt. Sie wollte nicht sterben. Sie will mir irgend etwas sagen. Und schließlich hat sie mich hierher zurückgezogen. Ich muß ehrlich zu dir sein, Patience. Du bist eine Frau, wie man sie selten findet und du bist sehr süß. Vielleicht habe ich mich in dich verliebt. Ich weiß es nicht. Aber Alicia stand mir neun Jahre lang sehr nahe. Und sie ist nur dann nicht da, wenn ich dich küsse.«

Sie schaute Matt lange an und aus ihren Augen sprach ein überfließendes Gefühl. »Das ist mir genug, Matt«, flüsterte sie.

»Ist es für dich auch so schnell gekommen?« fragte er.

»Unsinn! Mir geht es schon seit der Zeit so, als ich noch dreckige weiße Schuhe und Söckchen trug und meine Beine viel zu dünn waren. Es ist schon vor hundert Jahren passiert, damals nahm ich Susan dein Bild weg. Ich wußte, daß du zurückkommen würdest. Oh, ich wußte es!«

Auf einmal sahen beide gleichzeitig zu Evan hinüber und sie lächelten. Er sah so friedlich aus, die Linien von Anspannung waren aus seinem Gesicht gewichen.

»Ich möchte ihn nicht wecken«, meinte Matt.

»Warum solltest du? Vor vier Uhr wird nicht geschlossen. Jetzt ist's kurz nach Mitternacht. Wir können ihn auf die Couch betten, und er kann noch ein wenig schlafen. Er hat ja sein Auto dabei und wenn er erst mal etwas geschlafen hat, wird er später wohl fahren können. Wir können ja den Geschäftsführer verständigen.«

Evan, nun halb wach, taumelte durch das Zimmer und ließ sich mit einem Seufzer der Erleichterung auf die Couch fallen. Matt knipste die Lichter aus und ging mit Pat die Treppen hinunter, ihre linke Hand fest umschlossen.

Der Geschäftsführer gab sein Einverständnis: »Aber natürlich, Sir, wir werden ihn wecken, wenn wir hier schließen. Ich bin sicher, daß er sich dann besser fühlen wird.«

Sie gingen zum Parkplatz, und er sah blinkende Tröpfchen in ihrem dunklen Haar, die der feuchte Nebel hineingehängt hatte. Das Meeresrauschen klang wie Flüstern in ihren Ohren. Als sie an dem kleinen grünen Wagen stehengeblieben waren, streckte er die Arme nach ihr aus. Sie schmiegte sich wohlig aufseufzend hinein.

Nach einer Weile meinte sie: »Wissen wir etwa nicht weiter, daß wir hier draußen im Regen stehn?«

»Du fährst«, bat er.

Sie sah in sein Gesicht, ihr Gesicht zur Seite geneigt. »Du hast Angst?«

»Vielleicht.«

»Dann fährst du.«

»Aber, Pat, es war eine Nacht wie diese. Der gleiche Platz, die gleiche Straße. Und – ich habe dich gefunden, ich kann doch nicht die Möglichkeit zulassen, daß dasselbe noch mal passiert. Nie.«

»Du fährst«, wiederholte sie.

»Aber ich kann mich nicht erinnern, was in jener Nacht

passiert ist. Ich kann mich nicht erinnern, was ich tat! Alles was ich weiß ist, daß ich plötzlich einen Krampf hatte, der die Ursache dafür war, daß ich von der Straße abkam.«

»Du fährst«, sagte sie wieder.

Schließlich setzte er sich hinter das Steuer. Auf dem Herweg bergab hatte er sich schon schlimm genug gefühlt. Aber nun ging es ihm weitaus schlechter. Dies hier war ein Alptraum. Er war bereits tief in sein Erinnerungsvermögen hinabgestiegen und hatte die Schwelle passiert. In jener Nacht vor neun Jahren mußte er den ›Ocean Club‹ verlassen haben und vom Parkplatz herunter auf die regennasse, im Scheinwerferlicht glänzende Straße gefahren sein, die sich hügelauf wand.

Patience saß mit im Schoß gefalteten Händen da. Er blickte rasch zu ihr hinüber und sah, daß ihr Gesicht völlig ruhig war. Ihre Gelassenheit stärkte ihn. Ein Traum, dachte er. Ich träume mit offenen Augen. Ich sitze hier, ein Bündel voll Anspannung mitten in einem Alptraum. Es wird gar nichts passieren. Ich werde den Berg hinauf- und wieder herunterfahren und werde in der Stadt ankommen und alles wird vorbei sein.

Irgendwo in der Tiefe seines Bewußtseins rief eine feine silberne Stimme nach ihm: »Matthew Otis! Matthew, Liebling!« Die feine Stimme widerhallte, wie in dem großen leeren Raum, in dem er angsterfüllt im Dunklen stand.

Die Straße stieg nun vor den scharfen Kurven steil an. Seine Hand krampfte sich förmlich um das Lenkrad, und sein Mund war zu einer dünnen scharfen Linie zusammengepreßt. Die Schultern schmerzten, so fest war der Griff um das Lenkrad.

»Matthew, Liebling«, rief die Stimme, schwach und von sehr weit her. Die Stimme, die ihn aus der Vergangenheit erreichte. Er bog eine Spur zu schnell in die erste Kurve und bremste, als der Wagen auszubrechen begann. Patience sagte nichts. Die Nacht war dunkel. Die Scheinwerfer leuchteten in dichten Nebel hinein. Die abgedämpften Signallampen am Armaturenbrett glommen in orangem Licht.

Vor der zweiten Kurve mußte er in den zweiten Gang zurückschalten. Der Motor lief danach so hochtourig, daß er gleich nach der Kurve wieder in den dritten Gang schaltete.

In der Ferne kam von der Höhe herunter, auf der geraden Strecke, ein Wagen auf sie zu. Als Matt die Scheinwerfer erblickte, wurde ein Stück Erinnerung in ihm wach.

Eine andere Nacht, in der Scheinwerfer in dichte Regenschnüre tauchten. Ein anderes Auto, das die gerade Strecke herabfuhr.

Und plötzlich saß Alicia neben ihm, nicht Patience. Die entgegenkommenden Lichter und die blitzenden Regenschnüre blendeten ihn.

Sofort blinkte er. Die Lichter vor ihm ließen ihn nicht los. Und da erinnerte er sich.

Das Mädchen neben sich – es war Alicia – schrie auf, als die Räder von der Straße hinunter auf den feuchten abschüssigen Randstreifen gerieten.

Zur Rechten – der Tod. Es war das Todesgrauen, das er einmal durchlebt hatte. Noch einmal würde er es nicht durchstehen. In jener Nacht vor neun Jahren war er von den entgegenkommenden Lichtern über die Böschung hinuntergejagt worden. Er fluchte und drehte das Lenkrad scharf nach links. Ein Zusammenstoß war dem Tod da unten, auf den nassen Felsbrocken, vorzuziehen.

Alicia-Patience schrie wieder, als die Lichter voll auf sie trafen. Es war förmlich ein Lichtstoß – und dann war das Auto verschwunden.

Sein Wagen schlingerte wie verrückt. Er versuchte verzweifelt gegenzulenken. Der linke Scheinwerfer war zertrümmert. Der Wagen rutschte zurück, in Richtung Böschung, aber Matt konnte die Rückwärtsbewegung aufhalten, die Räder griffen plötzlich, der Wagen machte einen Satz quer über die Straße und saß dann im Schlamm fest. Der Motor ging aus.

In der plötzlichen Stille atmete Patience hörbar aus.

Seine Stimme klang seltsam hoch, als er nun sagte: »Genau so war es damals! Ich erinnere mich! Blendendes Licht kam auf uns zu. Ich wich aus so weit als möglich. Zuerst rollte der Wagen noch und dann stürzten wir ins Dunkel... Dann nichts mehr.«

Er legte seinen Arm um sie und hielt sie fest. Sie zitterte.

Sie sagte: »Wenn ich mich von dir hätte überreden lassen zu fahren, wären wir abgestürzt.«

Er runzelte die Stirn. »Ich verstehe das nicht. Wir müssen ihn doch erwischt haben. Meiner Meinung nach müßten wir hin sein. Hast du eine Taschenlampe?«

Sie öffnete das Handschuhfach und reichte sie ihm. Er kletterte hinaus, in den Regen. Der Wagen stand rechtwinklig zur Straße, die Hinterräder gerade noch auf dem Asphalt. Die Kühlerhaube war gegen die feuchte Böschung gerichtet.

Er begutachtete den Schaden. Eine merkwürdige Eisenstange steckte verkeilt im Kühlergrill. An ihrem Ende waren noch Glasscherben, während das andere Ende ein breites Metallteil zeigte. Er ergriff das Ganze und zog es heraus. Der linke Scheinwerfer war durch diesen Gegenstand zertrümmert worden. Die Stange hatte den Kühler durchstoßen.

Er stieg wieder ein und legte die Stange auf den Boden. »Wir werden den Motor ruinieren, wenn wir weiterfahren. Das Wasser ist aus dem Kühler ausgelaufen.«

»Könnten wir nicht im Leerlauf zum ›Ocean Club‹ zurückfahren? Meinst du, daß der andere Wagen abgestürzt ist?«

»Ich hab' nichts gehört. Aber ich habe die Rücklichter die Straße hinunter ganz normal verschwinden sehen.«

»Er könnte angehalten haben.«

Matt antwortete nicht.

»Was war das, was du da auf den Boden gelegt hast?« fragte Patience.

»Etwas, was Evan sich ansehen muß...«

Alle drei befanden sich wieder im selben Zimmer im ›Ocean Club‹. Evan trank heißen Kaffee. Evan nickte zu Matts Erzählung der Geschichte von dem Beinahe-Unfall und ließ ihn einige Einzelheiten wiederholen.

Erst dann betrachtete er eingehend die merkwürdige Stange, die Matt aus dem Kühlergrill von Pats Wagen herausgezogen hatte. Jede Spur von Schläfrigkeit verschwand. Im Nu war er der kompetente Ingenieur.

»Seht her. Die äußere Hülle ist hohl. Die massive Stange mit der Verzahnung am Ende kann so vor- und zurückbewegt werden. Dieses hier war der Sockel für eine Lampe. Ein Scheinwerfer war an der massiven Stange befestigt. Seht ihr die Aussparung in der Hülle? So war die Stange frei beweglich.«

Patience runzelte die Stirn. »Was soll das heißen? Was ist das hier?«

Evan sagte: »Das Ding hier wird vorn am Auto befestigt. Nimm mal an, ein Kerl kommt die Straße heruntergefahren und will einen Unfall verursachen. Er hat selbst keine Chance, wenn er mit dem Wagen zusammenstößt. Er könnte sich verkeilen und selbst abstürzen. Also bastelt er sich dieses Ding da. Vielleicht hat er am Armaturenbrett einen Griff. Wenn er den bedient, schiebt sich die Stange mit den Scheinwerfern zur linken Seite heraus, das Ganze wird durch die kleine Verzahnung betätigt, die in die Aussparungen eingreift.«

Pats Augen weiteten sich. »Und die Leute im anderen Wagen sehen die Scheinwerfer auf sich zukommen und wissen nicht, daß nur die Scheinwerfer herauskommen, das Auto selbst aber in seiner eigenen Spur bleibt. Sie werden dem Wagen ausweichen.«

Matt sagte langsam: »Unser Kumpel Roy war Miteigentümer einer Reparaturwerkstatt, als Alicia und ich damals abstürzten. Ich erinnere mich, daß ich ausweichen mußte.«

»Das Gerät hier ist nicht neu«, meinte Evan. »Schaut her, da ist Rost. Das ist schon mal naß geworden. Vielleicht vor neun Jahren.«

Patience mußte sich plötzlich setzen. »Das kann er nicht gewesen sein!«

»Wer denn?« fragte Matt. Seine Stimme klang rauh vor Ärger und vor Haß. »War es das, was Alicia mir all die Jahre hat sagen wollen?«

»Aber warum hat er's heute nacht versucht?« fragte Patience.

Sie blickten sich verwirrt an. Dann lächelte Evan. Es war kein gutes Lächeln. »Wer erbt, wenn du stirbst, Patience?« fragte er leise.

Voll erschrecktem Erstaunen legte sie die Hand vor den Mund, und ihre Augen weiteten sich.

»Genau darum«, sagte Matt. »Und deshalb hat er auch geheiratet. Er wußte, daß wenn er nicht durch sie an die Aktien kommt, dann auf einem anderen Wege. Deshalb fand die Party auch hier draußen statt. Und warum hat er gesagt, als Susan bewußtlos war, daß er sie ohnehin früh nach Hause bringen wollte.«

Nun runzelte Evan die Stirn.

»Wie konnte er wissen, in welchem Wagen du sitzt?«

»Auf dem Gipfel ist ein Parkplatz. Von dort aus kann man den ›Ocean Club‹ sehen. Mit einem guten Fernrohr kann man beobachten, wer ins Auto einsteigt. Der Parkplatz hier ist außerdem beleuchtet.«

»Dann hat er auch dich und Alicia vor neun Jahren beobachtet?« fragte Patience mit gepreßter Stimme.

Matt schlug mit der geballten Faust in seine Handfläche. »Rose Carney hat geahnt, was da vor sich gegangen ist. Das wollte sie mir sagen, als sie anrief. Aber ich war zu blöd, um ihr zuzuhören. Sie sagte, daß er sie damals vom ›Ocean Club‹ nach Hause gebracht habe und wieder weggefahren sei. Und daß er später zurückgekommen sei. Und in der Zeit hat er uns da oben über den Steilhang getrieben. Er haßte mich, weil ich ihm Alicia weggenommen hatte. Damals muß er dieses Gerät angefertigt haben. Warum, um alles in der Welt, ist er an jenem Abend zu uns herübergekommen? Um noch ein paar letzte Worte mit den Verdammten zu wechseln?«

»Der Kerl ist verrückt«, sagte Evan.

»Verrückt und effizient«, bestätigte Matt.

»Was tun wir nun?« fragte Patience leise.

»Telefonieren«, antwortete Evan. »An seinem Wagen wird noch irgendwas dran sein, das zeigt, wo dieses kleine Spielzeug angebracht war. Und diesmal wird der Regen nicht die Spuren wegwaschen, die du am Straßenrand hinterlassen hast. Wir rufen gleich die Bullen an, um sich das anzusehen, und er wird für versuchten Mord eingelocht, bevor er irgendwelches Beweismaterial beseitigen kann.«

»Ich muß Susan abholen«, sagte Patience...

Der Mann am Schreibtisch hob den Hörer ab und sagte müde, »Sergeant Rolph«.

»Hier spricht Evan Cleveland, Sergeant.«

»Was kann ich für Sie tun, Mr. Cleveland?«

»Ich möchte, daß Roy Bedford sofort wegen versuchten Mordes verhaftet wird.«

Sergeant Rolphs Hand faßte den Hörer fester. »Haben Sie genug Beweise, daß wir das tun können?«

»Genug. Ich weiß zwar nichts über die Verjährungsfrist, aber ich glaube, ich kann beweisen, daß er das Crane-Mädchen vor neun Jahren getötet hat.«

»Ich denke, das war doch ein Unfall, oder?«

»Glauben Sie mir, Sergeant, ich weiß, was es heißt, wenn jemand Sie bittet, einen Mann wie Bedford zu verhaften. Er hat 'ne Menge Einfluß und...«

»Und Rose Carneys Schwester ist die Frau vom stellvertretenden Chef, Mr. Cleveland. Wir sind nicht besonders gut auf Bedford zu sprechen. Haben Sie eine Ahnung, wo er ist?«

»Wir sind im ›Ocean Club‹. Vor zwanzig Minuten war er mit seinem Wagen auf der Höhe zwischen der Stadt und dem Club. Ich weiß nicht, wohin er von dort aus gefahren ist.«

»Wir werden sehen, was sich machen läßt. Ich denke, Sie sollten hereinschauen. Fragen Sie nach Lieutenant Canady. Ich werd' ihm den Fall zuspielen.«

Der Sergeant hing ein, schlug mit der Faust auf den Tisch und stürzte in den Funkraum...

Patience und Matthew standen auf der großen Veranda des Hauses der Cranes. Er klingelte bereits zum dritten Mal. Das Haus war dunkel.

»Du meinst, er ist nicht zurückgekommen?«

»Ich denke doch.«

Nach einiger Zeit leuchtete gedämpftes Licht in der Halle auf. Matt schaute durch die Scheiben und sah einen stämmigen Mann in einem Bademantel auf die Tür zukommen.

Er öffnete und fragte mit der ruhigen würdevollen Stimme eines geschulten Dienstboten: »Ja, bitte?«

»Wir möchten bitte Mrs. Bedford sprechen«, sagte Matt.

»Es tut mir leid, Sir. Mr. und Mrs. Bedford haben sich bereits zur Ruhe begeben.«

»Es ist aber sehr dringend.«

Der Mann sagte in sanftem Ton: »Das hat sicher Zeit bis morgen, Sir.«

»Ich warte nicht bis morgen«, erwiderte Matt.

Die Augen des Mannes blitzten gefährlich auf. »Es tut mir wirklich sehr leid, Sir«, und er wollte die Tür schließen.

Matt drängte mit der Schulter gegen den Türrahmen. Der Mann wich etwas zurück, und sein Gesicht verzerrte sich, die Hand griff in die Tasche seines Bademantels. Matt sprang auf ihn zu. Er riß den Arm hoch, schnellte herab und traf mit dem Gelenk in Matts Handfläche. Der reagierte, griff fest zu und drehte das Gelenk. Der Mann hatte Kraft. Sein muskulöser Arm umfaßte Matts Nacken. Die dämmerige Halle war erfüllt von stöhnenden Geräuschen.

Matt merkte, daß er nicht imstande sein würde, das kräftige Handgelenk des Mannes herumzudrehen. Er ließ es plötzlich los, brachte seine Faust nach unten, landete einen diagonalen Schlag gegen sein Kinn und sprang zurück, als der schwere Totschläger seine Schulter streifte. Der starke Schlag hatte den Mann aus dem Gleichgewicht gebracht. Matt brachte seine Linke hoch, und die Gewalt dieses Schlages ließ seinen ganzen Arm bis zur Schulter hinauf wie Feuer brennen. Der Totschläger fiel dem Mann aus der Hand, aber er fiel nicht um. Matt stürzte sich auf den Totschläger und traf mit einem gezielten Schlag den Kopf oberhalb des Ohres. Er fing den Fallenden auf und drehte ihn mit dem Gesicht zur Erde.

»Hast du das in der chinesischen Armee gelernt?« schrie Patience hysterisch. Matt packte sie am Handgelenk und zog sie hinter sich her die Treppen hinauf.

Das erste Zimmer war leer. Im zweiten Zimmer lag in einem großen Bett eine kleine, bewegungslose Gestalt. Patience fand den Lichtschalter. Da lag Susan und atmete mit offenem Mund. Speichelbläschen hingen im Mundwinkel, und ihre Augen schienen eingesunken zu sein.

»Sue! Wach auf!«

Ihr Kopf bewegte sich in den Kissen, aber sie atmete weiterhin so tief wie vorher.

»Rauschgift«, sagte Matt. »Deshalb kann sie Roy ein Alibi verschaffen. Wir müssen sie zum Gehen bringen.«

Patience fand einen Morgenrock im Wandschrank, und Matt setzte Susan auf, während Patience ihr den Morgenrock anzog. Matt verschloß die Tür von innen, und, sie von beiden Seiten stützend, versuchten sie, Susan zum Gehen zu bringen. Ihr Kopf hing lahm herab, und sie stöhnte. Anfangs hingen ihre Beine leblos herunter, und die Füße schleiften über den Boden; sie war wie ein träger unbeholfener Klumpen. Dann begann sie stolpernd zu gehen und trat sich dabei selbst auf die Füße. Nach und nach wurde ihr Gang sicherer und der Kopf richtet sich auf, aber die Augen blieben geschlossen.

Schließlich öffnete sie die Augen und fragte: »Was – was macht ihr denn da?«

»Jetzt können wir sie hier herausbringen«, sagte Matt. »Zieh sie an. Ich warte draußen.«

Matt stand in der oberen Halle und hörte durch die geschlossene Tür hindurch das Gemurmel ihrer Stimmen. Er sah hinunter. Der Mann hatte sich auf Hände und Knie aufgerichtet und schwankte mit dem Kopf von einer Seite zur anderen.

Einen dicken Schädel hat der, dachte Matt.

Er lief mit Gepolter die Treppen hinunter und langte unten an, gerade als der Mann sich schwankend aufrichten wollte. Matt schob ihn gegen die Wand und legte seinen Unterarm gegen den Hals des Mannes, den Totschläger in der anderen Hand drohend erhoben.

»Versuch nur, noch mehr Mist zu machen, und du kriegst ihn diesmal quer über die Nase. Halt still und hör zu.« Die ohnehin schwache Gegenwehr hörte ganz auf.

»Dein Boß wird wegen Mordes gesucht«, sagte Matt und sah, wie die Augen des Mannes immer größer wurden. »Wenn du Ärger machst, könnten wir dir in Verbindung mit dem Mordfall leicht einen Strick drehen.«

»Bist du ein Bulle?« fragte der Mann heiser.

»Nein, aber auf derselben Seite. Was ist, willst du Ärger machen?« Der Mann schüttelte den Kopf. Matt ließ ihn los. »Wo ist Mr. Bedford?«

Der Mann schaute ihn sichtlich erstaunt an. »Ja, ist er denn nicht oben?«

»Nein. Hast du geglaubt, daß er da ist?«

»Davon war ich überzeugt. Ich wollte keinen Ärger kriegen, Mister. Ich dachte, er sei oben, und es ist mein Job, jemanden davon abzuhalten, hier einzudringen. Eine Menge Leute sind sauer auf ihn.«

»Das ist ja noch stark untertrieben.«

Weit entfernt hörte man Sirenen durch die Nacht heulen, deren Ton ständig anschwoll, bis der Lärm unerträglich wurde und dann plötzlich erstarb. Es folgte das Getrappel schwerer Schuhe die Treppe zur Vorhalle herauf. Matt öffnete die Eingangstür weit. Ein dürrer kleiner Mann mit roter Nase erschien in der Tür, hinter ihm ein Hüne von einem Polizisten.

»Wer sind Sie?« fragte der kleine Mann.

»Mein Name ist Matthew Otis. Bedford hat versucht, mich und Miß Furnivall umzubringen.«

»Und mein Name ist Canady. Sie hätten mit reinkommen sollen, als Sie Cleveland am Polizeirevier abgesetzt haben. Sie hätten dann einen Zeugen für Ihre Strafanzeige gehabt. Wir werden die Sache jetzt aufgreifen. Also, wollen Sie das Ganze rückgängig machen?«

»Ja, wo denken Sie hin! Warum sollte ich denn!«

»Wo ist Miß Furnivall? Und wer ist dieser Mann hier?«

»Miß Furnivall hilft ihrer Schwester beim Packen. Sie muß weg von hier. Dieser Mann da arbeitet für Bedford. Bedford ist nicht da.«

»Damit hab' ich gerechnet. Wir haben die Reifenspuren seines Chrysler bereits gesichert und registriert, falls er die Stadt verlassen hat. Die berittene Polizei schnappt ihn, wenn er die Küstenstraße nimmt.«

»Ich glaube nicht, daß er fliehen wird«, meinte Matt. »Das verbietet ihm sein Selbstbewußtsein. Er glaubt, nichts kann ihm etwas anhaben.«

»Er wird fliehen, Otis. Ich nehme an, Sie wollen die beiden Frauen zum Haus der Furnivalls bringen. Fahren Sie dann bitte in Ihr Hotel zurück. Wir werden uns melden, wenn wir Sie brauchen. Geben Sie bitte die Schlüssel von Clevelands Wagen in der Rezeption ab.«

Die beiden Frauen kamen die Treppen herab. Susan sah immer noch wie betäubt aus und wirkte geistesabwesend. Patience hielt sie am Arm fest und ging vorsichtig.

Canady rief sie in fordernder Weise mit ihrem Namen an.

Langsam drehte sie ihm ihr Gesicht zu und schaute ihn ausdruckslos an.

»Was ist vor sich gegangen, nachdem Sie heute nach Hause gekommen sind?«

»Ich habe es aus ihr herausgebracht«, antwortete Patience. »Bitte lassen Sie sie in Ruhe. Bevor sie sich schlafen legte, gab Roy ihr eine Tablette. Er sagte, daß es sie beruhigen würde. Das ist alles, woran sie sich erinnert.«

»Otis wird Sie nach Hause bringen, Miß Furnivall. Bleiben Sie mit Ihrer Schwester dort, bis Sie wieder von mir hören...«

Nachdem Matthew Patience geholfen hatte, Susan aus dem Auto heraus und zu Bett zu bringen, hielt er sie für eine Weile fest umschlungen, küßte sie und ging.

Er fuhr über die nassen verlassenen Straßen und fragte sich, wo jetzt wohl Roy Bedford stecken könnte. Er mußte wissen, daß durch das unvorhergesehene Manöver der Gegenreaktion jenes Teil an seinem Auto, das ihn, Matthew, von der Straße abbringen sollte, abgerissen war, jenes Teil eines Mechanismus, den Roy Bedford vor so langer Zeit ausgetüftelt und gebaut hatte. Es mußte ihm weiter klar sein, daß es keine Möglichkeit gab, ihn als Fahrer des Mörder-Autos zu identifizieren.

Ein Beweis konnte nur aufgrund von Indizien erbracht werden. Da war der Schaden am Chrysler. Roy hatte nun drei Möglichkeiten. Die erste war es, zu fliehen. Das wäre jedoch unklug. Und außerdem paßte es nicht zu Roys Charakter. Die zweite Möglichkeit war die, sich ein Alibi zu verschaffen und vorzugeben, der Wagen sei gestohlen worden. Das aber könnte eine sehr wackelige Sache werden.

Die letzte Möglichkeit wäre, vom Chrysler alles zu entfernen, was als Beweis dienen könnte, daß er für die bewußte Fahrt über den Hügel benutzt worden war.

Der letzte Gedanke schien am sinnvollsten. Roy könnte entweder versuchen, den Wagen selbst zu reparieren, oder ihn loszuwerden. Ihn zu verbrennen, wäre zu riskant. Die Beweisstücke könnten erhalten bleiben. Ihn zu versenken, wäre eine andere Möglichkeit. Am Ende der Werften war das Wasser sehr tief. Oder er könnte den Wagen gegen einen Baum fahren, in der Annahme, daß der zweite größere Schaden den ersten, leichteren, nicht mehr erkennbar machte.

Die Idee, den Wagen bei den Werften zu versenken, schien schon allein deshalb nicht praktikabel, weil die Gefahr bestünde, daß er irgendwann entdeckt würde. Ein Zusammenstoß jedoch würde jede Beweismöglichkeit zunichte machten. Weit besser, als den Wagen verbrennen. Weit besser, als ihn zu versenken.

Zufrieden mit diesen logischen Ergebnissen seiner Überlegungen, hielt Matthew an, zündete sich eine Zigarette an und versuchte, in seinem Gedankengang fortzufahren. Bevor Roy einen Zusammenstoß riskieren würde, müßte er von seinem Auto die Reste des Mechanismus entfernen, der die Scheinwerfer ausfahrbar macht. Die mußte er loswerden. Das bedeutete Werkzeuge, einen Arbeitsraum und Licht. Also, eine Werkstatt.

Er fragte sich, ob Roy die Werkstatt aufgegeben hatte, die ihm damals seinen Start ermöglicht hatte. Für ihn wäre es typisch, wenn er sie noch hätte, um besonderen Eindruck bei Leuten zu machen, indem er sagte: »Vor zehn Jahren war ich nur ein ölverschmierter Mechaniker in diesem alten Stall da.«

In einer plötzlichen Eingebung startete Matt den Motor, fuhr bis zur nächsten Kreuzung, wendete und fuhr in entgegengesetzter Richtung zu der Werkstatt, in der Roy vor neun Jahren gearbeitet hatte.

In der Gegend gab es niedrige Häuser, Lebensmittelläden, Spirituosenhandlungen und Tankstellen. Die Werkstatt befand sich in einem Hof hinter einer alten Pension. Auf dem unbeleuchteten Schild, das draußen an einer Stange hing, stand zu lesen:

Morgan-Street Reparaturwerkstatt
Reparaturen aller Modelle
Einfahrt

Er fuhr an der Einfahrt vorbei, stieg aus und ging das Stück zurück. Die Werkstatt war dunkel. Sein Gedankengebäude brach wie ein Kartenhaus in sich zusammen.

Er blickte auf den Boden. Dort hatte ein Reifen eine tiefe Spur im Straßenschmutz hinterlassen. Die Reifeneindrücke traten deutlich hervor. Wasser aus einer nahen Pfütze floß langsam in die tiefe Spur. Plötzlich war er sehr aufgeregt. Ein Auto war vor nicht mehr als einer halben Stunde in die Werkstatt hineingefahren. Der Unfall lag etwas mehr als eine Stunde zurück. Um sicherzugehen hatte Roy wahrscheinlich die längere Strecke gewählt, um in die Stadt zurückzukommen.

Trainiert durch den Nachtkampf, wechselte Matt hinüber in den dichteren Schatten, den das Vorderhaus gab, und ging von hier aus auf die Werkstatt zu. Seine Schritte machten auf dem feuchten Boden keinerlei Geräusch. Er bewegte sich auf die Tür zu und horchte.

Er hörte ein Werkzeug auf den Betonboden fallen. Das Vorhängeschloß war von den breiten Schiebetüren entfernt worden. Er legte seine Finger in den Spalt zwischen den Türen und schob sie rasch auseinander. Sie quietschten fürchterlich.

Der schwarze Chrysler, noch naß vom Regen, stand mitten in der kleinen Werkstatt. Eine kleine vergitterte Mechanikerlampe lag auf dem Boden an den Vorderrädern. Roy Bedfords Gesicht wurde von unten beleuchtet, so daß seine Wangenknochen scharf hervortragen. Er hockte bewegungslos am Boden und schaute dem Eintretenden entgegen. »Hello, Matt«, grüßte er. »Was führt dich her?«

Matt konte Roys Hände nicht sehen. Zweifellos hielten sie irgendein Werkzeug.

»Ich hab' dich gesucht, Roy. Ich dachte mir, du würdest hier sein.«

»Ich konnte nicht schlafen«, sagte dieser leichthin. »Nichts beruhigt mich mehr, als ein wenig Arbeit an der Karre. Du weißt, wie das ist.«

»Na klar, ich kenne das.«

Er trat näher, jeden Muskel angespannt. Einen Augenblick lang hatte er den Eindruck, als ob Roy ihn hinter sich gehen lassen wollte. Der dringende Wunsch zu verletzen, zu töten, zog seinen Hals zusammen, als hätte er Säure verschluckt, kalter Schweiß trat hervor, die Muskeln spannten sich noch stärker an.

Aber Roy stand ohne Hast auf und bewegte sich vom Wagen weg in den Schatten. Matt konnte den Wagen nicht näher betrachten, ohne daß sich Roy hinter ihm befand.

Das war ein Spiel, in dem sich die handelnden Personen auf der dämmerigen Bühne umkreisten und ab und zu vom Lichtkegel beleuchtet wurden. Sie sprachen ohne viel Stimmaufwand miteinander und verbargen den Wunsch, zu töten, sorgfältig voreinander.

Matt stieß an ein Stück Metall, das klirrend über den Beton rutschte. Er bückte sich schnell und hob es auf. Ihm schien, als ob sich Roy ein ganzes Stück weiter auf ihn zubewegt hätte, während er ihn nicht sehen konnte. Das Metallstück in seiner Hand fühlte sich vertraut an. Es war naß und hatte Zacken an einem Ende. Als Waffe war es zu kurz, es sei denn, es würde mit sehr viel Kraft aus nächster Nähe benutzt.

Er hob es hoch, so daß er es betrachten konnte, ohne die Augen von Roy abzuwenden. Es paßte zu dem Stück, daß im Kühlergrill gesteckt hatte.

»Eine merkwürdige Form hat das Stück hier«, meinte er sanft.

»In diesem alten Laden gibt's alle Arten kurioses Zeugs, Matt«, erwiderte Roy.

»Das Ding hier ist naß.«

»Der Wagen ist auch naß. Möglicherweise heruntergetropft.«

Nach wie vor konnte er Roys Hände nicht sehen. Die Gitterlampe machte einen halbblind, die Schatten bekamen einen samtigen Schimmer, und die Chromteile blitzten hell auf. Die rauhe Struktur des Betons kam in dem Lichtschein, der bis zu seinen Füßen reichte, deutlich heraus. Dort lag eine Gummimatte.

»Warum hast du Alicia getötet?« fragte Matt mit beinahe zärtlicher Stimme.

Roy blieb ruhig, sein Gesicht teilnahmslos. »Was redest du da, Matt? Sie werden kommen und dich einfangen.«

»Mich? Du bist der Verrückte, Roy. Du konntest Alicia nicht kriegen. Da hast du versucht, uns beide umzubringen. Aber es endete damit, daß sie starb und ich am Leben blieb. Das war dir gerade recht. Du dachtest, ich wäre für mein Leben ein Krüppel. Du hast jeden, der dir im Weg stand, zerquetscht. Du hast Susan geheiratet und gewußt, daß du Patience umbringen würdest. Das hat einmal geklappt, also warum nicht ein zweites Mal? Jeder wußte, wie du handelst. Es ist schade, daß du nicht noch verrückter bist. Wenn du das wärst, würdest du auf einer netten Einrichtung enden. So eine, wo man die Haare von den Beinen des großen Bedford abrasiert, ihn an einem feinen Stühlchen festschnallt, ihm eine Kapuze, eine schwarze Kapuze überstülpt...«

»Halt's Maul!« brüllte Roy.

Matt stand mit einem Fuß auf der Gummimatte und stieß sie mit der anderen hoch. Die plötzliche Finsternis war so gewalttätig wie ein Schuß. Geräuschlos bewegte sich Matt auf den Wagen zu. Er stand und horchte angestrengt, seine Finger um das Metall gekrampft, die Hand zum Schlag erhoben.

Der Wagen ächzte plötzlich, als trüge er jemandes Gewicht.

Es wäre möglich, die Silhouette gegen das weniger tiefe Dunkel der geöffneten Tür besser zu erkennen. Matt trat vom Wagen zurück, so vorsichtig wie möglich. Aber mit seinem Fuß stieß er an ein Werkzeug auf dem Boden, das kaum hörbar schepperte.

Er stolperte und fiel. Bedford stürzte sich auf ihn. Er fiel nach vorn, versuchte sich umzudrehen und seine Arme freizubekommen, um zu verhindern, daß sein Kopf auf dem Betonboden aufschlug.

Die dunkle Werkstatt explodierte, Lichtgarben drehten sich und stachen auf ihn ein, dann – nichts mehr...

Etwas stieß auf ihn ein, sein Kopf schmerzte und irgend etwas grub sich in seinen Nacken. Er unterdrückte ein Stöhnen, und die klare Erinnerung an seinen Fall schoß durch seinen Kopf. Nach und nach merkte er, daß er sich in einem fahrenden Wagen befand. Das Ding in seinem Nacken war ein Türgriff. Das Wageninnere wurde kurz beleuchtet, als sie unter einer Straßenlaterne vorbeikamen.

Er wußte, daß, wenn er seinen Kopf hob und falls Bedford der Fahrer wäre, er sofort einen weiteren Schlag bekommen würde. Es fiel ihm schwer, einen klaren Gedanken zu fassen.

Er fühlte sich, als sei sein halber Schädel zertrümmert.

Als das Auto um eine Kurve fuhr, erlaubte er sich einen vorsichtigen Blick und drehte dazu seinen Kopf ein wenig. Er blinzelte und sah Bedford seltsamerweise völlig entspannt hinter dem Lenkrad sitzen. Er lächelte sogar ein wenig.

Ein zufriedenes Lächeln, dachte Matt. Worüber, zum Kukkuck, lächelt er bloß? Was kann er vorhaben? Matthew hatte keine Ahnung, wo sie sich befanden. Roy fuhr langsam, als ob er keinerlei Aufmerksamkeit erregen wollte.

Plötzlich sah er hinter den Scheiben über Bedfords Kopf die hohe Silhouette eines Gebäudes, und er konnte gerade noch die Buchstaben VALL lesen. Die Furnivall-Gesellschaft! Die Straße führte am Gebäude entlang, machte dann einen Bogen, kreuzte die Anschlußgeleise der Eisenbahn und verlief hügelabwärts in Richtung auf die Hauptgeleise.

Als sie langsam um die Ecke bogen, hörte Matt des entfernte Schnauben einer Lokomotive und einen einsamen Pfiff. Weshalb hatte Roy Grund zu lächeln?

Er schloß seine Augen als Roy zu ihm hinüberblickte, zählte langsam bis zehn und riskierte es, sie wieder zu öffnen.

Roy nahm den Gang heraus. Sie waren auf dem Hügel oberhalb der Hauptgeleise angekommen. Roy öffnete die Tür an seiner Seite, stieg aus und steuerte mit einer Hand. Das Schnauben der Lokomotive kam näher, immer näher. Roy konnte Matt nicht sehen. Matts Hals wurde vor lauter Angst trocken. Er hob seinen Kopf und sah das Zyklopenauge der stampfenden Maschine. Die Signallampen am Überweg blinkten rot.

Matthew schrie heiser auf, öffnete die Tür an seiner Seite, faßte dann nach Roy Bedfords Handgelenk und zog ihn mit aller Kraft. Er zog, bis er ihn durch die Tür wieder hereingezogen hatte und er gegen das Lenkrad plumpste. Dann lokkerte er seinen Griff, rollte sich rückwärts durch die geöffnete Tür hinaus und schlug gegen den Eisenmast der Signalanlage, hörte über sich den betäubenden Lärm der Lokomotive, einen spitzen hohen Schrei, der plötzlich von einem Krachen und Splittern abgeschnitten wurde, das sich gegen das Stoßen der großen Stahlräder geradezu schwach ausnahm.

Als die doppelten Bremsen kreischten und Stahl an Stahl schleifte, legte Matt seinen Kopf auf das nasse Geröll und weinte herzzerreißend, wie ein Kind.

Patience stapfte zu dem flachen Felsen hinüber und setzte sich mit einem Seufzer nieder. Ihre Wangen waren vom langen Laufen am Strand gerötet. Auf Matts Wunsch hatte sie ihre strenge Frisur geändert. Der Wind spielte mit ihrem schwarzen Haar.

Er reichte ihr eine Zigarette, gab ihr Feuer und legte sich zu ihren Füßen in den Sand. Er schaute aufs graue Meer hinaus.

»Weißt du, du warst im Unrecht«, sagte sie.

»Womit war ich im Unrecht?« fragte er. »Ich hab' mindestens einmal am Tag unrecht. Da kann man schon die Uhr nach stellen.«

»Was Evan betrifft, und daß er in mich verliebt ist. Er ist heute morgen wieder ins Sanatorium gegangen, um Sue zu besuchen. Er wird ihr helfen, wieder ins Leben zurückzufinden. Er sagt, daß sie ihn angelächelt habe, das letzte Mal als er wegging. Wenn er über sie spricht, leuchten seine Augen und seine Stimme wird heiser und fremd.«

»Mach dich nicht lustig über verliebte Männer. Ich weiß,

daß sie komisch sind. Du kannst deine Hand ausstrecken und so jemanden im Sitzen umstoßen.«

Sie antwortete nicht, und er schaute zu ihr auf. Ihre Augen waren sehr ernst, und sie blickte vor sich hin.

»Matt«, sagte sie schließlich, »in Situationen, wo man unter starker Nervenanspannung lebt, können sonderbare Dinge geschehen. Wir haben wie in einem Alptraum gelebt. Ich möchte nicht, daß du dich für etwas verantwortlich fühlst, was du gesagt hast.«

»Heute abend werde ich Kerzen anzünden und leise Musik auflegen und werde es wiederholen.«

»Kommt das nicht alles zu schnell? Ich meine, nach dem Tod von Roy und all dem, was damit im Zusammenhang stand?«

Er lachte. »Roy ist einfach zu bedauern, Liebes. Nachdem er mit jener Lokomotive seine Kräfte gemessen hatte, war's aus mit ihm. Ich kann mich schon kaum mehr erinnern, wie er ausgesehen hat, obwohl sie mir erst gestern den Verband vom Kopf genommen haben. Du wolltest mich doch eigentlich fragen, ob mir Alicia noch im Kopf herumspukt. Ist's nicht so?«

Er sah zu ihr hoch. Sie schaute zur Seite und sagte mit gepreßter Stimme: »Ich nehme an, sie tut es.«

»In den vierzehn Tagen, seit Roy tot ist, hab' ich einmal von ihr geträumt. Willst du wissen, was es war?«

»Wenn du es mir sagen willst«, antwortete sie und preßte die Lippen aufeinander.

»In meinem Traum bin ich in der Dämmerung durch eine große Stadt gelaufen. Es war kein Verkehr auf den Straßen, und es waren auch keine Menschen dort. Ich war unterwegs, zu Alicia. Aber ich konnte mich an ihre Adresse nicht erinnern. Ich war darüber bestürzt, daß ich ihre Adresse vergessen hatte. Die Straßen sahen alle gleich aus. Es gab keine Schilder, keine Hausnummern und niemanden, den ich hätte fragen können.

Plötzlich hörte ich, daß mich jemand rief. Es war nicht mehr dieser widerhallende Klang, den Alicias Stimme immer hatte. Es klang so, als sei das Rufen direkt in meinem Ohr. Ich drehte mich um und du liefst mir in die Arme. Du warst das, nicht Alicia.

Du lachtest und weintest zur gleichen Zeit. Du warst ganz aufgeregt. Ich hielt dich ganz fest und dann fragte ich dich, wo Alicia sei. Du sagtest, daß sie fortgegangen sei und dich geschickt habe, um ihre Verabredung mit mir einzuhalten. Ich fragte dich, was Alicia mir hatte sagen wollen. Du antwortetest, daß es nicht mehr wichtig sei. Dann schaute ich mich um, und auf allen Bürgersteigen liefen Menschen, und auf den Straßen fuhren die Autos, die Leute gingen an uns vorüber und beachteten uns nicht weiter.«

Er schwieg, hob eine Handvoll Sand auf und ließ ihn durch die Finger rinnen.

Am Horizont zog ein Küstenschiff eine Rauchfahne hinter sich her. Er sah zu Patience hoch. Die Lippen leicht geöffnet, blickte sie dem Schiff nach.

»Man sagt, die schönsten Hochzeitsreisen kann man auf Frachtschiffen für den Süd-Amerika Handel machen«, meinte er und lächelte ihr zu.

Sie befeuchtete die Lippen. »Gib mir ein wenig Zeit zum Packen.«

Mord auf Bestellung

Auf dem Weg zum Hotel saß er im Fond eines Taxis, ein breitschultriger, verdrossen dreinblickender Mann, der in seinem Innern vergeblich nach einem Grund suchte, mit seinem Leben zufrieden zu sein. Das einzige, was er fand, war eine Art Lebensüberdruß – eine Niedergeschlagenheit, die das Resultat einer harten, einjährigen Sucharbeit war. Von Anfang an hatte er gewußt, daß er eines Tages siegen würde. Er dachte an das abgedroschene Klischee von der immer enger werdenden Welt und lächelte. Nein, auf dieser Welt gab es kein Versteck mehr für einen Gejagten.

Vor einiger Zeit hatte es noch solche Nischen gegeben. Da waren die Fremdenlegion, entlegene Farmen am Amazonas oder die Gegend nördlich von Kimberley. Doch im Zeitalter der Fingerabdrücke, der bürokratischen Formalitäten wie Einreisevisa und Einwohnerstatistik, gab es auch diese Möglichkeiten nicht mehr. »Und warum wollen Sie in dieses Land einreisen, Monsieur?« »Wie lange wollen Sie bleiben, Sahib?« »Über welche finanziellen Mittel verfügen Sie, Señor?«

Natürlich kann man in einem kleinen Boot an jeder Küste heimlich an Land gehen, aber dann spuckt das Räderwerk der Bürokratie jene grünen und rosa Formulare aus – Arbeitserlaubnis, Lohnsteuerbescheide und Meldeformulare – und plötzlich ist es, als ob die illegale Einreise, die Abschiebung ins Ausland, der Name und selbst die intimsten Geheimnisse quer über den Himmel geschrieben wären, damit alle es lesen könnten.

Und trotzdem war es immer noch leichter, sich vor einer Regierung zu verstecken als vor einem Menschen.

Jan Dalquist, der gelassen im Taxi die Canal Street hinauffuhr, wußte das. Das traf besonders dann zu, wenn der Jäger über die entsprechenden Mittel verfügte. Der Jäger mußte noch nicht einmal besonders gerissen sein. Jan Dalquist kannte seine Schwächen. Er war nicht gerissen. Er war verbissen, pedantisch, hartnäckig, schweigsam und unerbittlich, aber nicht gerissen.

Doch als Kopfjäger war er unschlagbar.

Das riesige Netz der Gerichtsbarkeit, mit dem die Demokratien Frankreich und Deutschland nach dem Krieg überzogen hatten, war eine Kompromißlösung gewesen. Es war engmaschig genug, um die größeren Verbrecher zu fangen, aber auch weitmaschig genug, um die Millionen kleiner Fische hindurchschlüpfen zu lassen, deren kleinere Verbrechen sonst die Gerichtsbarkeit noch in hundert Jahren beschäftigen würden. Die Konsequenz war, daß tausende von Kriegsverbrechern dem gesetzlichen Zugriff entkommen waren und nun über den ganzen Globus verteilt lebten.

Einem von ihnen war Jan Dalquist bereits seit einem Jahr auf der Spur.

Er war von keiner Regierung beauftragt worden. Eine kleine Gruppe französischer Industrieller bezahlte ihn. Es waren Männer, deren Existenz durch die deutsche Besatzung vernichtet worden war, Männer, die nicht zur Kollaboration bereit gewesen waren und nun in aller Stille Rache übten, gefühllos wie Bankiers, die ihre Schulden eintreiben. Sie zahlten dafür, daß er andere Franzosen zur Strecke brachte, und waren mit seinen Diensten sehr zufrieden. Selbst für einen gedungenen Mörder war die Bezahlung außerordentlich großzügig.

Jan Dalquist war hinter Jean Charlebois her. Die Fakten waren ganz einfach. Als die Alliierten einmarschierten, liquidierten die Deutschen eine große Vereinigung von Maquis, französischen Widerstandskämpfern. Man vermutete Verrat. Nur drei Maquis entkamen. Als wenig später die Stadt eingenommen wurde, ersah man aus deutschen Unterlagen, daß ein gewisser Jean Charlebois den Verrat begangen hatte. Er gehörte zu den drei Entkommenen. Der Sohn eines der Industriellen, die Dalquist nun bezahlten, war durch den Verrat von der Gestapo erschossen worden. Das erklärte den Auftrag, Charlebois zu finden und zu töten.

Die Auftraggeber hatten wenig Geduld mit den langsamen Mühlen der Regierung. Aus diesem Grund hatten sie Jan

Dalquist, der vor dem Krieg in Frankreich gelebt hatte und während des Krieges als Fallschirmspringer dorthin zurückgekehrt war, als verläßlichen Killer engagiert.

Hätten sie ihn nur ein wenig früher oder später um diesen Dienst gebeten, so hätte er mit Sicherheit abgelehnt, da es ihn anwiderte, Selbstjustiz zu üben, Richter und Henker in einer Person zu spielen. Doch das Angebot hatte ihn erreicht, während Dalquist in einem Militärhospital lag, und ein geschickter Chirurg alle Mühe hatte, aus den Fleischfetzen und Knochensplittern wieder halbwegs brauchbare Hände zu formen und die knochentiefen Verbrennungen in seinen Fußsohlen mit Hautteilen aus seinen Oberschenkeln zu überdecken.

Die Erinnerung an die Kellerräume im Hauptquartier der Gestapo war noch zu frisch. So hatte Dalquist eingewilligt. Einen Rückzieher gab es für ihn nicht. Was er anfing, brachte er auch zu Ende.

Sie nannten ihm drei Namen. Den ersten Verräter fand er nach neun Monaten in Brasilien. Manchmal erwachte er mitten in der Nacht und hatte wieder jenes Bild des Todes vor Augen. Die Hand des Mannes verfolgte ihn stetig. Es war auf einem Feld außerhalb von Belém geschehen. Er hatte den Mann längst für tot gehalten, als sich dessen Hand in dem weißen Staub bewegte.

Nach weiteren sieben Monaten hatte er den zweiten in Montreal ausfindig gemacht. Das Eis auf dem Fluß war hauchdünn gewesen, fast durchsichtig. Er hatte die Leiche durch ein Loch gleiten lassen, das er in die Eisdecke getreten hatte. Die Strömung trieb den Leichnam langsam davon und drehte ihn mit dem Gesicht nach oben, so daß Dalquist, wie durch einen Nebel, das Gesicht des Mannes und die dunklen Augenhöhlen gesehen hatte.

Auch davon träumte er oft.

Das Taxi hielt vor seinem Hotel. Er trug sich an der Rezeption ein und ließ sich vom Pagen zu seinem Zimmer führen. Er gab ihm ein Trinkgeld, schloß die Tür ab und trat, die verstümmelten Hände tief in seine Taschen vergraben, ans Fenster. Vom 14. Stock sah er auf das geschäftige Treiben in den Straßen von New Orleans herab, ein kantiger, ruhiger Mann, mit ernstem Gesicht, das noch vom Leid gezeichnet war. Über das glitzernde Wasser des Kanals, entlang der Canal Street, hinweg, blickte er auf die engen Straßen des Franzosenviertels. Vielleicht war Jean Charlebois dort unten. Wenn das zutraf, war es das Ende der dritten Suche und damit das Ende seines Auftrags. Er wollte nicht daran denken, was er tun würde, wenn er ihn gefunden und erledigt hätte. Solche Gedanken vernebelten allenfalls seinen klaren Verstand.

Er öffnete seine Reisetasche und entnahm ihr ein kleines, schwarzes Notizbuch. Er setzte sich auf die Bettkante und überflog zum x-tenmal die bisherigen Ergebnisse seiner Suche nach Charlebois. Der Mann war seiner gerechten Strafe nun schon zweieinhalb Jahre entgangen. Die Eintragungen waren recht dürftig.

Jean Charlebois verließ Frankreich zu Fuß, ging nach Spanien. Verbesserte seine spanischen Sprachkenntnisse, blieb drei Monate in Barcelona und besorgte sich einen Paß mit spanischer Staatsbürgerschaft. Name Ramón Francesco. Ging mit portugiesischem Visum nach Lissabon. Blieb dort vier Monate und gelangte durch illegale Schiffspassage mit einem Handelsschiff nach Guatemala. Aus den Augen verloren und in Mexiko-Stadt wiedergefunden. In der Zwischenzeit neuen Namen angenommen, Pierre Duval. Im Dezember 1947 illegal über die mexikanische Grenze nach Texas gelangt. Untergetaucht, bis ich einen Brief abfangen konnte, den er an eine Mexikanerin in Mexiko-Stadt geschrieben hatte. Inhalt des Briefes besagt, daß er in einem Café auf der Burgundy Street im Franzosenviertel von New Orleans als Kellner arbeitet. Name des Cafés, ›Altes Tor‹. Bin in New Orleans 24 Tage nach Aufgabe des Briefes angekommen. Glaube, daß er sich noch in der Stadt aufhält.

Dalquist schloß das Büchlein und legte es in die Reisetasche zurück. Gedankenversunken saß er auf der Bettkante und betrachtete seine Finger, rieb die gefühllosen Fingerspitzen aneinander und sah auf die Stellen, an denen normalerweise Fingernägel waren. Er verspürte nicht den geringsten Tatendrang, nur Furcht. Nicht vor Charlebois. Es war eine seltsame Furcht. Ihm war, als hätte er vor drei Jahren, in den Kellerräumen des Gestapohauptquartiers, aufgehört zu existieren. Er war zu einer Maschine geworden, die dem Willen einer kleinen Gruppe verbitterter Männer gehorchte.

Dies war sein letzter Fall. Wenn die Geschichte vorüber war, würde er wieder zu sich selbst zurückfinden. Es würde immer Leute geben, die ihn dafür bezahlten, andere Männer zu jagen. Aber das war auch keinen Alternative. Er wußte, daß die zweieinhalb Jahre pausenloser Hetzjagd ihn zermürbt hatten. Nein, das war bestimmt keine Alternative. Er dachte an die feuchte Erde und daran, etwas gedeihen zu lassen, an weite Felder, auf die die Sonne herabbrannte und der Regen niederprasselte. Er konnte den saftigen Humus förmlich riechen.

Nachdem er geduscht hatte, streifte er das Schulterhalfter über, prüfte das Magazin seiner 32er Automatic und ließ es wieder einrasten. Er stellte sich vor den Spiegel. Okay, daß er unter dem mausgrauen Anzug eine Waffe trug, konnte man beim besten Willen nicht erkennen. Er seufzte tief, verließ das Hotel und ging die Burgundy Street hinunter. Während er so dahinschlenderte, hatte er das präzise Bild von Jean Charlebois vor Augen.

175 cm groß, 125 Pfund, dunkles, schütteres Haar, blasse Gesichtsfarbe, dicke Augenbrauen, Goldkrone auf rechtem Eckzahn, nervös, behend, hastige Bewegungen. Hohe Stimme, gepflegtes Äußeres, Schürzenjäger. Hat eine Vorliebe für Schmuck. Trägt vielleicht einen Schnurrbart. Hat schlechte Augen, trägt aber ungern eine Brille.

Die Sonne war fast untergegangen, und künstliche Beleuchtung wurde bereits hier und da eingeschaltet. Dalquist ging langsam in der Dämmerung weiter und spürte bei jedem Schritt die Schmerzen in seinen Füßen, Schmerzen, die ihn den Rest seines Lebens begleiten würden. In seinem Herzen brannte aber noch ein anderer Schmerz. Er war ein intelligenter und kultivierter Mann, ein von Natur aus sensibler Mann, der nun bis zum Hals in einer der brutalsten und abscheulichsten Begleiterscheinungen des Krieges steckte. Er hatte am eigenen Leib erfahren, daß es keinen Feldzug ohne rohe Gewalt gab, und sich die entsprechenden Methoden angeeignet. Vielleicht beherrschte er die Kunst des Tötens nur deswegen so perfekt, weil sie so wenig zu seinem Charakter paßte.

Während er ging, glich sein Bewußtsein einer geballten Faust; seine Muskeln waren gespannt und zum entscheidenden Schlag bereit, ja, sein ganzer Körper war wie eine Maschine auf die systematische Zerstörung von Jean Charlebois vorprogrammiert.

Er mußte behutsam vorgehen. Man kann nicht einfach jemanden auf offener Straße niederschießen und weitergehen, als wäre nichts passiert. Jedes Detail mußte optimal geplant und durchgeführt werden – wie bei einem normalen Mord, nicht wie bei einer standrechtlichen Erschießung.

Der Fallensteller ködert und legt die Falle aus. Er entfernt sich und verwischt alle Spuren. Für einen Moment betrachtet er seine Falle mit den Augen des Beutetiers. Welche Möglichkeiten hat es, zu entkommen?

Auf genau diese Art betrachtete Jan Dalquist das ›Alte Tor‹. Es war ein ebenerdiges Gebäude mit zwei Eingängen. Der eine führte in eine etwas schmuddelige Bar mit schummriger Beleuchtung. An der groben Holztäfelung der Wände hingen alte Fahnen und Schwerter. Der andere Eingang führte in den Speiseraum, an dessen Ende eine erhöhte Plattform lag. Bar und Speiseraum waren durch ein großes schmiedeeisernes Tor voneinander getrennt, auf dem ein Schild angebracht war: ›Zum Galadinner im Fürstenhof‹. Am Ende der Bar bemerkte er eine offene Tür.

Er bestellte einen Drink und ging unauffällig, mit dem Glas in der Hand, ins Freie. Er stand auf einem kleinen, unüberdachten Hinterhof, in dessen Zentrum ein altersschwacher Springbrunnen vor sich hin blubberte. Ein paar Tische mit schmutzigen Decken waren aufgestellt worden, und auf einem weiteren Schild las er: »Tanz unter den Sternen beim Kerzenschein.«

Es gab nur zwei Türen, durch die man den Hof verlassen konnte. Eine führte in die Bar, die andere in die Küche. Außer einem älteren Herrn, der geistesabwesend in sein Glas starrte, war Dalquist der einzige Gast. Durch das schmiedeeiserne Tor hindurch sah er eine Treppe, die offensichtlich zu den Räumen im ersten Stock führte. Damit stand ihm schon der nächste Erkundungsgang bevor.

Er wählte einen Platz an der Bar, von dem aus er den Speiseraum am besten überblicken konnte, und nippte geduldig an seinem Drink. Jan Dalquist hatte sehr viel Geduld. Während er wartete, legte er sich in Gedanken mehrere Pläne zurecht, wie er Jean Charlebois töten würde. Jean Charlebois alias Ramón Francesco, alias Pierre Duval, ehemaliger Maquis, ehemaliger Büttel der Gestapo, ehemaliger Franzose und seither ein Unmensch ohne Herz und Seele.

Zwei Pärchen konsumierten an der Bar lautstark Drinks und gingen dann in den Speiseraum hinüber. Dalquist beobachtete aufmerksam das Geschehen, ohne sich sein Interesse anmerken zu lassen. Seine innere Spannung flaute wieder ab, als ein molliger Kellner die Bestellung entgegennahm, der unmöglich Charlebois sein konnte.

Ein hübsches Mädchen mit einem dichten blonden Lokkenkopf trat ein und setzte sich, zwei Hocker von ihm entfernt, an die Bar. Sie hatte ein offenes Gesicht und machte einen zurückhaltenden und feinfühligen Eindruck. Er warf einen Blick auf ihre Hände. Sie waren sehnig und wirkten irgendwie kräftig. Plötzlich dachte er daran, daß ein Pärchen weit weniger Charlebois' Mißtrauen erregen würde als ein einzelner Mann.

Er betrachtete sie aufmerksam und bemerkte, wie sie ihr Spiegelbild auf der runden, polierten Oberfläche einer silbernen Kanne studierte, die neben dem Spülbecken hinter der Bar stand. Sie schmunzelte, angesichts ihres verzerrten Konterfeis.

»Nicht gerade schmeichelhaft, wie?« bemerkte er leise.

Sie sah sich schnell nach ihm um und wirkte erstaunt darüber, wie genau er ihre eigenen Gedanken ausgesprochen hatte. Sie taxierte ihn mit ihren Blicken und wußte wohl noch nicht so recht, ob sie seine Bemerkung übergehen sollte oder nicht. Er war davon überzeugt, daß sein schwermütiges, unbewegliches Gesicht für ihn sprechen, und sie ihn nicht an seiner äußeren Erscheinung messen würde.

So war es auch. Sie lächelte und sagte: »Halte eine Frau von allen Gegenständen fern, in denen sie ihr Gesicht sehen kann.«

»Männer sind nicht weniger eitel, wissen Sie. Bevor Sie hereinkamen, starrte ich in das Ding und stellte mir vor, ich müßte mein Leben lang mit einem solchen Gesicht herumlaufen. Das versöhnte mich mit dem Gesicht, das ich habe. Eine angenehme und auch seltene Erfahrung für mich.«

Sie neigte den Kopf etwas zur Seite und betrachtete ihn amüsiert, mit einer betont gewichtigen Miene. »Warum selten? Ich finde Ihr Gesicht ausgesprochen gut. Solide und vertrauenerweckend – und schöne Augen.«

Er verneigte sich und sagte: »Vielen Dank, werteste Freundin. Und was verrät Ihnen mein Anblick noch?«

Einen Moment lang spitzte sie die Lippen. »Also, Sie sind ungefähr sechsunddreißig, skandinavischer Herkunft und, Ihrer Ausdrucksweise nach, aus gutem Hause. Ihr Anzug sitzt tadellos. Ihr Gesicht hat etwas Trauriges, als ob Sie ziemlich viel durchgemacht hätten. Ich glaube, daß Sie einen Beruf ausüben, in dem Sie voll aufgehen. Vielleicht sind Sie Ingenieur.«

Er lachte. »Sie schauen sehr genau hin. Dennoch, ich bin erst zweiunddreißig und habe auch nicht mehr durchgemacht als andere. Ich muß noch einen kleinen Job erledigen und danach bin ich arbeitslos. Woher haben Sie nur Ihre gute Beobachtungsgabe?«

»Ich bin hier, um zu malen. Zeigen Sie mir Ihre Hände. Von Händen kann ich eine Menge ablesen.«

»Besser nicht.«

»Was meinen Sie damit?«

»Die sehen nicht gerade schön aus. Sie wurden vor ein paar Jahren verletzt.«

Ein Ausdruck von Mitleid huschte über ihr Gesicht. Er sagte: »Ich würde mich sehr freuen, wenn Sie mit mir zu Abend essen würden. Das heißt, wenn Sie nichts anderes vorhaben...«

Nun wirkte ihr Lächeln aufgesetzt. »Ich bedaure, aber ich glaube nicht, daß...«

»Ich weiß. Sie sind es nicht gewohnt, in Bars Männerbekanntschaften zu machen und dann noch mit ihnen zu dinieren. Aber ich bin völlig harmlos und einsam. Ich habe bestimmt keine Hintergedanken. Bitte enttäuschen Sie mich nicht.«

Sie starrte lange in ihr Cocktailglas und lächelte ihn schließlich an. »In Ordnung. Ich heiße Jerry Ellis.«

»Und mein Name ist Jan Dalquist. Gleich haben Sie die nächste Chance, mir einen Korb zu geben. Ich sagte schon, daß meine Hände unansehnlich sind. Sie sind so gefühllos, daß ich während des Essens keine Handschuhe tragen kann. Schon aus diesem Grund ist es lange her, seit ich das letztemal mit einer Frau zu Abend gegessen habe.« Er legte seine rechte Hand auf die Bar, spreizte die Finger und betrachtete ihr Gesicht voller Spannung. Er sah ihren Blick und die zusammengepreßten Lippen.

»Setzen Sie sich neben mich, Jan«, sagte sie. Er kam ihrer Aufforderung nach, und sie legte ihre warmen Finger auf seinen Handrücken. »Ich freue mich sehr auf unser gemeinsames Abendessen. Und Sie sind ein dummes Mannsbild, sehr dumm.«

Sie sagte das in einem Ton, daß er am liebsten sein Geld auf den Tresen geknallt und die Bar verlassen hätte. Keine Hintergedanken! Sie war viel zu vertrauensselig, als daß er sie zu etwas verleiten wollte, was ohnehin nur häßlich enden konnte. Sie schien wirklich ein liebenswerter Mensch zu sein.

»Charles, der Barmixer, wird sich ziemlich wundern. Ich bin jede Woche mehrmals hier, und mindestens einmal pro Woche muß er irgendeinem glühenden Verehrer mitteilen, daß ich in Ruhe gelassen werden möchte. Die anderen halte ich mir selbst vom Leib. Er wird Sie anstarren und sich fragen, warum ich mit Ihnen zu Abend esse.«

Jan schmunzelte und sagte: »Als Barmixer wird er sofort erkennen, daß ich ein ganz harmloser Kerl bin. Abgesehen davon habe ich ja nur Ihr Entgegenkommen ausgenutzt.« Während er sprach, sah er im Speiseraum einen Mann in weißer Kellnerkleidung. Fast automatisch kam der Impuls in seinem Gehirn. Jean Charlebois.

Der Jäger hebt eine Hand und teilt geräuschlos das Buschwerk, das ihm die Sicht versperrt. Der kalte bläuliche Gewehrlauf zielt auf die Lichtung. Der Rehbock steht still, mit bebenden Nüstern, und dreht seinen Kopf in alle Richtungen. Der Jäger preßt seine Wange an den glatten Kolben. Er holt tief Luft und atmet zur Hälfte aus. Seine rechte Hand schließt sich langsam, Abzug und rechter Zeigefinger verschmelzen zu einer Einheit. Er fixiert über Kimme und Korn einen Fleck knapp hinter dem flachen Knochen der rechten Schulter des Rehbocks. Die rechte Hand schließt sich weiter...

»Was haben Sie denn eben so angestarrt?« fragte Jerry. »Eine Minute lang sahen Sie richtig zum Fürchten aus. Wie einer, der Gespenster sieht.«

Er blickte verwirrt zu ihr hinüber und ärgerte sich, daß er beim Anblick von Charlebois die Kontrolle über seine Gesichtszüge verloren hatte. Nun war es wichtig, sie abzulenken.

»Bin ich so leicht zu durchschauen? Ich dachte an Sie. Sie sind vermutlich leicht zu verletzen. Und offensichtlich ist dies schon geschehen. Sie wären keine so kluge und tiefsinnige Frau, wenn Sie noch keine Verletzungen erlitten hätten. Ich fragte mich gerade, wer Ihnen das antun konnte.«

Sie versuchte, ihre Gefühle zu verbergen. Sie war nur noch ein Mädchen, das neben ihm saß und an einem Cocktail nippte. Körperlich war sie zwar anwesend, aber in Gedanken war sie in der Vergangenheit. Das verächtliche Zucken der Mundwinkel gab ihrem Gesicht ein befremdendes Aussehen.

»Soll ich Ihnen jetzt vielleicht meine Lebensgeschichte erzählen? Das ist alles ziemlich langweilig. Irgendwann werde ich sie Ihnen vielleicht erzählen und Ihnen dann beim Gähnen zuschauen. Ich glaube nicht, daß es außer mir noch jemanden gibt, der sich im geringsten dafür interessiert. Mich selbst interessiert es auch nur insofern, als das Ergebnis einer Verletzung jenes ist, daß ich hier allein herumhänge und mich an einer Arbeit versuche, für die ich nicht geeignet bin, und daß ich über meinen nächsten Schritt nachdenke, um zu einem sinnvollen Leben zu finden. Zur Zeit bin ich mir selbst ein Fremder.« Sie blickte ihn wieder an und schmunzelte.

»Weinen sich alle Ihre flüchtigen Bekanntschaften sofort an Ihrer Schulter aus?«

Für einen Augenblick gab er das Versteckspiel auf und sagte offen: »Vielleicht sind wir beide an einem Scheideweg. Ich bin ebensowenig für meine Arbeit geeignet und weiß nicht, wie es weitergehen wird. Bald ist es ausgestanden, und ich habe noch keine Pläne.«

Eine Zeitlang schwiegen beide. »Bevor das hier zu einer Versammlung von Klageweibern wird, bestellen wir uns lieber noch etwas zu trinken«, sagte Jan schließlich.

Sie unterhielten sich über New Orleans, den Touristenrummel im Franzosenviertel, den richtigen Wermut für Martinis, stellten fest, daß sie beide Froschschenkel, heißes Wetter, Mozart und Duke Ellington mochten. Sie waren fröhlich, und fühlten sich jung und munter. Einige der Gespenster verschwanden aus seinem Blick, und die Kellerräume fielen ein wenig mehr der Vergessenheit anheim.

Während sie sich unterhielten, ging Charlebois mehrmals an dem schmiedeeisernen Tor vorbei. Sein Gang, wie er den Kopf hielt, die Neigung seiner Schultern, das alles war genau registriert und in einem Teil von Jans Gedächtnis gespeichert, der so eiskalt war, wie eine sternenklare Nacht in der Steppe. Bald hatte er herausgefunden, an welchen Tischen Charlebois bediente.

Er lud sie auf einen weiteren Drink ein, und sie sagte: »Nur noch den einen. Sonst fall ich um. Dann müssen Sie mich an den Tisch führen.«

»Der Blinde führt den Blinden, Jerry.«

Das ›Alte Tor‹ war mittlerweile recht gut besucht, und es bereitete Dalquist einige Schwierigkeiten, den richtigen Moment abzupassen, in dem er mit Sicherheit an einen von Charlebois Tischen kommen konnte. Er schaffte es schließlich. Der Oberkellner öffnete die Tür mit einer übertriebenen Geste, und Jan folgte Jerry in den Speiseraum, wobei er sie unauffällig an einen von Charlebois' Tischen lenkte.

Als Charlebois mit den Speisekarten kam, sah Dalquist ihn von der Seite an und fragte beiläufig mit Pariser Akzent: »Ich nehme an, daß Sie französisch sprechen?«

»Ja, Monsieur«, antwortete Charlebois. »Monsieur sprechen ausgezeichnet«, fügte er hinzu.

Dalquist blickte zu Jerry Ellis hinüber und erkannte an ihrem verwirrten Gesichtsausdruck, daß sie die Sprache nicht beherrschte. Geistesgegenwärtig sagte er: »Es ist hier sehr voll, und die Dame ist dieser Sprache nicht mächtig. Haben Sie nicht einen separaten Raum, in dem wir ungestört essen können, mit Ihnen als Bedienung?«

»Einen Augenblick, Monsieur«, sagte Charlebois und eilte davon.

Jan wandte sich wieder an Jerry und sagte: »Es tut mir leid, aber ich dachte auch erst daran, als der Ober an den Tisch kam. Ich habe ihn gefragt, ob es hier einen Raum gibt, in dem wir ungestört essen können. Ich fühle mich ständig beobachtet, wenn die Tische so eng beieinander stehen und alle Leute meine Hände sehen können. Ich vergaß, daß Sie dieses Vorhaben ein wenig kühn finden könnten.«

»Stellen Sie sich nicht so an«, sagte sie schnell. »Ich freue mich sogar darüber. Ich kann es nicht leiden, wenn mich die Leute vom Nachbartisch mit ihren Ellbogen traktieren.«

Charlebois kam zurück, nickte Dalquist bejahend zu und sagte: »Eines der Séparées ist frei. Ich kann Sie dort auch bedienen. Wenn Sie mir bitte folgen würden.«

Sie folgten ihm durch den Vorhang die Treppe hinauf. Mit einer Verbeugung öffnete er die Tür zu einem kleinen Raum, von dem aus man den Hinterhof überblicken konnte. Durch die offenen Balkontüren schien der eben aufgegangene Mond herein und versilberte den Tisch, der für zwei Personen gedeckt war. Ein reich verzierter Balkon überragte den Hof. Nachdem sie beide eingetreten waren, schloß Charlebois die Tür und zündete auf dem Tisch zwei weiße Kerzen an. Er rückte Jerry den Stuhl zurecht.

»Darf ich für Sie mitbestellen?«

»Selbstverständlich!«

Charlebois nahm die Bestellung entgegen, und er hatte kaum den Raum verlassen und leise die Tür geschlossen, als Jerry losprustete: »Schau sich einer diese Räuberhöhle an! Ich hatte keine Ahnung von diesen Zimmern. Mondschein, Kerzenschimmer, ein riesiges Sofa und Rüschen. Diese Ausstattung habe ich bestimmt schon in sechs Filmen gesehen. Mein Ehemann, wenn ich einen hätte, stürzt herein, während wir gerade den Abend mit Champagner begießen. Ich kreische, Sie springen vom Balkon. Oder Sie erschießen ihn. Oder ich erschieße ihn. Oder Sie erschießen aus Versehen den Ober und ich springe vom Balkon. Warum geht es im wirklichen Leben nie so dramatisch zu?«

Dalquist spürte das Gewicht der Waffe in seinem Schulterhalfter. »Ich habe tatsächlich Champagner bestellt. Jetzt können Sie mir vorwerfen, ich hätte Klischeevorstellungen von dramatischen Situationen.«

»Ich werfe Ihnen vor, daß Sie ein Mann sind, der in seinem Leben nie etwas Dramatisches getan hat, Jan. Gerade darum mag ich Sie. Mir hängen die aufregenden Leute so zum Hals raus.«

Charlebois hatte im Parterre alle Hände voll zu tun, wodurch sich sein Sonderservice verzögerte, aber weder Jan noch Jerry bedauerten das. Die Kerzen flackerten in der lauen, frischen Abendluft. Sie sprechen über ihre Malerei, und sie verriet ihm, daß sie nur ein zeichnerisches Talent hatte, aber nicht in der Lage war, Gefühle auf der Leinwand umzusetzen. Bestenfalls würde aus ihr eine passable Illustratorin werden.

Jan erzählte ihr von seinem Leben in Paris vor dem Krieg, als er noch als junger Ingenieur in einer großen Fahrzeugfabrik gearbeitet hatte. Und er erzählte ihr, wie ihn der Krieg mit seinen technisch raffinierten und schrecklichen Waffen seinem Beruf entfremdet hatte.

Als sie ihn fragte, in welcher Branche er jetzt tätig sei, sagte er: »Ich stelle für französische Kapitalisten Nachforschungen an, die ihr Geld im Ausland investieren wollen. Ich spiele hier ein wenig den Spürhund für sie. Wenn das vorüber ist, bin ich arbeitslos.«

»Und was dann?«

Er zuckte die Achseln. »Dann spiele ich vielleicht für andere Leute den Spürhund. Ich weiß es nicht. Ab und zu habe ich Tagträume. Ich stelle mir dann immer vor, ein Bauer zu sein. Überall um mich herum wächst Grünzeug. Absoluter Quatsch. Ich habe in meinem ganzen Leben noch nichts zum Wachsen gebracht.«

»Ich bin auf einem Bauernhof aufgewachsen. Suchen Sie sich ein Stück Land aus, dann gebe ich Ihnen einen Schnellkurs.«

Sie hatte diese Bemerkung zwar nur scherzhaft fallen lassen, aber als sich ihre Blicke trafen, sprang irgend etwas von ihr auf ihn über, das beide in Verlegenheit brachte.

In diesem Augenblick klopfte Charlebois an die Tür, wurde hereingebeten und trat ein.

Hastig und auf französisch sagte Dalquist zu ihm: »Bringen Sie uns dann noch einen Brandy, aber einen guten. Ich vermute, daß die Dame für ein paar Minuten den Raum verlassen wird. Ich möchte Sie während dieser Zeit sprechen.«

»Oui, Monsieur.« Er kam mit einem Tablett zurück, auf dem zwei Gläser und eine staubige, ungeöffnete Flasche standen. Er zeigte Dalquist die Flasche, öffnete sie und füllte die beiden Gläser.

»Würden Sie mich bitte für einen Moment entschuldigen?« fragte Jerry.

Charlebois hielt ihr die Tür auf und kam dann wieder ins Zimmer zurück. Er stand vor dem Tisch. »Monsieur?«

Dalquist bemerkte, wie der Mann seine Hände anstarrte. Er verbarg sie unter dem Tisch. »Ich bin mit Ihnen sehr zufrieden. Wie heißen Sie?«

»Pierre Duval, Monsieur.«

»Die Dame findet Sie auch sehr sympathisch. Sie haben gute Manieren und sind sehr aufmerksam.« Charlebois machte eine Geste der Verlegenheit. »Ich kenne mich in New Orleans nicht aus, Duval, und möchte mit der jungen Dame einige Sehenswürdigkeiten besuchen. Zweifelsohne kennen Sie das Franzosenviertel sehr gut. Die Dame ist eine neue Eroberung von mir. Sie wissen, wie das ist.« Dalquist grinste auf die übliche Von-Mann-zu-Mann-Manier, und Charlebois grinste dienstbeflissen zurück.

»Wann sind Sie hier fertig?« fuhr Dalquist fort.

»In etwa zwei Stunden, gegen halb zwölf. Leider etwas spät.«

»Wenn ich Sie um diese Zeit abhole, würden Sie uns dann noch ein paar interessante Dinge zeigen wollen?« Charlebois zögerte, und Dalquist fügte hinzu: »Natürlich bei entsprechender Bezahlung.«

»Wenn Sie nach halb zwölf zum ersten Zimmer auf der linken Seite dieses Ganges kommen, werde ich Ihnen zur Verfügung stehen.« Ein plötzlicher Windstoß blies eine der Kerzen aus. Charlebois eilte auf die andere Seite des Tisches, um sie wieder anzuzünden. Er stolperte über den Teppich und mußte sich mit einer Hand an Dalquists Schulter abstützen, um nicht über ihn zu fallen. Er trat einen Schritt zurück und entschuldigte sich. Dalquist war etwas beunruhigt über den seltsamen Ausdruck in Charlebois Augen. Er zündete gerade die Kerze an, als Jerry Ellis den Raum betrat.

Sie saßen etwa noch eine halbe Stunde beim Brandy zusammen, bis Jan schließlich die Rechnung beglich und ein großzügiges Trinkgeld hinterließ. Sie gingen die Treppe hinunter und hinaus auf die Straße. Dalquist fiel es schwer, gegen den Zauber der Nacht, ihr herzliches Lachen und den frischen Duft ihres Haares anzukämpfen. Charlebois' Blick ließ ihm keine Ruhe.

Sie besuchten noch drei Lokale und hörten Musik, das traurige Erbe des einstigen New Orleans Jazz. Dalquist arrangierte es so, daß sie das dritte Lokal kurz nach elf aufsuchten. Er vergewisserte sich, daß es nur wenige hundert Meter vom ›Alten Tor‹ entfernt lag.

Sie saßen nebeneinander auf einer langen Bank an der Wand eines großen Raumes. Mit geübter Fingerfertigkeit öffnete er unbemerkt ihre Handtasche und ließ sein silbernes Feuerzeug hineingleiten. Fünfundzwanzig Minuten nach elf durchsuchte er seine Taschen und setzte eine nachdenkliche Miene auf.

»Was ist los, Jan?« fragte Jerry.

»Mein Feuerzeug. Ich hab's wohl verloren. Ich wette, es liegt noch in dem Lokal von vorhin. Wenn ich gleich losgehe, bekomme ich es vielleicht noch zurück. Ich hoffe, Sie sind mir nicht böse, wenn ich Sie hier ein paar Minuten allein lasse. Ist ja nur zwei Ecken entfernt. Wenn's nicht dort ist, gehe ich noch zu dem anderen Lokal. Bestellen Sie mir in der Zwischenzeit etwas zu trinken. Ich bin gleich zurück.«

Der Jäger wird eins mit seiner Umgebung. Seine Bewegungen sind wie das unmerkliche Zittern der Blätter im sanften Windhauch. Jede Bewegung ist vollkommen, jeder Schritt sicher. Er ist verschwunden, bevor seine Anwesenheit bemerkt wird.

So war es mit Dalquist. Bis auf ein Pärchen hatten alle Gäste den Speiseraum im ›Alten Tor‹ bereits verlassen. Keiner der Ober war zu sehen. Sie blickten nicht auf, als er leichten Schritts den Raum durchquerte. Er ging die Treppe hinauf und klopfte an der ersten Tür auf der linken Seite des Gangs.

»Duval?« rief er.

»Kommen Sie herein, Monsieur!«

Dalquist trat ein. Charlebois stand auf der anderen Seite des Zimmers. Es war ein kleiner Raum, der offensichtlich vom Personal zum Umkleiden benutzt wurde. Zerknitterte Arbeitskleidung hing an einer Reihe von Haken. Dalquists Automatic besaß einen sogenannten Ein-Schuß-Schalldämpfer, eine kleine Metallhülse mit einer Wandung aus gepreßtem Schwammgummi, die auf die Mündung geschraubt wird. Der Vorsatz wirkt nur beim ersten Schuß und macht aus dem Knall ein unterdrücktes Husten.

Als seine Rechte blitzschnell zum Schulterhalfter zuckte, spürte er mit dem sechsten Sinn des Jägers, daß jemand hinter ihm stand. Er wollte sich noch ducken und umdrehen, aber als seine Fingerkuppen den rauhen Griff der Automatic berührten, traf ihn ein harter Schlag unterhalb des Ohres und streckte ihn zu Boden. Er schüttelte seinen Kopf und versuchte sich wieder aufzurappeln. Eine Hand griff unter seinen Mantel und nahm ihm die Waffe weg. Im Nebel des Halbbewußtseins verfluchte er seine Leichtfertigkeit, daß er nicht mit gezogener Waffe eingetreten war.

Er wurde brutal in den Bauch getreten und fiel, nach Luft schnappend, zur Seite. Als er sich aufrichtete und die Augen öffnete, drehte sich alles um ihn herum. Die Tür wurde zugeschlagen. Ein Unbekannter mit Säbelbeinen, Spitzbauch, kleinen Augen und kurzem schwarzem Haar stand grinsend über Dalquist und bedrohte ihn mit seiner eigenen Automatic.

Charlebois stand, ebenfalls grinsend, dicht hinter ihm und hielt ein dünnes Messer in der Hand. Charlebois war geübt im Umgang mit Messern.

»Langsam zum Stuhl rüber und hinsetzen. Arme verschränken und nicht mehr rühren, Monsieur. René, schließ die Tür ab.«

Dalquist gehorchte wortlos. Er hatte gelernt, in unvorteilhaften Situationen am besten den Mund zu halten, eine Lehre, die er mit seinen Händen und Füßen bitter bezahlt hatte.

»René, das ist der Mistkerl, von dem ich dir erzählt habe. Ein ehemaliges Mitglied der Gestapo. Er hat hunderte französischer Freiheitskämpfer auf dem Gewissen. Endlich haben wir ihn, um ihn im Namen des französischen Volkes hinzurichten.«

Renés dummes Gesicht verzog sich vor Haß. Mit schwerer Stimme sagte er: »Mein Bruder kam ebenfalls durch Verrat um.«

Dalquist wägte seine Chancen ab. Schnell erwiderte er: »René, du glaubst den Worten eines Mannes, der selbst ein Verräter ist. Schau dir nur meine Hände an. Warum sollte die Gestapo ihre eigenen Leute foltern? Und wer, außer der Gestapo, wäre zu einer solchen Tag fähig?«

Er streckte seine Hände aus und ignorierte das wütende Gekläff von Charlebois. »Der Mann hinter dir heißt Charlebois und hat die Maquis verraten. Französische Patrioten haben mich engagiert, um ihn zur Strecke zu bringen.«

Als sich René verwirrt nach Charlebois umsah, sagte der Verräter: »Glaub diesem Unmenschen kein Wort, René! Er lügt!«

»Dann erklär mir mal, warum ein Mitglied der Gestapo hier auftaucht, Duval«, erwiderte René argwöhnisch.

Dalquist schlug das Herz bis zum Hals, als er die Unentschlossenheit in Renés Gesicht sah. Er blickte abwechselnd auf Dalquists Hände und Charlebois Gesicht.

Plötzlich klopfte jemand laut an die Tür. »Knall ihn sofort ab, du Narr!« zischte Charlebois.

René dreht sich um und erwiderte: »Vielleicht sollte ich besser dich ...«

Mit einem Fluch auf den Lippen stürzte Charlebois vor und stach René das Messer in den Leib. Der schlanke Metallgriff des Messers ragte zwischen seinen Händen hervor. Dalquist sank auf seinen Stuhl zurück, als sich die Mündung seiner Waffe erneut auf ihn richtete.

Charlebois zog das Messer aus Renés Bauch, auf dessen Hemd sich ein schnell wachsender Blutfleck abzeichnete. Er sank auf die Knie, Kinn auf der Brust, und kippte dann vornüber auf sein Gesicht. Dalquist hörte das glucksende Geräusch in Renés Kehle, das ihm nur allzu bekannt war.

Es klopfte erneut. Charlebois rief in gebrochenem Englisch: »Einen Augenblick, bitte.«

»Sie sind außerordentlich dumm, Monsieur. Gut, Sie haben mich gefunden, aber bevor ich Mexiko-Stadt verließ, habe ich Pepita gesagt, sie solle jeden Brief von mir mit besonderer Sorgfalt öffnen. Ich teilte ihr mit, daß ich unter dem Falz des Umschlags ein kurzes Stück Haar von mir verstekken würde. Falls es fehlte, sollte sie mir sofort ein Telegramm schicken. Beim letzten Brief fehlte es, weil er geöffnet worden war. Deshalb wußte ich, daß jemand hinter mir her war.

Ich war immer sehr auf der Hut. Sie sind der erste, der auf mich aufmerksam geworden ist. Ich habe Ihre Hände gesehen, Monsieur, und kenne die Gestapomethoden. Als ich stolperte, habe ich den Revolver gespürt. Dann wollten Sie auch noch, daß ich mit Ihnen heute nacht ausgehe. Zu schade, daß Sie René das Messer in den Leib gejagt haben. Er ist mausetot. Ich öffne jetzt die Tür, und der Revolver in meiner Tasche ist auf Sie gerichtet. Kein Wort.«

Charlebois wischte den Messergriff an seiner Hose ab und spritzte ein paar Tropfen Blut von der Klinge auf Dalquists Kleidung. Auf dem grauen Anzug waren sie sofort erkennbar.

Charlebois trat zur Tür, drehte den Schlüssel herum und öffnete. Jerry Ellis trat mit zögernden Schritten ein. Ihre Augen waren weit aufgerissen, und sie biß sich vor Furcht auf die Unterlippe. Charlebois blickte kurz auf den Gang und schloß die Tür wieder.

Er verbeugte sich vor Jerry und sagte: »Mademoiselle, ich muß Ihnen leider mitteilen, daß dieser Herr offensichtlich geistesgestört ist. Sehen Sie dort das Messer auf dem Boden? Damit hat er...« Charlebois deutete wortlos auf den toten René.

Dalquist wußte, daß er ohne Risiko vor Jerry seine Unschuld verteidigen konnte, da Charlebois ihn lebend brauchte, um den Verdacht der Polizei auf ihn zu lenken und so nach Mexiko fliehen zu können, bevor Dalquist seine wahre Identität beweisen konnte. Ein gerissener und gewagter Plan. Irgendein seltsamer Instinkt riet ihm jedoch, zu schweigen. Mit regungsloser Miene starrte er Jerry an und sah, wie sie erbleichte und einen Schritt vor der Leiche zurückwich.

»Mademoiselle, ich habe in meiner Tasche einen Revolver auf den Mörder gerichtet und werde ihn in Schach halten. Bitte gehen Sie hinunter und holen Sie die Polizei.«

Fassungslos und betroffen sah sie Jan Dalquist an. Charlebois hielt ihr die Tür auf, und Dalquist hörte das hastige Trippeln ihrer Schritte, als sie die Treppe hinunterlief.

»Damit kommen Sie nicht durch, Jean Charlebois«, sagte Dalquist kopfschüttelnd. Während er die Worte aussprach, wußte er, daß er damit unrecht hatte und Charlebois ohne weiteres ungeschoren davonkommen konnte. Er fühlte sich äußerst unwohl bei dem Gedanken, erneut monatelang hinter Charlebois herjagen zu müssen.

»Selbst, wenn Sie es schaffen, Charlebois, werde ich Ihnen bald wieder auf den Fersen sein.« Dalquist sagte dies nicht in einem herausfordernden Ton, sondern eher resignierend. Der ganze Überdruß nach all dem Morden, all den Leichen, lag in seinen Worten. Es ekelte ihn, als er daran dachte, was er in den vergangenen zweieinhalb Jahren erlebt hatte.

»Sie vergessen, Monsieur, daß ich jetzt Ihr Gesicht kenne. Sie werden mich nie töten. Selbst wenn Sie mich erneut aufspüren, werden Sie es sein, der stirbt. Wenn der Jäger enttarnt ist, spricht dieses Spiel für den Gejagten. Ich werde schon einen Ort finden, an dem Sie sich mir nicht ohne mein Wissen nähern können. Und dort wird Ihre letzte Stunde schlagen.«

Die Worte waren mit derartiger Überzeugung gesprochen, daß es für Dalquist wie ein Todesurteil klang. Irgendwie war ihm klar, daß es so ähnlich kommen würde. Er war einfach zu müde, um dieses Spiel noch lange fortzusetzen. Er würde blindlings in einen Tod laufen, der nichts weiter war, als die Fortsetzung seiner sinnlosen Existenz.

Charlebois kicherte. »Ich konnte gar nicht glauben, daß die junge Dame zu Ihnen gehört. Hätte sie anders reagiert, dann wäre das für Sie beide das Ende gewesen, und ich wäre sofort getürmt. Glück für Sie. Es wird ohnehin unterhaltsamer sein, Sie zu einem späteren Zeitpunkt zu erledigen, wenn es mehr nach meinem Geschmack ist.«

»Sie sind ein selbstsüchtiges Vieh, Charlebois.«

»Vielleicht, aber ein ungemein wirkungsvolles.«

Dalquist hörte schwere Schritte auf der Treppe und setzte schon zum Sprung an, als Charlebois zur Tür sah, sich jedoch sofort wieder nach ihm umdrehte.

Zwei große Uniformierte traten herein, mit Jerry Ellis im Gefolge. Einer beugte sich sofort über den Leichnam. Er zuckte die Achseln und richtete sich wieder auf.

»Bis die Mordkommission kommt, könnten Sie uns eine knappe Schilderung des Tathergangs geben«, sagte der andere und ging mit ausgestreckter Hand auf Charlebois zu, der ihm vorsichtig die Waffe aushändigte.

»Sir, der Tote war mein Arbeitgeber und der Besitzer vom ›Alten Tor‹, René Despard. Der Herr dort im Stuhl war an diesem Abend schon einmal hier, und wir vereinbarten, daß ich ihm nach halb zwölf als Fremdenführer zur Verfügung stehe. Er war in Begleitung der jungen Dame, die Sie geholt hat. Um halb zwölf waren nur René und ich in diesem Zimmer. Dieser Herr kam ziemlich angetrunken herein und hat uns übel beschimpft. Als René ihn zur Vernunft bringen wollte, zog er die Waffe, die ich Ihnen eben übergeben habe, und bedrohte uns. Ich habe ihm von hinten einen Schlag unterhalb des Ohres versetzt. Sie werden die Stelle sofort sehen. Er fiel hin und verlor die Waffe. René zog das Messer, das dort auf dem Boden liegt. Als ich den Revolver aufhob, stürzte er sich auf René und versetzte ihm einen heftigen Schlag auf den Arm. René ließ das Messer fallen, er hob es auf und erstach damit René Despard.

Die Attacke hat ihn wohl wieder nüchtern gemacht. Ich richtete die Waffe auf ihn, und er setzte sich auf den Stuhl, wo er jetzt ist. Sehen Sie nur die Blutflecken auf seiner Hose! Dann kam die Dame und klopfte an die Tür. Ich ließ sie herein und bat sie, die Polizei zu holen. Wahrhaftig, die Tat eines Verrückten.« Seine Stimme brach. »René war mein Freund. Er war ein harmloser – ein guter Mensch.«

»Schlug ihm das Messer aus der Hand, hob es auf und tötete ihn damit«, brummelte einer der beiden Polizisten und sah zu Dalquist hinüber.

»Ein totales Lügenmärchen. Er hat René umgebracht. Ich war ja dabei«, verteidigte sich Dalquist.

»Ich soll einen Mann umgebracht haben, der mein Freund und Arbeitgeber war? Alle Kollegen werden unsere enge Freundschaft bestätigen«, entgegnete Charlebois verächtlich.

Der Polizist drehte sich zu Dalquist um und sagte: »Halten Sie bloß Ihren Mund, Mister. Wir haben die Nase gestrichen voll von Typen, die sich in diesem Viertel sinnlos vollaufen lassen.«

Dalquist wußte, daß ihm nichts mehr aus der Patsche helfen konnte. Charlebois spielte seine Rolle meisterhaft. Er wirkte erschüttert und von Haß erfüllt, ohne dabei zu übertreiben.

Plötzlich sah Dalquist aus den Augenwinkeln, daß Jerry sich langsam auf seinen Stuhl zubewegte. Niemand im Raum sprach. Einer der Polizisten lehnte am Türrahmen und stocherte mit einem abgebrochenen Streichholz in seinen Zähnen herum. Charlebois starrte dumpf den Boden an, und Dalquist betete zum Himmel, daß wenigstens ein Mitglied der Mordkommission bei klarem Verstand war.

Alle schraken auf, als Jerry mit lauter Stimme sagte: »Sie

haben behauptet, daß Despard das Messer fallen ließ und Mr. Dalquist es aufhob.«

»Halten Sie sich da raus. Wenn wir etwas wissen wollen, werden wir Sie fragen«, sagte der Polizist an der Tür barsch.

Sie kramte in ihrer Handtasche herum, und ein Zigarettenetui rutschte heraus und fiel vor Dalquists Füße. Instinktiv bückte er sich danach.

Während er sich bemühte, es aufzuheben, hörte er Jerry sagen: »Sie machen einen Fehler, wenn Sie auf den Ober hören. Schauen Sie sich doch den Mann genauer an! Glauben Sie im Ernst, er könnte ein so dünnes Messer aufheben, wenn er nicht einmal mein doppelt so dickes Zigarettenetui aufheben kann? Sehen Sie sich seine Hände an!«

Es stimmte. Mit den gefühllosen Fingerkuppen und ohne Fingernägel konnte Dalquist nur an der Schachtel herumfummeln. Er bekam sie einfach nicht zwischen die Finger. Der Polizist an der Tür kam herbei. Dalquist richtete sich auf und streckte seine Hände aus. Der Polizist verzog angewidert das Gesicht, als er sie sah.

Sie spürten eine rasche Bewegung im Zimmer, und der andere Polizist schrie: »Halt! Stehenbleiben!« Charlebois war verschwunden. Dalquist hörte, wie er durch den Gang rannte. Es war seine einzige Chance gewesen. Jerry hatte Charlebois' Lügengebäude so sehr erschüttert, daß ihm nur noch die Flucht blieb.

»Bleiben Sie im Zimmer!« rief Dalquist und lief auf den Gang. Charlebois war mit Sicherheit nicht die Treppe hinuntergelaufen, da jeden Augenblick die Mordkommission kommen konnte. Er steckte irgendwo in einer Nische.

Ein Schuß zerriß die Stille. Die Polizisten stürzten auf die andere Seite in den kleinen Raum, in dem Jan und Jerry zuvor diniert hatten. Dalquist folgte ihnen. Sie hatten sich aus dem Fenster gebeugt und blickten nach oben. Einer von ihnen sagte leise: »Er ist über die Weinreben aufs Dach. Das Blätterwerk ist zerdrückt... Dort ist er. Hol ihn runter, Joe!«

Ein Schuß fiel. Der Polizist sagte trocken: »Volltreffer! Aufpassen!«

Sie traten vom Geländer zurück, als Charlebois schreiend

vom schwarzen Nachthimmel fiel. Er streifte das Eisengeländer, das unter dem Aufprall mit einem hellen, schwingenden Ton erzitterte. Im gleichen Augenblick verstummte Charlebois' Schreien. Eine Sekunde später hörten sie vom Hof ein Geräusch, das wie das Aufklatschen eines nassen Handtuchs klang. Eine Frau kreischte. Ein Mann fing leise, aber wortreich an zu fluchen. Der Polizist, der den Schuß abgegeben hatte, sagte: »Al, ich glaub', mir wird schlecht.«

Sie wartete im Schatten des Gebäudes, als er die Polizeizentrale verließ. Am folgenden Morgen sollte er, gegen zehn Uhr, noch einige Protokolle unterschreiben.

Er warf einen Blick auf seine Armbanduhr, Viertel nach drei.

»Also, Mister, wo waren wir stehengeblieben, als wir so abrupt unterbrochen wurden? Ich kenne noch ein Lokal, wo Sie einem kleinen Mädchen ein Bier spendieren können.«

Sie schlenderte los, und er schloß schmunzelnd zu ihr auf. Ein großes Gewicht war von ihm genommen worden.

»Warum sind Sie mir eigentlich gefolgt?« fragte er.

»Auch ich benutze Lippenstift. Nachdem Sie gegangen waren, habe ich in meiner Handtasche herumgekramt und dabei Ihr Feuerzeug gefunden. Zuerst dachte ich, ich hätte es aus Versehen hineingesteckt. Doch dann kam ich zu der Überzeugung, daß Sie es aus irgendeinem Grund getan hatten. Ich lief Ihnen nach und wußte nicht genau, was ich tun sollte. Ich sah Sie im ›Alten Tor‹ verschwinden und folgte. Als ich Sie unten nicht finden konnte, ging ich die Treppe hinauf und hörte hinter der ersten Tür ein dumpfes Geräusch. Ich lauschte eine Weile, konnte Sie aber nicht hören. Vielleicht hat mich dann der Brandy umgehauen. Irgendwann habe ich jedenfalls angefangen, an der Tür zu klopfen. Den Rest wissen Sie.«

»Und jetzt wollen Sie mir wahrscheinlich tausende von Fragen stellen?«

»Warum sollte ich?«

»Nicht eine einzige?«

»Jan, wenigstens unter zwei Leuten sollte ein gewisses Einverständnis herrschen. Wir könnten uns doch darauf verständigen, dem anderen keine Fragen zu stellen. Okay?« Sie legte ihre Hand auf seinen Arm, dann streckte Sie ihm die Hand hin: »Einverstanden Mister?«

Er schlug schnell ein. Ihr Griff war fest und warm.

»Keine Fragen?« sagte sie.

»Keine Fragen.« Er lächelte.

»Und jetzt können Sie mich auf das Bier einladen.«

Selbstanklage

Die Sirene steckte direkt unter seiner Haut. Nicht eine solche, deren Ton an- und abschwillt, ihr Ton war ein ununterbrochenes Geheul – ein einziger, nicht aufhörenwollender, markerschütternder Schrei.

Ein Teil seines Bewußtseins nahm die Geräusche auf der Station wahr, hörte einen Löffel in ein Glas klirren und das Rascheln und Festspannen eines Bettlakens. Obwohl sein Bewußtsein die Geräusche automatisch unterschied, blieben sie ihm fremd und berührten ihn nicht. Immer, wenn er genau hinhören und herauskriegen wollte, wo er sich befand, trieb es seinen Geist fort, in entferntere Gefilde. Hin und wieder war da der stechende Schmerz einer Nadel, aber der war schwach, gegenüber dem ununterbrochenen Mahlen der Sirene, dem er nicht entkommen konnte. Wenn er überhaupt nicht mehr bei sich war, wurde es zum Schreien einer Frau oder zu einem brennenden weißen Licht, das ihn wieder zurückholte in die Gegenwart dieses endlosen Gebrülls.

An manchen Tagen konnte er den Schmerz sehen. Dann, wenn die Sirene nicht ganz so laut war. Der Schmerz sah aus wie die Schneide einer Rasierklinge, direkt vor seinen Augen. Und sie reichte meilenweit, bis zu einem Horizont von Dali. Beide Schneiden waren widerwärtig besudelt, und ein knirschendes Geräusch war da wie von Zähnen, die auf Glas beißen.

Dann war da ein großes bärtiges Gesicht, ganz nah über dem seinen. Er konnte es nur vage erkennen, dann war es wieder fort. Man machte sich an ihm zu schaffen und bewegte ihn.

Wände zogen langsam an seinem Bett vorbei. Plötzlich sehr helles Licht – und er meinte ersticken zu müssen...

In dem heißen Sommer, nach Beendigung der Grundschule und vor Beginn der Oberschule, war er mit Tom und Rod hinaus zu jener tiefen Stelle im Fluß gegangen. Von einem starken Ast, hoch oben im Baum, waren sie heruntergesprungen – mitten in das dunkle Wasser dieses Lochs. Aber sie hatten den Grund nie erreicht. Eines Tages dann hatte Rod sich über seine Tauchkünste lustig gemacht. Schließlich war er auf den Ast hochgeklettert, hatte tief Luft geholt, den größten Teil wieder ausgestoßen, und war mit einem sauberen, senkrechten Kopfsprung in die schwarze Tiefe getaucht. Er schoß hinab, bis es in den Ohren hämmerte, aber seine ausgestreckten Hände berührten den Grund nicht. Ein plötzlicher Ansturm von Furcht zwang ihn, aus dieser Dunkelheit an die Oberfläche zu kommen. Er kam nur langsam hoch, da sehr wenig Luft in seinen Lungen war. Er hatte sich verzweifelt hochgekämpft, seinen Blick auf das gedämpfte und dann immer heller werdende Licht des sonnigen Nachmittags an der Oberfläche gerichtet. Die Augenblicke dehnten sich endlos, während er hinaufstrebte, den Mund fest geschlossen, um dem immer stärkeren Saugdruck der Lungen gegen seine Kehle nicht nachzugeben. Als er nicht mehr dagegen ankämpfen konnte, durchstieß er die Wasseroberfläche, seine Brust schmerzte, und er japste und schnappte nach Luft. Und das Licht war so hell, und die Sonne beschien warm sein Gesicht...

Doch als er diesmal die Oberfläche durchstieß, hatte sich alles verändert. Rod und Tom wurden in die ferne schöne Kindheit zurückgeschleudert. Und er lag auf frischen Laken, in einem harten Bett, in einem großen weißen Zimmer. Es war mit einem Mal ganz still um ihn herum – die Sirene war verstummt. Der scharfe Schmerz hatte aufgehört, es war so, als drehe sich die Erde nicht mehr um ihre Achse. Mit einem langen Seufzer schloß er die Augen und ließ sich in die samtigen Tiefen des Schlafs fallen.

Tageslicht war wieder im Zimmer. Irgendwie wußte er, daß ein neuer Tag angefangen hatte. Er drehte seinen Kopf ein wenig, und es zog an der Haut auf der Stirn. In seinem Zimmer gab es noch zwei Betten, aber sie waren leer. Das Fenster zeigte ihm ein Quadrat grauen Himmels und grüne Baumwipfel. Er fand keinen Anknüpfungspunkt für einen

Gedanken, wunderte sich zwar darüber, war es aber zufrieden, einfach auszuruhen.

Vielleicht war eine halbe Stunde vergangen, als eine Krankenschwester die Frau hereinbegleitete. Die Frau war groß, hatte fahles Haar und farblose Augen in einem großen, weißen Gesicht. Sie biß sich auf die Unterlippe, kam auf Zehenspitzen zu seinem Bett hinüber und setzte sich vorsichtig auf einen Stuhl. Er starrte sie an und wußte, daß er sie bereits tausendmal angesehen hatte. Ihr Gesicht war ihm vertraut und fremd zugleich. Es machte ihn beklommen, sie anzusehen und die merkwürdige Diskrepanz auf sie bezogener Assoziationen und gleichzeitiger Fremdheit auszuhalten. Er blickte in ihre farblosen Augen, sich fragend, wer sie wohl sei, und sah Tränen darin aufsteigen. Sie legte den Kopf auf die Bettkante und er fühlte sein Bett durch ihr unhörbares Schluchzen leicht erschüttert. Ihr Haar war gescheitelt, und in der Klarheit seines Schwächezustands sah er kleine Schorfstellen auf ihrer weißen Kopfhaut. Er verhielt sich unbeweglich und fürchtete den Moment, wo sie ihren Kopf hob und er herausfinden würde, wer sie sei und in welcher Beziehung sie zueinander gestanden hatten. Er war zu erschöpft, um darüber nachzudenken. Er wollte alle seine Fragen zurückstellen, bis er sich wieder erholt hatte. Bis er so stark geworden war, daß die Antworten, die er erhielte, nicht das Sirenengeheul zurückbrächten.

Der Mann in Weiß kam herein, die Krankenschwester folgte ihm im respektvollen Abstand von einigen Schritten. Er beachtete die Frau auf dem Stuhl nicht weiter, blieb einige Schritte hinter ihr stehen und schaute auf das Gesicht in den Kissen. In seinem länglichen Gesicht war Aufmerksamkeit zu erkennen, und seine Augen blickten mit einer Spur von Neugier.

»Wie fühlen Sie sich heute?« fragte er. Die Frage enthielt keinerlei Anteilnahme, und seine hohe scharfe Stimme betonte noch sein rein medizinisches Interesse – eine Frage, wie sie auch in einer Fallstudie geschrieben stehen könnte.

Seine Lippen fühlten sich trocken an, und seine Stimme klang ihm selbst eingerostet, als er antwortete: »Besser.« Er wollte laut sprechen, aber es war, als spräche er durch Watte. Er hätte ihnen sagen mögen, sie sollen fortgehen, bis er die Kraft finden würde, sich selbst Fragen zu stellen. Aber er konnte die passenden Worte nicht finden.

»Sie werden sich fremd fühlen. Vielleicht dauert es ein Jahr, vielleicht zwei. Die medizinische Bezeichnung für das, was bei Ihnen gemacht wurde, ist Stirnlobotomie. Sie wird in Extremfällen bei Manisch-Depressiven vorgenommen. Es ist das erste Mal, daß sie bei einem geistig gesunden Menschen vorgenommen wurde, um den inneren Druck durch einen durchgehenden Schädelbruch zu lindern. Das Erinnerungsvermögen wird Ihnen Streiche spielen, und es könnte auch sein, daß sich Ihre Persönlichkeit in gewisser Hinsicht ändert. Aber da sollten Sie sich weiter keine Sorgen machen. Es gab eine Chance, und wir haben Sie gerettet. Sie werden sich rasch erholen, Mr. Warlow.« Der große Mann beugte sich über die immer noch zusammengekrümmt hockende Frau und berührte sie an der Schulter. Sie schaute durch einen Schleier von Tränen hindurch zu ihm auf. Er machte eine leicht auffordernde Geste zur Tür hin, und sie erhob sich gehorsam. Beide lächelten zu ihm hin, bevor sie still hinausgingen. Sein Lächeln drückte Berufsstolz aus, das ihre sowohl Tapferkeit als auch Unsicherheit. Bald fühlte er sich schläfrig werden. Alle übrigen Worte, die gesprochen worden waren, waren wieder versunken, nur sein Name blieb ihm. Warlow. Daran würde er sich festhalten. Ja, an ihn würde er sich erinnern. Er war der Stein, der Anker für all die seltsamen wechselnden Erinnerungen. Er schlief.

Am dritten Tag kam der kleine Mann. Er ächzte leicht, als er sich auf dem Stuhl am Bett niederließ, und strich mit seiner dicken weißen Hand Asche von seinem dunkelblauen Revers. Er hatte eine dicke lange Nase, auf deren Rücken kleine rote Äderchen, wie Straßen auf einer Miniatur-Straßenkarte, verliefen. Er kniff die kleinen blauen Augen zusammen und schaute auf Warlow herunter als ziele er mit einer ungewohnten Waffe auf ihn. Wieder ächzte er.

»Na, Pete«, polterte er los, »es wird Zeit, daß wir einige Fragen beantwortet kriegen. Jackson sagt, daß Ihre Erinnerungen durcheinandergewürfelt sind. Also muß ich Ihnen helfen. Mein Name ist Kroschnik. Ich bin von der Polizei. Erinnern Sie sich daran, was im Büro passiert ist?«

»Im Büro?« Peter Warlow war sehr merkwürdig zumute. Natürlich mußte es da ein Büro gegeben haben. Und er arbeitete dort. Und dann sah er es. Er sah Schreibtische in langen Reihen und hörte das Geklapper von Schreibmaschinen und Telefongebimmel. Sein Schreibtisch stand am Ende einer solchen Reihe, am Fenster. Er konnte sogar das schwarze Schild mit seinem Namen in diskreter Goldschrift lesen – Peter J. Warlow.

»Nun ja, Sie arbeiteten bei Benson und Coward.«

»Daran erinnere ich mich, aber ich weiß nicht, was geschehen ist. Wurde ich verletzt?«

»Alles, was wir wissen, ist, daß ihr zu viert länger gearbeitet habt. An einem Freitagabend, vor ungefähr einem Monat. Drei Männer und ein Mädchen. Sie war eine kleine Blonde und hieß Clarissa Paine, aber alle nannten sie Sandy. Sie war ein niedliches Dingelchen, würd' ich meinen. Die anderen beiden waren J. Howard Jones, ein dicker Kerl, und Ihr Boß und der rothaarige Trent Welch vom College, der für Jones in Teilzeit arbeitet.

Jones hat angegeben, er hörte einen Streit in dem großen Raum. Er kam aus seinem Büro heraus, und Sie und diese Sandy, ihr habt euch angebrüllt. Sie hat geschrien, sie will alles erzählen. Er sagte, Sie hätten eine Kanone aus der Schreibtischschublade gezogen und sie in den Kopf geschossen. Er hat schnell eins dieser schweren Dinger gegriffen, die den Fernschreiber stützen, und es auf Sie geworfen. Es traf Sie direkt in die Stirn, und er hat angerufen und gesagt, daß ihr beide tot seid. Aber Sie haben Glück gehabt. Sie haben Ihnen den eingeschlagenen Schädel wieder gerichtet und die vordere Hälfte ihres Hirns mit einer Art Stock oder Messer oder sonst noch was wieder zurechtgerückt. Dieser Welch kam gerade vom Klo zurück, als uns Jones anrief. Nun, was ist, erinnern Sie sich, die kleine Dame erschossen zu haben?«

Peter konnte sein Herz schlagen hören. Die schrecklichen Worte meinten andere, fremde Ereignisse und fremde handelnde Personen. Sie paßten nicht zu dem Bild von sich, das sich in seiner Vorstellung gerade wieder erst zu formen begann. Das war wie ein Wortpuzzle in einer Zeitschrift, das er einmal versucht hatte zu ergänzen, oder wie die erste Hälfte eines Theaterstücks, und jemand schaltet den Fernseher ab. Er konnte sich nicht vorstellen, daß er so etwas getan haben sollte. Er konnte sich die Gesichter der anderen vorstellen, aber sie waren weit fort und erschienen ihm unwirklich. Er konnte sich nicht daran erinnern, länger gearbeitet zu haben. Er konnte sich noch nicht einmal an den Klang von Sandys Stimme erinnern. Er rollte den Kopf in den Kissen von einer Seite zur anderen und starrte dann auf die Adern von Kroschiks Nase.

»Sie können sich an nichts erinnern, was?«

»Aber wenn – wenn ich – warum fragen Sie dann...?«

»Sie meinen, wenn wir Sie sowieso schon in der Falle haben, warum ich dann solche Fragen stelle? Weil wir gern die Gründe und Hintergründe kennen möchten. Wir haben keine Erklärung dafür, warum Sie sie hätten umlegen sollen. Ihre Bücher sind in Ordnung. Sie haben Geld auf der Bank. Aber vielleicht waren Sie verliebt in sie, und sie wollte nicht. Sie sind unser Mörder, aber wir müssen ein paar weiße Bogen vollschreiben. Zum Beispiel, woher haben Sie das Spielzeug? Wir können nicht herausfinden, wo Sie die Achtunddreißiger erworben haben, und deren Oberfläche ist so gewellt, daß wir keine Fingerabdrücke haben. Es tut mir auch sehr leid, daß ich hier einen Burschen belästige, der gerade dabei ist, wieder auf die Beine zu kommen, aber die Sache hat sich jetzt einen Monat lang hingezogen, und ich möchte den Fall endlich abschließen. Sie können das doch sicher verstehen?«

Der Nebel in seinem Kopf wollte sich nicht auflösen. Er versuchte sich auf das Büro zu konzentrieren, versuchte, den Schuß zu hören, der gefallen war. Aber es nutzte nichts, das Bild, das ihm zeigen sollte, was wirklich vorgefallen war, tauchte nicht vor ihm auf. Kroschik ging endlich, mit der Ankündigung, morgen wiederzukommen. Peter lag bewegungslos in seinem Bett und formte unzählige Bilder vor seinem geistigen Auge. Es mußte sich doch aus diesen vorbeiziehenden Eindrücken eine zusammenhängende Biographie seines Lebens zustande bringen lassen. Aber alles, was da vor ihm auftauchte, waren Momentaufnahmen vergangener Erlebnisse. In keiner dieser Szenen wurde ein Schuß abgefeuert. Er konnte sich nicht als denjenigen sehen, der auf einen anderen schießt. Jedoch, was wäre, wenn er früher eine solche Gesinnung gehabt hatte und dazu fähig war, das Leben eines anderen Menschen auszulöschen? Was, wenn er nun tatsächlich vorsätzlich...?

Er erwachte mit einem Ruck. Ganz anders als vorher immer. Da war es, ein langsames Auftauchen aus den schwarzen Decken des Schlafs. Er wollte sich bewegen – und dann erinnerte er sich, allmählich zuerst und dann war plötzlich alles wieder da – die Frau mit dem weißen Gesicht und dem hellen Haar, – das war Jane, seine Frau. Die Überstunden am Freitag. Die vielen Briefe, die noch zu schreiben waren, die zahllosen Diktate ins Diktiergerät. Und jetzt – er schloß die Augen und sah das braune schwere Etwas sich langsam in der Luft drehen und geradewegs auf seine Augen zukommen. Er konnte sogar den Lichtreflex auf der glänzenden Rolle an der Stütze sehen. Langsam, wie ein Kreisel, war es ihm näher gekommen und dann war Nacht. Als ob er, um sich selbst kreisend, in ein dunkles Loch gezogen wurde. Aber was war vorher? Seine eigene Hand um eine schlanke Kanone mit langem Lauf – der Zeigefinger am Abzug. Er konnte sogar die tiefe halbrunde Narbe am Finger sehen, während er ihn an den Abzug legte. Der Schuß krachte, und Sandy glitt hinter den Schreibtisch, die Augen schmal und Blut dunkelte in ihrem blonden Haar. Ja, er hatte es getan. Er sah es klar und lebendig vor sich. Es konnte niemand anderes gewesen sein.

Er fühlte sich hilflos in seinem Bett, in diesem dunklen Zimmer. Er konnte sich nicht bewegen. Er hörte die Geräusche einer entfernten Straße und das Geklapper von Absätzen auf dem Gang vor seinem Zimmer. Aber vor allem anderen hörte er seinen flachen und raschen Atem. Er roch seinen eigenen Schweiß, der durch die Angst, die ihn überkommen hatte, einen sauren Geruch angenommen hatte. Er war fast gestorben. Die lange Periode des Schmerzes war vorbei, und nun mußte er gesund werden, nur um sein Leben dem Staat zu opfern. Aber warum sollten sie einen Menschen töten, der sich geändert hatte? Einen Menschen, der zusammenfährt bei dem Gedanken, einen Schuß auf einen anderen Menschen abzugeben? Die kleine Nachtlampe warf unbewegliche Schatten an die Wand. Einer war der Schatten eines Stuhls. Es sah aus, als wären Riemen an den Lehnen des Stuhls. Er wußte, daß, wenn er jetzt zufällig stehen würde, er bewußtlos umgefallen wäre. Ihm wurde schlecht, und das Zimmer drehte sich. Ja, es war sein Finger am Abzug. Die Kugel hatte den Schädel durchschlagen und war in das Gehirn des Mädchens, das Sandy hieß, eingedrungen. Er begann zu rufen, schwach und monoton, es war mehr ein Stöhnen als ein Ruf. Lange Minuten vergingen, bevor er Schritte auf seine Zimmertür zukommen hörte. Eine Gestalt, die er nur vage wahrnahm, betrat sein Zimmer.

»Rufen Sie die Polizei! Rufen Sie Kroschik! Sagen Sie ihm, daß ich mich an alles erinnere.« Die Gestalt verschwand, und er schmeckte Blut, er bemerkte, daß seine Zähne die Unterlippe zerbissen hatten. – Er wartete endlos. Die Versuchung, Kroschik zu erzählen, daß er gesehen hätte, wie Jones auf das Mädchen schoß, war groß. Er hätte dann doch wenigstens eine Chance. Aber wenn er gewonnen hätte, würde Jones sein Spiel beginnen. Und er wußte, wer das Mädchen getötet hatte. Vielleicht wäre es besser, zu sagen, er könne sich nicht erinnern. Aber nun hatte er bereits nach Kroschik geschickt, um zu sagen, wie es passiert war. Er war gefangen durch seine eigene Eile und Schwäche. Er versuchte sich zu bewegen, um das Bett zu verlassen, aber er konnte noch nicht einmal seine Arme bewegen. Dieser Kampf brachte ihn noch mehr ins Schwitzen.

Das Licht wurde angeknipst, und seine schlagartige blendende Helle schmerzte in seinen Augen. Er blinzelte und sah Kroschik am Bett stehen, einen Zigarrenstummel im Mundwinkel, das Hemd aufgeknöpft.

»Okay Pete, spuck's aus.«

Peter Warlow begann zu sprechen, zögernd und nach Worten suchend. »Ich erinnere mich, daß ich – das Ding, das mich getroffen hat – ich konnte es durch die Luft fliegen sehen. Davor – bevor ich getroffen wurde, sehe ich Sandy aus dem Blickfeld hinter den Schreibtisch verschwinden. Aber was das schlimmste ist – ich habe meine eigene Hand gesehen – den langen Lauf einer Kanone, ein schmales Ding in meiner Hand und meinen Finger am Abzug. Ich konnte die Narbe an meinem Finger sehen, eine Narbe wie ein zunehmender Mond – und der Finger zog am Auslöser. Ich muß es getan haben. Ich weiß nicht, warum ich es getan habe, und trotzdem, ich muß es wohl getan haben. Und ich muß auf mich nehmen, was nun auf mich zukommt.«

Im Zimmer war es ganz still. Peter konnte nicht in Kroschiks Augen sehen, der ihn unentwegt anstarrte. Dann sagte der kleine Mann, »So, also Sie haben Ihre Hand die Kanone halten sehen und Ihren Finger mit der Narbe drauf? Und Sie haben gesehen, daß dieser Finger den Abzug zurückzog?«

»Ja. Daran kann ich mich erinnern.«

Wieder Stille. Er blickte auf und sah einen Ausdruck von Zufriedenheit in den zusammengekniffenen blauen Augen blitzen. »Okay, Pete, das bringt's. Sie werden das auch offiziell bezeugen, nicht wahr?«

»Wie Sie wünschen. Aber jetzt möchte ich schlafen. Und vergessen, wenn's möglich ist. Ich möchte den Ausdruck auf ihrem Gesicht vergessen...«

Nachdem Kroschik gegangen war, tauchte Peter Warlow in eine Traumwelt ein, in der alles miteinander verschlungen war. Hier hatte Sandy anstelle ihrer Hände zwei schlanke Pistolen am Handgelenk; er stand hinter einem Stuhl, mit Riemen an den Lehnen, und versuchte sich wegzuducken vor den Dutzenden von braunen langen Dingern, die in langsamer Drehbewegung durch die Luft wirbelten; hier flog ein roter Stein, und blondes Haar färbte sich dunkel, eine Spur lief eine weiße Fläche hinunter wie trübes Wasser einen trockenen Rinnstein entlangläuft.

Bleiches Sonnenlicht fiel schräg durchs Fenster, als er erwachte. Das Bett erzitterte leicht in unregelmäßigen Stößen, und er sah den selben blonden Kopf, in der selben Stellung wie gestern, über das Fußende des Bettes geneigt. Wieder fühlte er das Beben stillen Schluchzens und wußte, das war Jane, seine Frau, die ihr zerstörtes Leben beweinte und den Ruin ihres Mannes. Er suchte nach irgend etwas, was er ihr sagen könnte, um seine Liebe und seinen eigenen Kummer auszudrücken.

Aber das einzige, was ihm einfiel, war ein zurückhaltendes: »Es tut mir leid, Liebling.«

Sie hob den Kopf, und in ihren Augen stand ein freudiges Strahlen, und es war ein seltsamer Triumph darin zu lesen. Das überraschte ihn. Sie müßte ihn doch bedauern – und betrauern! War er nicht so gut wie tot?

Und sie, mit Worten, eins das andere überschlagend, sagte: »O Peter! Mr. Kroschik hat mir alles erzählt. Nun ist die Sache erledigt.«

»Ja sicher, alles ist erledigt – vorbei. Ich habe gestanden.«

»Aber Liebster, dein Geständnis hat bewiesen, daß du es gar nicht warst. Die Narbe an deinem Finger.« Er versuchte seine rechte Hand zu heben, brachte sie aber nicht hoch. Sie sah dieses Vorhaben und hob ihm den Arm. Seine Finger waren einem Bündel von trockenen zerbrechlichen Ästen ähnlich. Es war keine Narbe da. – Seine eigene Welt geriet ins Wanken.

»Du siehst Peter«, fuhr sie fort, »du bist immer noch durcheinander. Dein Erinnerungsvermögen wird dir noch lange böse Streiche spielen. Aber immer noch bist du das gleiche zauberhafte Mannsbild. Du hast Jones Finger am Abzug gesehen, und irgend etwas in deinem armen Hirn hat dir gesagt, es sei deine eigene Hand gewesen. Er hat versucht, dich umzubringen und dir den Tod des Mädchens in die Schuhe zu schieben. Als du von der Narbe sprachst, hat sich Kroschik erinnert, sie an Jones Finger gesehen zu haben. Er verstand dann alles. Mit diesem Anhaltspunkt hat er dann gestern, nachdem er von dir wegging, Jones zu Fall gebracht. Sie wollen dich nicht mehr haben – aber ich will dich. Ich möchte, daß du wieder gesund wirst.«

Nachdem seine Frau gegangen war, lag Peter da und genoß es, wie nach und nach die Spannung von ihm abfiel. All die vielen Teile schoben sich auf ihren Platz. Die Erinnerung an den Aufruhr, in dem er noch heute nacht gesteckt hatte, amüsierte ihn fast.

Die Erinnerung war aber weiterhin nur in Fragmenten vorhanden. Als fahre er nachts mit einem Bus und schaue durch die regennassen Scheiben auf vorbeiziehende, unbekannte Städte. Einige dieser Fragmente hatten keinen Bezug zur Zeit. Er konnte nicht bestimmen, ob eine lebensvolle Szene sich vor zehn Jahren oder zehn Monaten abgespielt hatte.

Er sah sich mit einem Mal im Zimmer eines Motels, in einem Bett, gegen Kissen gelehnt, in das Zimmer fiel Licht vom Parkplatz vor dem Fenster. Sandy stand nackt am Fenster und sah hinaus, ihr Haar zerwühlt. Ein alter Schwarzweiß-Film lief im Fernsehen, der Ton war abgedreht. Cowboys ritten einen leicht geneigten Abhang herunter und feuerten unhörbare Schüsse auf unsichtbare Gegner ab.

Sandy sagte mit träger Stimme: »Der dicke Jones hat gedroht, wenn ich nicht zu ihm zurückkomme, wird er dich erschießen.«

Die Szene verschwand in einem hellweißen Schlund.

So eine Art Mann bin ich also, dachte er. Oder war ich. Und Sandy war nicht zu ihm zurückgegangen. Wußte Jane von ihm und Sandy? War das der Grund für den Triumph, der in ihren Augen blitzte, daß sie wußte, daß das Mädchen tot ist?

Kurz vorm Einschlafen leuchtete eine andere Szene hell auf. Er war an einem kühlen Tag in einem Kiefernwald und ging geräuschlos und vorsichtig über den weichen, braunen Nadelteppich. Vor ihm, zwischen den Bäumen, ging eine Frau in einer rot-schwarzen Wolljacke, sie ging langsam, mal war sie zu sehen, dann verschwand sie wieder hinter den Bäumen. Er lehnte seine linke Schulter an einen Kiefernstamm, hob das Gewehr und schaute durchs Zielfernrohr auf seine Frau Jane. In wenigen Sekunden würde sie hinter den Bäumen wieder auftauchen. Er richtete das Fadenkreuz auf die Höhe, wo ihr flachshaariger Kopf wieder auftauchen würde.

Er war nun hellwach. Das Bild verblaßte. Und das Gefühl köstlicher Gelöstheit war völlig verschwunden.

Was war geschehen? War das eine Art Spiel?

Die Neurochirurgen hatten sein Hirn durcheinandergebracht. Ist er so ein Mensch gewesen, ist er heute so, oder war es ein Blick in die Zukunft, wie er einmal sein wird?

Der Tod war ihr Begleiter

Als sie an jenem Morgen erwachte, betrachtete sie ihren Ehemann in seinem Bett. Er lag auf dem Rücken, die Arme über der Decke verschränkt. Sein schlaffer Mund stand offen, sein Kinn war voller Bartstoppeln und unter den Augen quollen häßliche Tränensäcke. In diesem Augenblick wurde ihr klar, wie sehr er sie anödete.

Howard Goodkin langweilte sie, und die Kleinstadt Wanderloo in Ohio langweilte sie. Wieder einmal hatte sie das Gefühl, auf der falschen Bühne zu stehen, mit schlechtem Drehbuch und einem miserablen Hintergrund.

Sie küßte ihn herzlich, als er zum Frühstück herunterkam, sah ihm lächelnd in die Augen – und fragte sich, welcher Anzug ihm bei seinem Begräbnis wohl besser stehen würde, der blaue oder der graue.

Sie entschied sich für den grauen, der paßte zu seinen Augen. Der graue Anzug, eines seiner neuen weißen Hemden und die blaue Seidenkrawatte mit dem zarten Dreiecksmuster. Während sie sich mit ihm beiläufig über das Wetter, den Zustand der Blumenbeete und den tropfenden Wasserhahn im oberen Badezimmer unterhielt, entschied sie sich für das Beerdigungsinstitut Gortzen. Die machten ihre Sache noch am besten. Mrs. Hall, zum Beispiel, hatte richtig frisch und lebendig ausgesehen. Sie hatte schon alles vor Augen, konnte fast die ruhige Trauermusik und die tröstenden Worte der Grabrede hören. Die Gedanken erregten sie, und sie genoß jeden einzelnen.

Schließlich stand Howard auf, wischte sich den Mund mit einer Serviette ab, küßte sie und verließ das Haus. Sie ging zum Fenster, um ihm nachzuwinken und überlegte, wieviel sie für das Auto bekommen würde. Der Wagen war erst ein Jahr alt. Sie beschloß, zunächst einmal siebentausend zu verlangen.

Sie summte eine Melodie, während sie das Frühstück abräumte. Es war angenehm warm im Haus. Sie schlüpfte aus ihren Pantoffeln und ging durch die matt erleuchteten Zimmer.

Sie zuckte zusammen, als sie an dem großen Spiegel im Flur vorbeikam und schmunzelte dann über ihre eigene Dummheit.

Sie trat näher an den Spiegel und betrachtete sich. Seltsam, wie jung sie sich gehalten hatte, noch immer die Figur eines Mädchens, dachte sie. Wie alt war sie eigentlich? Vierzig? Nein, 1908 in Wilmington geboren, das machte einundvierzig. Howard hielt sie für zweiunddreißig. Sie war eine zierliche Frau, mit aufrechtem Gang, hübschen Beinen und einer schmalen Taille. In ihrem vollen braunen Haar fand sich nicht eine graue Strähne, und ihre großen Augen waren tiefblau, fast lila.

Sie stellte sich in Positur wie ein Fotomodell, lachte mit ihrer silberhellen Stimme und tänzelte kokett die Treppen hinauf. Aus dem Wandschrank zog sie einen schweren Koffer hervor und schleppte ihn in die Mitte des Zimmers.

Das Innenfutter war an einer Stelle aufgetrennt und wieder zugenäht worden. Mit einer Nadel zog sie den Faden auf. Sie schob ihre Hand durch den Schlitz und holte ein fest verschnürtes Päckchen heraus, das drei Briefumschläge enthielt. Sie ging zum Bett hinüber und öffnete voller Aufregung das Briefbündel. Das war ihr Erfolgsgeheimnis – bei allem, was sie tat, ging sie systematisch vor.

Der erste Umschlag enthielt einige Fotos unterschiedlicher Größe. Fünf Fotos von fünf verschiedenen Männern. Auf den Rückseiten der Bilder waren fein säuberlich in Druckschrift ein paar Angaben vermerkt: der Name des Mannes, der Ort, in dem sie zusammengelebt hatten, der Deckname, den sie jeweils benutzt hatte und ein verschlüsseltes Wort für die Todesumstände des Mannes. Eine kleine Zahl gab in Tausendern den Reingewinn an, den sie durch die Erbschaft erzielt hatte.

Sie summte wieder ihre Melodie, ging zum Schreibtisch, nahm ein kleines Foto von Howard Goodkin und ihren Füllfederhalter aus der Schreibtischschublade und kehrte damit zum Bett zurück. Sie legte das Bild aufs Gesicht und schrieb einige Daten auf die Rückseite.

Nachdem sie es mit den anderen Bildern zusammen in den Umschlag geschoben hatte, öffnete sie den nächsten. Er enthielt eine Liste verschiedener Banken in Chicago. Hinter dem Namen jeder Bank stand der Name, unter dem sie dort ein Schließfach eröffnet hatte, und der jeweils verwahrte Betrag.

Der dritte Umschlag schließlich enthielt die sorgfältig etikettierten Schlüssel zu den Fächern. Auf den Rückseiten der Etiketten waren die Fälligkeitstermine der Schließfachmieten vermerkt. Am Anfang hatte sie für zehn Jahre im voraus bezahlt und dann die Mietverträge durch Zahlung für weitere zehn Jahre verlängert.

Sie saß auf dem Bett und dachte an die herrlich massiven Geldkatakomben, die fest verschlossenen Fächer und die säuberlich gestapelten Geldbündel. Es war schon ein ziemlicher Haufen Geld, ja sogar ein fast unvorstellbarer Betrag, dachte sie, wenn man berücksichtigte, wie leicht sie zu diesem Geld gekommen war.

Sie schob das Bündel mit den drei Umschlägen wieder unter das Innenfutter des Koffers und nähte den Schlitz zu.

Voller Freude dachte sie bereits an den Kranz, den sie außen an der Eingangstür anbringen würde, an die Nachbarn, die mit frisch Gebackenem zu ihr kommen würden, und an die ruhigen Worte des Trostes. Sie hatte nicht die geringste Mühe mit den Tränen, wenn sie zu ihr sprachen. In der Rolle der gramgebeugten Witwe war sie eine großartige Schauspielerin.

Nachdem sie mehrere Monate Schwarz getragen haben würde und ihrer Rolle als trauernde Witwe überdrüssig geworden wäre, würde sie ein paar Freunde aufsuchen, mit denen sie offen reden konnte, und ihnen erklären, daß sie es nicht länger an jenem Ort aushalte, wo ihr die Erinnerungen an Howard so schmerzlich bewußt blieben. Sie würde alles verkaufen und fortziehen. Einige Briefe und Postkarten – und dann Schweigen.

Über die Angelegenheit würde Gras wachsen, wie immer. Sie wäre dann bereit für eine neue Kleinstadt, einen neuen

Mann, eine neue Vergangenheit, gut auswendig gelernt, um gefährliche Versprecher zu vermeiden. Eine weitere Runde im wonnevollen Spiel des Freiens, der Heirat, der Einrichtung eines Heims und des Schließens neuer Freundschaften. Dann, nach ein oder zwei Jahren, – der Tod. Es endete immer mit dem Tod.

Es gab ihr ein Gefühl der Macht, mit dem Tod derart vertraut zu sein. Der Tod und dieses Machtgefühl waren ihre ständigen Begleiter. Wenn sie an das kleinkarierte Leben all der langweiligen Matronen dachte, die sie in den Kleinstädten kennengelernt hatte, fühlte sie sich darüber erhaben wie eine Göttin. Sie konnte die schlimmsten Dinge in das Buch ihres Lebens schreiben und sie mit einer einzigen Geste wieder löschen und einen neuen Anfang machen. Neue Worte, neues Liebesgeflüster und eine neue Todesart.

Sie hatte viel über einfältige Frauen gelesen, die einen Ehemann nach dem anderen vergiftet hatten. Das war schon eine außerordentliche Dummheit. Solche Praktiken führten die Polizei unweigerlich auf die Spur des Täters. Nein, um mit Mord Erfolg zu haben, mußte man sich der verschiedensten Methoden bedienen, die auf keinen Fall auf die Spur einer kleinen gramgebeugten Frau führen konnten, die vor der Polizei und dem Leichenbeschauer in Tränen ausbrach.

Immer wieder mußte sie lachen, wenn sie Zeitungsartikel las, in denen behauptet wurde, daß es den perfekten Mord nicht gebe. Sie saß da, lachte, ohne eine Miene zu verziehen und fühlte tief in ihrem Innern die Wärme des Triumphs.

Männer umzubringen, war schon in Ordnung. Nur eine Sache beunruhigte sie. Daß ihr das Töten von Männern eine solche Freude bereitete, konnte nicht normal sein. Sie war eine kluge und belesene Frau, aber erst nach dem vierten Mord hatte sie den Zusammenhang zwischen dieser Freude und einem Zwischenfall erkannt, der sich in der Nähe ihres Elternhauses, im Wald, ereignet hatte. Damals war sie vierzehn Jahre alt gewesen.

Sie war langsam an einem Gebüsch entlanggeschlendert, als der Mann hervorstürzte und sie am Handgelenk packte.

Er trug zerrissene Kleidung, stank nach Schnaps, und seine schmutzige Hand erstickte ihre Schreie.

Manchmal wachte sie mitten in der Nacht auf und spürte wieder die schwere Hand auf ihren Lippen.

Sie hatten den Mann hinter Gitter gebracht. Ihre Eltern waren kurz nach dieser schrecklichen Sache gestorben. Als sie ihre toten Gesichter sah, mußte sie daran denken, daß dieses Scheusal noch lebte.

Es störte sie, daß sich ihr Männerhaß an dieses Ereignis knüpfte. Ohne offensichtlichen Grund zu hassen, wäre ihr weitaus lieber gewesen, weil die Sache dann klarer wäre.

Mit siebzehn hatte sie einen Jungen namens Albert Gordon geheiratet. Schon nach der ersten gemeinsamen Woche wußte sie, daß sie ihn eines Tages umbringen würde, um sich für ihre Schmach zu rächen.

Sie hatte ihn unter ihrem eigenen Namen, Alicia Bowie, geheiratet. Zwei Jahre lang hatte sie den Mord geplant und sich in die Rolle der glücklichen Ehefrau gefügt.

Zwei Tage nach ihrem neunzehnten Geburtstag meldeten die Zeitungen den tragischen Tod Albert Gordons während eines Badeausflugs mit seiner jungen Frau am Lake Hobart. Den Zeitungsmeldungen zufolge war er von dem hohen Ast eines Baumes in den See gesprungen und hatte die Wassertiefe überschätzt.

Sie konnte sich noch an jede Einzelheit erinnern. Die Sonne stand bereits tief über dem See. Albert war dicht neben ihr, das Wasser reichte ihm bis zur Hüfte, und er blickte über die glitzernden Wellen. Der Baum befand sich direkt hinter ihnen. Sie hatte sich unauffällig an dem steinigen Untergrund zu schaffen gemacht, einen etwa zehn Pfund schweren losen Brocken gefunden und ihn hochgehoben. Das Ufer fiel an dieser Stelle steil ab, und während sie nur bis zu den Knöcheln im Wasser stand, reichte es ihm bis zur Hüfte. dann hatte sie den Stein auf seinen Kopf niedersausen lassen. Ein paar von Alberts blonden Haaren blieben daran kleben. Sie hatte den Stein mit der blutigen Seite nach oben ins ein Meter tiefe Wasser unter den Ast des Baumes gelegt. Dort war er auch gefunden worden.

Mit dem Geld von Alberts Lebensversicherung in der Tasche, war sie 800 Meilen weit gefahren, hatte ihren Namen geändert und beschlossen, ihre außergewöhnliche Tat zur Regel zu machen.

Nun erhob sie sich vom Bett, duschte, zog ein frisches Baumwollkleid an und zog die Jalousien hoch, um den herrlichen Sonnenschein ins Haus zu lassen. Während sie mit einem Ohr das Morgenprogramm im Radio verfolgte, entwikkelte und verwarf ein anderer, kalter, mechanischer Teil ihres Geistes die verschiedensten Pläne, Howard Goodkin, den erfolgreichen Manager einer Kette von Supermärkten in und außerhalb von Wanderloo, umzubringen.

Um die Mittagszeit hatte sie bereits zwei Methoden in die engere Wahl gezogen. Beide unterschieden sich von allen früheren und trugen genau den Angewohnheiten von Howard Goodkin Rechnung.

Als Howard zum Mittagessen kam, lächelte er freundlich, küßte sie und fragte: »Gibt es irgendwelche Neuigkeiten?«

Ich habe beschlossen, dich umzubringen, Howard. »Nicht die geringsten, mein Schatz. Der Hund von gegenüber jagte die Katze der Robinsons auf unseren Ahornbaum, und Betty stand händeringend darunter. Als sie die Feuerwehr anrufen wollte, lief der Hund weg und die Katze kam herunter. Betty nahm sie auf den Arm und wurde gekratzt.«

Howard schmunzelte und verdrehte amüsiert die Augen. »Ein aufregender Morgen, wie?«

Es wird mir nicht schwer fallen, dich zu beweinen, Howard. In mancher Hinsicht bist du ein prima Kerl. »Ein netter, friedlicher Morgen, mein Schatz. Ist der Salat so in Ordnung?«

»Wunderbar, Liebling! Mit Zwiebeln mag ich ihn besonders.«

Cristofer in Florida war eine kleine Ortschaft im Landesinnern, die in der heißen Sonne vor sich hindöste. Da das Meer in weiter Ferne lag, waren die Touristenunterkünfte, schäbigen Hotels und Apartments sehr billig. Viele ältere Menschen kamen nach Cristofer, um dort ihren Lebensabend zu verbringen. Die Männer stützten ihre zerschundenen Hände auf ihre abgemagerten Schenkel und erholten sich von der Arbeit. Die resoluten, älteren Damen zerschnitten mit ihren schrillen Stimmen den endlosen Tag in seiner flirrenden Hitze.

Auf Ben Lawtons gebräuntem Rücken spielten die kräftigen Muskeln, als er in zerschlissenen kurzen Khakihosen mit der Schubkarre zu der Stelle hinabging, wo der Lastwagen eine Fuhre kleiner, glänzend weißer Muscheln abgeladen hatte. Er schaufelte die Schubkarre voll und schob sie den Hang zum Komforthof hinauf – ›Hütten in jeder Saison – Angemessene Mietpreise‹.

Kurz vor Ausbruch des Krieges hatte Ben Lawton noch hinter einem pompösen Schreibtisch in einem New Yorker Büro gesessen. Seine neuartigen Verkaufsideen hatten eingeschlagen, und der große Geldsegen schien in greifbarer Nähe.

1947, im Sommer, war Benjamin G. Lawton aus dem Militärhospital entlassen worden. Sein Psychiater hatte ihm damals noch ein paar deutliche Worte mit auf den Weg gegeben: »Versuchen Sie nicht, dort anzufangen, Lawton, wo Sie vor dem Krieg aufgehört haben, das machen Ihre Nerven nicht mit. Suchen Sie sich ein ruhiges Fleckchen und eine sorgenfreie, körperliche Arbeit. Jede Art von Anspannung würde Sie innerlich derart zuschnüren, daß selbst wir den Knoten nicht lösen könnten. Vielleicht, eines Tages...«

So war Ben Lawton schließlich als Arbeiter bei Jonas Bright, dem Besitzer des Komforthofes gelandet. Nach etwas mehr als einem Jahr befiel Ben schon beim bloßen Gedanken an die Außenwelt große Angst.

Der Komforthof bestand aus sechzehn Zwei-Zimmer-Hütten. Jonas Bright war halbseitig gelähmt, ungehobelt und barsch, aber als Arbeitgeber ganz in Ordnung. Ben kümmerte sich um die Instandhaltung des Hofes und machte, was sonst noch an Arbeit anfiel. Serena Bright hielt die Hütten sauber und wechselte die Bettwäsche. Sie war neunzehn Jahre alt und lebte hier mit dem Vater zusammen, ohne jemals ihre Mutter kennengelernt zu haben.

Ben nahm eine Schaufel voll Muscheln von der Schubkarre und verstreute sie auf dem Weg, der zur Hütte 8 führte. Einen Moment lang richtete er sich auf und sah Serena mit frischer Bettwäsche zur Hütte 11 hinübergehen. Nur wenn er Serena betrachtete, spürte er, wie das Leben in ihm wieder erwachte. Sobald er ihre schlanke, jugendliche Figur und ihren stolzen Gang sah, mußte er daran denken, wie wundervoll es wäre, sie durch all die New Yorker Geschäfte zu führen, die er so gut kannte. Die geschickten Verkäuferinnen würden ihren Provinzcharme in einen mondänen Großstadtglanz verwandeln, der jeden Mann auf der Straße in Staunen versetzen würde.

Obwohl Serena nicht gerade auf der Sonnenseite des Lebens aufgewachsen war und nur eine dürftige Erziehung und Ausbildung genossen hatte, besaß sie ein feines Gespür und brachte ihrer Umgebung viel Aufmerksamkeit entgegen.

Ben betrachtete sie und sah, wie sich ihr dünnes Baumwollkleid an ihren Körper anschmiegte. Als sich die Hüttentür hinter ihr schloß, seufzte er und kehrte an seine Arbeit zurück.

Er wußte, daß er bei Serena keine Chance hatte. Zu lange und zu oft hatte ihr Blick schon auf den strahlenden Gesichtern der Schmuckreklamen verweilt, auf den eleganten Limousinen und den Eingangstüren teurer Bars und Nachtclubs. Ein ruhiggestellter, in sich gekehrter Psychotiker, ein Mann, der frisch aus einem Krankenhaus für Psychiatrie und Neurologie kam, konnte wohl kaum ihr Interesse wecken. Gewiß, sie scherzten und lachten oft miteinander, aber er sah auch die versteckte Zurückhaltung in ihren Augen, als warte sie auf den einen Mann, der eines Tages all ihre Wünsche erfüllen würde.

Jonas Bright war unglaublich stolz auf seine Tochter.

Als Ben sich bis zu dem Weg vorgearbeitet hatte, der zur Hütte 11 führte, kam Serena wieder heraus. Kleine Schweißperlen glänzten auf ihrer Oberlippe.

»Schlag mich nicht, Ben«, sagte sie, »wenn ich dich frage, ob es dir heiß genug ist.«

»Ich würde es tun, aber du stehst zu weit weg, Süße«, sagte er und grinste.

»Puuh!« stöhnte sie, schob die Unterlippe vor und blies eine Strähne ihres silberblonden Haares aus dem Gesicht. Jedes sichtbare Fleckchen ihres Körpers war honigfarben.

»Mir scheint«, sagte er, »du solltest heute nacht eine halbe Meile mit mir spazierengehen und ein Bier trinken, das ich kaum bezahlen kann. Abgemacht?«

Sie hatten schon viele solcher Kurzausflüge unternommen. Es waren lustige, unbeschwerte Abende gewesen, ohne den leisesten Anflug von Gefühlsverwicklungen.

Ein schnippisches Lächeln spielte um ihre sanften braunen Augen. »Kumpel«, sagte sie, »du sprichst mit einem Mädchen, das schon was Besseres vorhat. Mr. Kelso führt dieses Püppchen in den Palm Club aus.«

Ben erschrak über die Wut, die in ihm hochschäumte. »Der fackelt nicht lange, wie?«

»Er ist ein perfekter Gentleman!« fauchte sie.

»Er ist ein perfekter Dampfplauderer!« entgegnete Ben zornig.

Sie warf den Kopf in den Nacken, sah ihn herablassend an und sagte: »Und woher willst du das wissen, Lawton? Du hast noch nie in der Oberliga gespielt.«

Sie stampfte an ihm vorbei und trug die schmutzige Wäsche, die immer von einem Lieferwagen abgeholt wurde, zum Hauptgebäude. Er schaute ihr nach und sah an jedem ihrer Schritte, wie aufgebracht sie war.

Einen Moment lang wollte er sie zurückrufen und ihr sagen, daß Jay Kelso in der Liga, in der er früher gespielt hatte, nicht einmal Balljunge geworden wäre. Er hatte noch nie mit den Brights über seine Vergangenheit gesprochen, und dies war nicht der richtige Augenblick, um damit anzufangen. Serena würde ihm ohnehin kein Wort glauben.

Er schob die Karre wieder zum Muschelhaufen. Er dachte an Jay Kelso und runzelte die Stirn. Der Mann war vor etwa drei Tagen in einem auffälligen Kabriolett angekommen und hatte Hütte 3 für unbegrenzte Zeit gemietet.

Es war ihm unmöglich, den Mann beruflich einzuordnen.

Für Ben Lawton sah Kelso aus wie ein Hans Dampf der Pferderennen, der irgendwann einmal einen Volltreffer gelandet hatte. Er trug weitmaschige Sporthemden in Perlgrau, Zitronengelb und Kobaltblau. Seine Krawatten hatten dicke Knoten und seine Koffer waren aus glänzendem Aluminium. Seine rehbraunen, hell gepunkteten Hosen hatten eine scharfe Bügelfalte und seine Sportschuhe ganz offensichtlich überhöhte Absätze.

Eine tiefe Bräune verlieh seinem im Grunde ausdruckslosen, mageren Gesicht etwas Farbe. Sein dunkles Haar hatte er mit Pomade aufgedonnert und zu allem Überfluß schnitt er ständig eine Grimasse, mit der er wohl den stahlharten Kerl mimen wollte. Seinen Packen Banknoten trug er in einem Goldetui spazieren und bisweilen setzte er eine andere Miene auf, wenn er ein paar großspurige und übertrieben freundliche Worte mit Jonas, Serena oder Ben wechselte. Die anderen Mieter nahm er nicht zur Kenntnis, und überhaupt schien er durch sein Gehabe sagen zu wollen: »Ach, was bin ich doch für ein Prachtbursche. Ich bin mit allen Wassern gewaschen, und meine bloße Gegenwart bedeutet für euch eine kostenlose Galavorstellung. Klar?«

Jay Kelso hatte sich schon bei der ersten kurzen Begegnung mit Serena gewissermaßen die Lippen geleckt. Das Programm stand damit fest. Kelsos eindeutige Absichten und Serenas Ambitionen als Glamourgirl konnten nur auf eines hinauslaufen, und Ben fragte sich, wie lange Jonas Bright noch auf seine Tochter stolz sein würde.

Die Sonne stand tief, als Ben Lawton mit seiner Arbeit fertig war. Er brachte Karre und Schaufel in den Geräteschuppen und ging langsam auf sein Zimmer im Westflügel des Hauptgebäudes. Zur Zeit war wenig los. Er sah, wie der junge Tommy einen großen Wagen auftankte, der über und über mit Straßenstaub bedeckt war. Die Touristen, denen der Wagen gehörte, standen gerade an der Theke und ließen sich von Beth Bronson, einem pummeligen Schulmädchen, Coca Cola servieren.

Ben war verschwitzt und schmutzig und duschte sich ausgiebig. Als er das Wasser abstellte, hörte er das Rauschen der

Dusche auf der anderen Seite der dünnen Trennwand. Dort lagen die Räume von Jonas und Serena, die sich wohl gerade für ihre Verabredung zurechtmachte. Er zog eine weiße Hose und ein T-Shirt an, ging zu seiner Eingangstür, setzte sich auf die Stufen und rauchte eine Zigarette.

Zehn Minuten später kam Jay Kelso in seinem kanariengelben Kabriolett daher, hielt bei den Gartenpumpen und hupte. Es vergingen nur wenige Sekunden, bis Serena eilig aus dem Haus lief. Ihr Baumwollkostüm war etwas zu kurz und in den Schultern zu eng. Sie stieg in den Wagen, und Kelso beugte sich hinüber, um ihre Tür zu schließen. Er bog in die Hauptstraße ein und brauste in einer Staubwolke davon. Ben sah, wie ihr helles Haar in der Abendsonne leuchtete und er sah dicht daneben Kelsos dunkles Haar.

Er seufzte und stand auf.

Jonas stand neben ihm und spuckte braunen Tabaksaft in den Staub. Mit ruhiger Stimme sagte er: »Sie ist schon zu alt für irgendwelche Ratschläge, Ben.«

Ben glaubte seinen eigenen Worten nicht, als er darauf antwortete: »Und alt genug, um für sich selbst zu entscheiden.«

Jonas seufzte. »Das hoffe ich. Das hoffe ich sogar sehr.« Er drehte sich um und humpelte davon.

Der Untersuchungsbeamte glich derart einem betrübten Spürhund, daß sie fast lachen mußte. Das wäre natürlich äußerst ungeschickt gewesen. Er saß ihr in dem abgedunkelten Zimmer gegenüber und fühlte sich offensichtlich nicht wohl in seiner Haut. Das kleine Taschentuch in ihrer Hand war feucht. Mit einem Ausdruck der Erschöpfung im Gesicht, holte sie tief Atem und wischte sich mit dem Taschentuch über die Augen.

»Ich weiß, wie schrecklich das alles für Sie ist, Mr. Goodkin, aber ich muß Ihnen diese Fragen stellen, um unsere Berichte abzuschließen. Dafür haben Sie doch Verständnis?«

»Ja, natürlich«, antwortete sie mit schwacher Stimme.

»War es normal, daß Howard kleinere Autoreparaturen selbst durchführte?«

»Ja. Er machte sich ständig am Auto zu schaffen. Er liebte

es sogar, sich – sich richtig schmutzig zu machen und sagte, daß er dadurch eine Menge Geld sparen würde. Er sagte dann immer, er – er hätte eigentlich Mechaniker werden sollen.«

»Als er gestern nachmittag von der Arbeit nach Hause kam, ging er sofort in die Garage?«

»Ja, Mr. Brown. Ich erinnere mich, wie er sagte, er wolle die Hinterreifen und die hinteren Stoßdämpfer auswechseln, oder so ähnlich.«

Mr. Brown schüttelte den Kopf. »Ziemlich klar, was da passiert ist. Er hat den Wagen aufgebockt, die Hinterreifen abmontiert und die Hinterachse auf Ziegelsteine gesetzt. Das war sehr unvernünftig. Wahrscheinlich hat er dann beim Festziehen einer Mutter den Wagen derart aus dem Gleichgewicht gebracht, daß er dann...«

Sie verbarg ihr Gesicht in den Händen und schluchzte laut.

Nach wenigen Sekunden spürte sie seine schwere tröstende Hand auf ihrer Schulter.

»Bitte beruhigen Sie sich, Mr. Goodkin«, sagte er. »Es tut mir leid, daß ich Ihnen so zusetzen mußte. Howard hat bestimmt nichts gespürt. Das Differential kam genau über seinem Kopf runter und hat ihn sofort getötet.«

Während sie schluchzte und seinen Arm auf ihrem Rükken spürte, durchlebte sie noch einmal die wenigen Augenblicke in der Garage. Sie hatte sich herabgebeugt und unter den Wagen geschaut. »Wie geht's, Liebling?«

Sein Gesicht war ölverschmiert. »In zwanzig Minuten hab' ich's geschafft.«

Er lag genau richtig. Sein Gesicht befand sich direkt unter der dicken Wulst des Differentials. Sie hatte sich aufgerichtet, war zur Wagenseite gegangen, hatte dann einen Staublappen zwischen ihre Hände und den Kotflügel gelegt und mit aller Kraft geschoben. Der Wagen war in Bewegung geraten, und die Steine hatten unheilvoll geknirscht. Ein kurzer Laut des Entsetzens von Howard, und der Wagen krachte herunter.

Sie hatte hysterisch geschrien und war auf die Straße gerannt. Als sie sicher war, daß die Nachbarn herbeigelaufen kamen, hatte sie einen Ohnmachtsanfall vorgetäuscht.

Ja, das war noch glatter gegangen als in den anderen Fällen. Vor allem hatte es weniger Fragen gegeben. Sie konnte früher abreisen, ihre Spuren verwischen, einen ruhigen Erholungsort aufsuchen und wieder von vorn anfangen.

Siebentausend für den Wagen und wenigstens fünfzigtausend für das Haus. Mit allem Drum und Dran abzüglich der Ausgaben würden ihr noch etwa hunderttausend bleiben.

Schluchzend sagte sie: »Mr. Brown, ich – ich kann hier nicht bleiben. All die – Erinnerungen. Ich würde es – nicht aushalten.«

»Ich verstehe«, flüsterte er. »Wir alle verstehen das.«

Mr. Davis, der Vizepräsident der Wanderloo Nationalbank räusperte sich mehrmals und sagte: »Das ist – also, für eine Frau ist das eine ziemlich hohe Summe Bargeld, die Sie da mit sich herumtragen wollen. Wir könnten das Geld für Sie verwalten und Ihnen einen regelmäßigen Betrag...«

Sie sah ihm fest in die Augen. »Es tut mir leid, Mr Davis, aber ich möchte alle Verbindungen nach Wanderloo abbrechen. Wenn Sie nun bitte Ihren Kassier beauftragen würden, mir den Betrag auszuhändigen...«

»In Reiseschecks, Mrs. Goodkin?«

»Niemand außer mir selbst, dem Kassier und Ihnen wird wissen, daß ich diesen Betrag mit mir führe. Ich habe auch nicht vor, es auszuposaunen. Wenn Sie es unbedingt wissen wollen, Mr. Davis, ich werde den Großteil der Summe in meinem Gürtel verstecken. Dort wird das Geld sicher sein, bis ich mich für einen neuen Wohnort entscheide.«

Mr. Davis errötete, kratzte sich am Kinn und seufzte. »Wie wollen Sie es, Mrs. Goodkin?« fragte er und erhob sich.

»Neunzig Tausender und den Rest in Hundertern und Fünfzigern.«

»Ich muß noch unsere beiden Filialen verständigen.«

Sie sah auf die Uhr. »Bitte, beeilen Sie sich. Mein Zug fährt in einer Stunde und fünfzehn Minuten.«

Sie bekam das Geld und löste eine Fahrkarte nach Detroit. Ihr Gepäck bestand aus nur einem Koffer mit ihren besten

Kleidern und dem überaus wichtigen Briefbündel. In Detroit würde sie eventuelle Verfolger abschütteln und dann einen Zug nach Chicago nehmen. Die großen Scheine würde sie dort in einem der vier Schließfächer deponieren und mit dem Rest an einem neuen Ort und unter anderem Namen eine neue Existenz aufbauen. Die Erholungsorte eigneten sich dafür am besten.

Als nächsten Mann wollte sie sich diesmal einen jüngeren aussuchen. Die fühlten sich geschmeichelt, wenn eine reife Frau sich für sie interessierte. Während der Reise von Chicago zu dem Erholungsort wollte sie sich den neuen Namen und eine Geschichte ihrer Vergangenheit ausdenken. Eine neue Identität aufzubauen, war wirklich ein Kinderspiel. Man ließ sich einen neuen Führerschein ausstellen und eröffnete damit ein Scheckkonto und ein paar laufende Konten.

In Wanderloo würde man sie vergessen. »Ich frage mich, was aus der lieben Mrs. Goodkin geworden ist. Sie verließ die Stadt nach dem Tod ihres Mannes, weißt du. Eine tragische Angelegenheit. Sie führten eine so glückliche Ehe. Gott sei Dank hatten sie keine Kinder.«

Während sie darauf wartete, daß ihr Zug angekündigt wurde, betrachtete sie sich im Spiegel ihrer Puderdose. Ihre fast lilafarbenen Augen waren völlig klar – rein wie die Unschuld – und von makelloser Jugendlichkeit. Es war schön, wieder frei zu sein. Frei für das Abenteuer...

Jay Kelso saß wie ein abgemagerter Buddha auf seinem Bett und war nur mit blauen Seidenshorts bekleidet, die ein paar Nummern zu groß für ihn waren. Es war ein heißer Nachmittag. Er langweilte sich und hatte schlechte Laune. Die rehbraune Hose hing über einer Stuhllehne, und er wußte, daß in dem Goldetui, das in einer ihrer Taschen steckte, nicht mehr als zweiundvierzig Dollar waren.

Ursprünglich hatte er in diesem Loch namens Komforthof nur eine Woche bleiben wollen, doch mittlerweile waren daraus sechs Wochen geworden. Das war übel.

Mittlerweile hatte die Finanzierungsgesellschaft wahrscheinlich das amtliche Kennzeichen an die Bundesfahnder weitergeleitet, und die würden nun Jagd auf das gelbe Kabriolett machen. Er wußte genau, daß der Pfandwert seiner Habe nur so hoch war, daß ihnen die Wiederbringung des Wagens lieber war.

Vielleicht hatte Myra Dish in Camden bereits Anwälte beauftragt. Dann sähe es schlecht für ihn aus, denn sie würden ihm sehr viel Ärger bereiten, und er hatte nicht genug Geld, um sich einen gewieften Rechtsverdreher zu leisten, der ihn aus dieser Klemme befreien könnte. Das wäre die Quittung dafür, daß er der Damenwelt so gern auf der Nase herumtanzte.

Und nun hing er mitten in Florida fest, nur weil ihn so eine Landpomeranze am Haken hatte.

Er überlegte, ob es nicht besser wäre, abzuhauen, ein bißchen Kies zu machen und auf dem schnellsten Weg wieder zurückzukehren, und einen zweiten Versuch zu starten. Nein, dieser braune Kraftbolzen, Lawton, machte einen zu langen Hals, wenn Serena – was für ein Wahnsinnsname – an ihm vorbeiging. Es wäre einfach zu dämlich, bei der Rückkehr festzustellen, daß Lawton sie über den Verlust hinweggetröstet hatte.

Je länger er blieb, desto schlechter wurde seine Lage. Er hatte nicht mehr genug Geld, um hoch genug zu setzen.

Er schlug mit der Faust in seine Handfläche und starrte die Wand an. Plötzlich hatte er eine verrückte Idee. Vielleicht sollte er das Mädchen heiraten.

Das wäre wohl die beste Lösung. Zunächst würde er den Wagen ausräumen und ihn verkaufen. Dann würde er Lawton, diesen Knülch, aus seinem Job verdrängen und sich hier niederlassen. Das gleiche Spielchen würde er mit dem alten Herrn treiben, und dann würde der Hof ihm und Serena gehören. Sobald er von ihr genug hätte, würde er alles verkaufen und verduften.

Doch nun fiel ihm ein, wie die Muskeln auf Lawtons Rükken hervortraten, wenn er arbeitete. Nein, er brauchte ihn für die schweren Arbeiten. Außerdem würde es gar nicht so leicht sein, ihn loszuwerden, weil er sich recht gut mit dem Alten verstand.

Er grinste. Jay Kelso – und heiraten. Welch ein Witz!

Langsam erhob er sich vom Bett, zog ein sandfarbenes Sporthemd an, band sich eine Krawatte um, schlüpfte in seine rehbraune Hose und die dazu passenden, weißbraunen Halbschuhe. Seine Taille konnte sich sehen lassen. Er hatte noch nicht einmal den Ansatz eines Bauches.

In diesem Augenblick klopfte es an der Tür. Es war ein sanftes Klopfen. Er dachte, es wäre Serena Bright und öffnete erwartungsvoll. Statt dessen sah er Lawtons ausdrucksloses Gesicht und seinen mächtigen Brustkorb.

»Abfälle?« fragte Lawton.

»Mensch, Sie klopfen wie eine Frau«, sagte Jay Kelso und verzog angewidert das Gesicht.

»Ich dachte mir, daß Sie dann schneller öffnen«, sagte Lawton ruhig.

Kelso wandte sich nach ihm um. »Wollen Sie mich zum Narren halten?«

Lawton lächelte herausfordernd. »Was würden Sie denn tun, wenn ich darauf mit ja antworten würde?«

Kelso reckte die Schultern. »Ich würde Ihnen vielleicht eine kleben. Ich hatte einmal die Goldenen Handschuhe. Vergessen Sie das nicht, mein Lieber.«

Lawton grinste herablassend und sagte: »Ja, Sir. Ich werde immer daran denken, Sir.« Die Verachtung stand deutlich in seinem Gesicht geschrieben.

In diesem Augenblick kam eine zierliche Frau den Weg entlang. Jay Kelso taxierte sie flüchtig und fand, daß sie für eine Mittdreißigerin gar nicht so übel aussah. Sie war sehr gut gebaut, hatte volles braunes Haar, seltsam blaue Augen und trug ein teures Kleid. Nein, das sah gar nicht übel aus.

Sie lächelte Kelso an, wandte sich an Lawton und sagte mit silberheller Stimme: »Sie sind doch hier angestellt, oder?«

»Ja, Mrs. Oliver.«

»Ich habe vor einer Stunde Hütte 11 gemietet und bekomme aus irgendeinem Grund kein warmes Wasser. Wenn Sie vielleicht...«

»Sofort, Mrs. Oliver.«

Jay Kelso war das »Mrs.« nicht entgangen, doch er hatte in

diesen Augen mehr als nur beiläufige Höflichkeit gelesen. Vielleicht war das eine Chance, zu etwas Geld zu kommen. Eine kleine Erpressung, zur Abwechslung. Ein ›Darlehen‹, bitte. Entweder Sie borgen es mir, oder ich frage Mr. Oliver persönlich.

Mit seinem freundlichsten Lächeln auf dem Gesicht trat er einen Schritt vor, reichte ihr die Hand und sagte: »Nachdem wir ohnehin fast Nachbarn sind, sollten wir uns miteinander bekannt machen, Mrs. Oliver. Mein Name ist Jay Kelso.«

»Angenehm, Mr. Kelso. Ich heiße Betty Oliver«, sagte sie freundlich. Ihre Hand lag warm und sanft in der seinen und gab ihm ein merkwürdiges Gefühl der Vertrautheit. Es gefiel ihm, daß sie so zierlich war. Er mochte kleine Frauen. Selbst wenn er die Schuhe mit den überhöhten Absätzen trug, war er kaum größer als Serena.

Lawton nahm die Abfälle mit und ging zu Hütte 11.

Kelso schlenderte ins Freie und sagte zu Mrs. Oliver: »Wie gefällt es Ihnen und Ihrem Gatten hier?«

»Ach, ich bin allein hier, Mr. Kelso. George starb vor über einem Jahr.« Sie lachte leise. »Ich glaube, ich bin nur eine ungebundene, einsame Frau.«

Er sah sie mit einem strahlenden Lächeln an. »Ungebunden, ja. Einsam, niemals.«

»Und ich dachte immer, die Galanterie wäre längst ausgestorben!« Sie lachte. »Wir müssen uns näher kennenlernen.«

»Das werden wir sicherlich«, sagte er mit warmer Stimme.

»Sind Sie mit Ihrer Frau hier, Mr. Kelso?« fragte sie.

»Ich gehöre auch zu der ungebundenen, einsamen Sorte«, antwortete er. »Ich wollte einmal ganz allein einen Kurzurlaub machen. Ich arbeite in der Immobilienbranche in Camden, New Jersey. Die letzten Wochen waren sehr aufreibend, und so entschloß ich mich zu diesem Erholungsurlaub.«

Er lachte. »Meinen Angestellten habe ich nahegelegt, alle Entscheidungen selbst zu treffen, da ich für sie nicht zu sprechen sein würde. Zuerst wollte ich zu meinem Stammhotel in Miami Beach, aber dort kennt mich jeder – und dann die vielen Partys und der ganze Rummel. Ich bin also hier, um mich zu verstecken, wenn Sie so wollen.«

Als sie an dem Kabriolett vorbeigingen, lehnte er sich ganz beiläufig an die Fahrertür.

»Ist das Ihr Wagen?« fragte Mrs. Betty Oliver. »Ein schönes Auto.«

Jay räusperte sich. »Ja, damit bin ich hergekommen.«

»Ich habe das Autofahren nie gelernt«, sagte sie bedauernd. »Ich bin schon eine sehr hilflose Frau.«

»Wenn Sie lange genug bleiben, könnte ich es Ihnen ja beibringen.«

Sie sah ihm ins Gesicht und machte eine Bewegung, durch die sie ihn scheinbar zufällig streifte. »Ach, wirklich?«

Jay Kelso wurde vor Aufregung ganz schwach. Das war ein Geschenk des Himmels, einfach bare Münze. Er würde es schon schaffen, das alles mit Serena unter einen Hut zu bringen. Zunächst würde er ein paar Tausender aus der Puppe herausquetschen und dann mit Serena zur nächsten Anwaltskanzlei abrauschen. Danach würden er und Serena für ein Weilchen in der Weltgeschichte herumtingeln. Bis zu ihrer Rückkehr wäre die Oliver längst verschwunden. Perfekt!

Als Serena zu weinen aufgehört hatte, wartete sie still und preßte das feuchte Kopfkissen an ihr Gesicht. Draußen war es dunkel. Ab und zu fuhr auf der Hauptstraße ein Wagen mit hoher Geschwindigkeit vorbei. Die Lichter der vorbeifahrenden Autos malten jedesmal Muster auf die Decke ihres dunklen Zimmers.

Schließlich stand sie auf, ging ins Bad und stellte sich unter die Dusche. Der kühle Schauer erfrischte sie. Sie schminkte sich sorgfältig, um die Spuren der Tränen zu verbergen, zog ein leichtes, weißes Kleid an und ging in die warme Nacht hinaus. Aus einigen Hütten drang fröhliches Lachen, das ihr Gefühl der Einsamkeit verstärkte.

In Hütte 2 spielten vier ältere Leute ihre allabendliche Bridge-Party. In einer der entfernteren Hütten hatte jemand das Radio angestellt, und eine sanfte traurige Melodie drang an ihr Ohr. Weit weg, in der Nähe der Sümpfe, quakten klagend die Frösche.

Der kühle Abendwind spielte in ihrem Haar. Sie vermied

es, in Richtung der Hütte 11 zu blicken. Natürlich war diese Frau, diese Oliver nicht dort. Nein, sie war mit Jay ausgegangen. Vorbei mit Serena und Jay. Nun saßen die beiden wohl dort, wo sie sonst mit Jay gesessen hatte, im Palm Club.

Verbittert fragte sie sich, ob er mit ihr auch an einen verschwiegenen Ort fahren würde, um sie zu küssen. Wie könnte er? Diese Betty Oliver war alt, alt und nochmals alt. Eine alte Schachtel mit einem Haufen Zaster. Sie fragte sich, wie viele Stunden Jay schon mit ihr verbracht hatte, seitdem sie vor vier Tagen angekommen war.

Jay hatte sich so seltsam benommen. An dem Abend von Betty Olivers Ankunft waren sie zum letztenmal miteinander ausgegangen. Im Palm Club war er sehr still gewesen. Auch später, im abgestellten Wagen, hatte er nicht versucht, sie zu küssen und nur gesagt: »Serena, Liebes, es gibt viele Dinge auf dieser Welt, die du nicht verstehst.«

»Was meinst du damit?«

»Schau, Kleines, ich liebe dich. Das ist das erstemal, daß ich das sage, seit ich vierzehn Jahre alt war.«

»Oh, Jay.«

»Nun fall nicht gleich in Ohnmacht, hörst du. Liebe verlangt auch gegenseitiges Vertrauen. Schau mir in die Augen, Kleines. Ich vertraue dir. Nun lautet die 64-Dollar-Frage: Hat Serena Vertrauen in Jay?«

»Das weißt du doch.«

»Jetzt kommt der Haken. Ich habe etwas vor, worüber ich nicht sprechen möchte, und auch du sollst nicht darüber sprechen.«

»Aber was hast du denn vor, Jay?«

»Wir streiten uns, reden nicht mehr miteinander und gehen auch nicht mehr zusammen aus. Du wirst mich häufig mit dieser Mrs. Oliver sehen, die heute angekommen ist. Keine Fragen. Du vertraust mir, denk daran.«

»Aber Jay, ich – warum willst du...«

Er hatte einen Finger auf ihren Mund gelegt. »Keine Fragen. In ein paar Wochen werden wir sehr plötzlich auf Reisen gehen. Ich sage dir, wenn es soweit ist. Dann steigst du einfach zu mir ins Auto und los geht's. In Ordnung?«

»Aber ich...«

Sie hatte das Glitzern seiner Zähne gesehen, als er in der Dunkelheit lächelte.

»Diese Nacht ist einfach wunderbar, Liebes. Komm näher.«

Ja, und da war es für sie sehr leicht gewesen, keine Fragen mehr zu stellen. Am folgenden Tag war es schon nicht mehr so einfach. Nicht, als sie den gelben Wagen mit Betty Oliver davonfahren sah, mit ihrem braunen im Fahrtwind wehenden Haar, neben seinem glänzend schwarzen. Sie hatte es kaum mit ansehen können, wie Betty kätzchenhaft um ihn herumscharwenzelte und in Jays selbstzufrieden strahlendes Gesicht lächelte. Ihr gemeinsames Lachen, ihre zunehmende Vertrautheit waren ihr unerträglich.

Am dritten Tag war sie an den beiden vorbeigegangen. Betty Oliver hatte gekichert und Jay etwas zugeflüstert, worauf auch er gelacht hatte. Serena wußte, daß sie von ihr gesprochen hatten.

Ziellos schlenderte sie den schmalen Weg zwischen den Hütten entlang und vermied es, in das Licht der Strahler auf der Vorderseite des Hauptgebäudes zu treten. Sie ging um den linken Flügel des Gebäudes und sah das fahle Schimmern von Ben Lawtons weißem Hemd in der Dunkelheit. Er saß auf den Betonstufen vor seiner Haustür.

»Hallo, Lady«, sagte er sanft. »Setz dich und rauch eine meiner sauer verdienten Zigaretten.«

»Danke, Ben.« Er rutschte etwas zur Seite, um ihr Platz zu machen. Als er ihr mit einem Zündholz Feuer gab, betrachtete sie sein Gesicht, konnte aber keinen besonderen Ausdruck darin erkennen.

»Eine schöne Nacht«, sagte er.

»Mag sein.«

»Wohl etwas geknickt, oder?« fragte er.

Das war zuviel für sie. Heftig schluchzend verbarg sie ihr Gesicht an seiner Schulter. »Ach, Ben!«

Sie fing sich sofort wieder, rückte von ihm weg und trocknete mit dem Taschentuch die Tränen auf ihrem Gesicht. Sie lachte.

»Entschuldige, daß ich mich bei dir ausweine, Benjamin.«

»Dir ist hoffentlich klar, daß der Kerl die Tränen nicht wert ist, nicht im geringsten«, sagte er tonlos.

Kalte Wut stieg in ihr hoch. »Das laß gefälligst meine Sorge sein«, fauchte sie.

Wütend stampfte sie davon und verschwand in der Dunkelheit. Die laue Nacht gab ihr jedoch sofort wieder das Gefühl der Einsamkeit. Unter dem Sternenhimmel kam sie sich winzig und bedeutungslos vor. Irgendwie ging alles schief. Wenn Jay ihr wenigstens eine Nachricht zukommen ließe, einen Blick oder ein paar Worte schenken würde, aber sobald sie ihn anblickte, versteinerte sich seine Miene.

Sie ging in jenen Teil hinüber, wo die Gartentische und der Trinkbrunnen standen. Jonas Bright saß mit eingesunkenen Schultern in seinem hölzernen Schaukelstuhl.

Er lächelte sie an und sagte. »Ich bin sehr froh, daß du nicht mehr mit diesem geschniegelten Lackaffen herumziehst.«

Sie starrte ihn sekundenlang an und kehrte ihm schließlich entrüstet den Rücken. Ben und ihr Vater waren Trottel, alle beide. Irgendwie waren sie doch nur neidisch auf Jay Kelso, weil er sich gut kleidete und wie ein perfekter Gentleman benahm. Wahrscheinlich waren sie auch auf seine langen dunklen Wimpern, seinen schönen Mund und die markanten Gesichtszüge eifersüchtig. Sie spürte, wie ein Gefühl warmer Erregung in ihr hochstieg, als sie an Jays Lippen und seine kräftigen Arme dachte.

Plötzlich bückte sie sich, hob einen Stein auf und schleuderte ihn, wie ein zorniges Kind, auf die Hauptstraße. Sie erinnerte sich an alle unflätigen Ausdrücke, die sie jemals gehört hatte und preßte sie zwischen den Lippen hervor. Sie ging in ihr Zimmer zurück, legte sich bäuchlings aufs Bett und stützte den Kopf in ihre Hände. Was dachte er sich eigentlich dabei, mit dieser dämlich kichernden Spinatwachtel auszugehen?

Das Gefühl der Erregung hatte die ganze Woche über zugenommen, nur, daß es diesmal etwas völlig anderes war. Sie hatte sich dermaßen in ihre neue Rolle hineingesteigert, daß sie sich wirklich für Betty Oliver hielt.

Sie sah Jay an. Er hielt die Hand um die Flamme seines Feuerzeugs, und das orangerote Licht betonte die scharfen Konturen seiner markanten Backenknochen.

Ja, Jay Kelso hatte ihr ein Rätsel aufgegeben. Keines, das seine Person betraf. Sie hatte viele Männer seines Schlages kennengelernt. Es waren allesamt abscheuliche, kleine Männer, die wie aufgeplusterte Pfauen umherliefen, kalt, selbstsüchtig, unglaublich geldgierig und hartherzig. Er war einfach eine jämmerliche Witzfigur. Und trotzdem war sein großspuriges Stolzieren auf eine Weise überspannt, die ihn mit seiner ganzen erbärmlichen Fassade und seiner hoffnungslosen Mittelmäßigkeit schon wieder bemitleidenswert machte. Dieser Mann rührte ihr Herz, wie es noch keinem vor ihm gelungen war.

Er war ein Mann mit dem Format eines gerupften Hühnchens, das sich wie ein röhrender Platzhirsch aufführte. Seine Kleidung zeugte von einem lausigen Geschmack und sein gockelhaftes Benehmen verriet nur allzu deutlich seine wahren Absichten. Darüber hinaus bemühte er sich verbissen, ein korrektes Englisch zu sprechen.

Alles in allem ein süßes, amüsantes Kerlchen. Und so leicht zu durchschauen. Schon wie er sich die Lippen leckte, wenn er einen Scheck ausfüllte, verriet ihr, daß er ziemlich abgebrannt war. Und vor ihr wollte er den großen Mann markieren.

Eigentlich gingen ihr solche Hänflinge gegen den Strich, und dennoch wollte sie ihn in ihre Arme schließen, seinen Kopf streicheln und ihm sagen, daß sie die weite Welt gut kenne und er sich nicht so abzustrampeln brauche, da es sie ohnehin nicht beeindruckte.

Sie fragte sich, ob das alles vielleicht eine merkwürdige Abart von Liebe war. Er war schätzungsweise wenigstens dreizehn Jahre jünger als sie. In der Dunkelheit konnte er ihr überlegenes Lächeln nicht sehen. Jay Kelso war lange Zeit still gewesen. Sie wußte, daß er über seine nächsten Worte nachgrübelte.

Plötzlich lachte er. »Mir ist da eine ziemlich komische Sache passiert, Betty«, sagte er mit einem nervösen Unterton in seiner Stimme.

»Ja, Jay, mein Lieber?«

»Du erinnerst dich doch, wie ich dir erzählt habe, daß meine Angestellten während meiner Abwesenheit die Entscheidungen selbst treffen sollten? Also, gestern erhielt ich einen Brief von dem Mann, dem ich alle Vollmachten übertragen habe. Er hat eine große Sache an der Angel und das ganze Unternehmenskapital reingesteckt. Ich habe nicht mehr genügend Geld bei mir und wollte dich fragen, ob du mir aus der Klemme helfen könntest, bis mein Konto wieder aufgefüllt ist.«

»Aber natürlich, Jay! Wieviel brauchst du?«

»Ach, ein paar hundert Dollar sollten genügen.«

»Würden fünfhundert reichen?« Sie schmunzelte innerlich, als sie ihn heftig an der Zigarette ziehen sah.

»Prima, aber nur, wenn du es wirklich entbehren kannst.«

Sie wußte, wie es weitergehen würde. Er würde die fünfhundert nehmen, sehr nett zu ihr sein und ihr viel spendieren – und dann würde er außer sich vor Aufregung zu ihr gerannt kommen und ihr sagen, daß er für die große Sache ein paar tausend Dollar auftreiben müsse, um eine Anzahlung auf die Eigentumsrechte leisten zu können. Nur ein paar tausend, und danach würde sie Jay Kelso nie wiedersehen.

Lachend sagte sie: »Oh, Jay, du hast mich so auf Trab gehalten, daß ich noch nicht einmal Zeit hatte, ein Bankkonto zu eröffnen. Ich trage viel zu viel Bargeld mit mir herum. Die fünfhundert gebe ich dir am besten sofort. Halt mal dein Feuerzeug hoch, damit ich in meiner Handtasche was sehen kann.«

Ein häßlicher kleiner Streich, den sie ihm da spielte, dachte sie bei sich, öffnete ihr weißes Ledertäschchen und hielt es so, daß Jay hineinsehen konnte. Sie nahm vier Hunderter und zwei Fünfziger aus der roten Brieftasche, faltete die Scheine zusammen und gab sie ihm. »Siehst du, mein Lieber, schon erledigt.«

Seine Hand zitterte, als er das Feuerzeug zuschnappen

ließ. Mit rauher Stimme sagte er. »Du trägst ja einen ganzen Berg – äh – sehr viel Geld mit dir herum.«

Sie fand einen teuflischen Spaß daran, ihn noch mehr zu reizen. »Ach, Geld bereitet mir die allerwenigsten Sorgen. Ich hätte dir ebensogut fünftausend oder – fünfzigtausend borgen können.«

Bei der letzten Zahl fuhr er hoch, als hätte er sich auf eine Reißzwecke gesetzt. Schnell fand er seine Beherrschung wieder. »Soviel brauche ich gar nicht«, sagte er lachend, aber sein Lachen klang hohl.

Sie hatte ihre diebische Freude an diesem Spiel. Der Geruch von Geld war für ihn das gleiche wie Sonnenschein und Regen fürs Unkraut. Er wuchs und blühte auf.

Als er sie in seine Arme nahm, spürte sie, daß ihm das Geld auch ein neues Gefühl der Stärke verlieh. Sie warf den Kopf in den Nacken und gab ihrem Gesicht einen interessierten Ausdruck.

Ein kleines, fremdartiges Feuer hatte in ihrem Innern zu brennen begonnen; es war langsam gewachsen und hatte schließlich die harte Schale ihrer Gleichgültigkeit erwärmt. Ein solches Gefühl hatte sie bisher noch nie erlebt.

Sie löste sich von ihm und fürchtete sich plötzlich mehr vor sich selbst als vor ihm. Ihre Wangen waren heiß – teils vor Wut, weil sie bis zu diesem Augenblick immer die beherrschende Rolle gespielt und die Oberhand gehabt hatte, amüsiert über diesen kleinen langweiligen Mann. Nun triumphierte er, mit seinem Lächeln, seinen strahlend weißen Zähnen, und spürte ihre Unsicherheit.

Sie schämte sich ihres unregelmäßigen Atems und gewann unter größter Anstrengung die Ruhe zurück. Ihre Stimme klang alt und verbraucht, als sie sagte: »Findest du nicht auch, wir sollten jetzt zurückfahren?«

»Klar.« Er startete den Wagen und fuhr hinaus auf die Straße. Während sie mit hoher Geschwindigkeit zum Komforthof fuhren, hörte sie, wie er leise eine Melodie summte ...

Noch lange nachdem sie die Hütte betreten hatte, ging sie rastlos zwischen Schreibtisch und Bett auf und ab. Wutentbrannt ballte sie die Fäuste. Was war nur aus ihrer Überlegenheit, ihrer amüsierten Herablassung geworden? Sollte sie wirklich in ihrem Alter noch das Opfer einer Gefühlsduselei werden?

Schließlich gab sie es auf und legte sich erschöpft aufs Bett. Sie wußte, daß ihr Wille diesmal schwächer war als ihr Herz, denn sie hatte nur noch den einen Wunsch: jede Minute mit Jay Kelso zu verbringen. Sein Tod oder ein Leben ohne ihn erschienen ihr unvorstellbar. Sie brach in Tränen aus und lächelte schließlich, ruhig und mit einem Gefühl der Wärme im Herzen.

Jay Kelso war sich darüber im klaren, daß er im Sturmschritt auf die größte Chance seines Lebens zumarschierte. Er stand im Dunkeln vor seiner Hütte und fuhr mit den Fingern über das steife Papier der Banknoten in seiner Westentasche. Er hatte eine rauhe Kehle von dem Schnaps, den er soeben getrunken hatte.

Sein Leben war plötzlich sehr kompliziert geworden. Diese Mrs. Oliver hätte ihm fast den Schneid abgekauft. Sie hatte so – so abwesend gewirkt. Mehrmals hatte sie ihn betrachtet wie einen Käfer, den man unter einem flachen Stein aufgeschreckt hat. Er war sich dabei wie ein dummer Junge vorgekommen.

Als er ihr das Märchen von den paar hundert Dollars auftischte, hatte er geglaubt, daß sie ihm eine Abfuhr erteilen oder ihn auslachen würde. Sie hatte schon eine seltsame Art, ihn zu verblüffen. Die Bereitwilligkeit, mit der sie ihm die Summe in bar gegeben hatte, hatte ihm schier die Sprache verschlagen. Als sie dann auch noch so leichthin von Fünfzigtausend sprach, war ihm, wie nach einem Magenschwinger, die Luft weggeblieben.

Ja, er hatte sich wohl etwas verrechnet. Das alte Mädel war bei weitem besser betucht, als er vermutet hatte. Und sie hatte keinen Grund, ihn anzulügen.

Als er sie dann geküßt hatte, war sie geschmolzen wie ein junges Mädchen. Das war merkwürdig. Leicht angewidert verzog er seinen Mund, als er an ihr Doppelkinn dachte. Um gerecht zu sein, dies war die einzige Stelle, die ihr Alter verriet. Sie sah ja recht gut aus, aber gemessen an Serena war es, als vergliche man einen Zuckerwürfel mit einem Faß Honig. Egal, es stand zuviel Kies auf dem Spiel! Er schlug sich mit der Faust auf den Schenkel. Mehr Kies als er je in seinem Leben gesehen hatte! Das Problem war jetzt, sich ein möglichst großes Stück aus dem Kuchen herauszuschneiden. Wenn es bei den Fünftausend bliebe, würde er wahrscheinlich dauernd an die Riesensumme denken, die ihm durch die Lappen gegangen war. Von Fünftausend konnte man noch nicht einmal ein Jahr lang leben. Nein, es mußte einen anderen Weg geben.

Am nächsten Morgen wollte er der Finanzierungsgesellschaft und Myra jeweils hundert Dollar schicken, um vor beiden erst einmal Ruhe zu haben und ein wenig Zeit zu gewinnen.

Betty und Serena. Serena und Betty. Welch ein Durcheinander! Wenn Serena bloß soviel Geld hätte wie Betty, oder wenn Betty so gut aussehen würde wie Serena. Irgendwie mußte er es schaffen, Betty Oliver ihr ganzes Geld abzuknöpfen und dann Serena zu heiraten.

Schon wieder diese Heiratsidee! Ob er langsam meschugge wurde? Nein, er wollte das Mädchen. Das große Problem war, daß der einzig sichere Weg zu Bettys Geld nur über die Heirat führte. Sie lag ihm ja bereits zu Füßen. Ein Wort von ihm, und sie würde anbeißen wie ein verhungernder Flußbarsch. Und war wäre mit ihm? Er wäre für Jahrtausende an ihre Schürze gefesselt, und Serena würde sich mit einem anderen aus dem Staub machen. Vielleicht sogar mit diesem Kleiderschrank Lawton. Nun, Kelso, was willst du eigentlich, das Geld oder die Puppe? Warum nicht beides?

Plötzlich hielt er inne, der Atem stockte ihm. Er hatte die Lösung gefunden, und sie jagte ihm einen kalten Schauer über den Rücken. Er würde beide heiraten! Erst Betty, die auf tragische Weise verunglücken würde. Ehemann erbt, macht sich mit Knete bepackt davon, heiratet Zuckerpuppe.

Einen Moment lang hatte er ein unerfreuliches Bild vor Augen. Ein netter kleiner Stuhl mit Gurten an den Armlehnen, ein paar Elektroden und eine Stahlkappe, die genau auf seinen Kopf paßte.

Nein, nur das nicht...

Vielleicht würde er es sich für immer mit Serena verderben, wenn er Betty heiratete, aber das Geld würde ihn über den Verlust hinwegtrösten. Das Geld würde alle Wunden heilen, und wenn er sich nach Bettys – Tod geschickt und schnell genug um Serena bemühte, dann könnte er sie wahrscheinlich wieder zurückgewinnen. »Liebling, ich habe einen schrecklichen Fehler gemacht. Es ging von Anfang an nur um dich.« So ähnlich würde er es bringen.

Es wäre auch eine gute Idee, vor Bettys Tod noch ein paar Vorkehrungen zu treffen. Aber wie sollte sie überhaupt sterben? Ein Sündenbock wäre bestimmt besser als ein Unfall, und für diesen Zweck kam nur einer in Frage – Lawton.

Kelso runzelte die Stirn und ging entschlossen zum Hauptgebäude hinüber. Es war schon so spät, daß die Außenbeleuchtung abgeschaltet war. Er wußte, daß Jonas Bright oft nicht schlafen konnte und dann, nachdem alles abgeschlossen war, noch eine Weile im Freien saß, die Nacht genoß und sich seinen Erinnerungen hingab.

Jonas saß auf seinem gewohnten Stuhl. Kelso trat hinter ihn und sagte leise: »Eine wunderbare Nacht.«

Der Kopf des alten Mannes fuhr herum. »Ja. Können Sie auch nicht schlafen?«

Kelso lachte. »Normalerweise schon, bloß heute nicht.« Es dauerte lange, bis er weiterredete. »Weißt du, Paps, dieser Lawton ist schon eine seltsame Type.«

»Wie meinen Sie das?«

»Gestern hörte ich, wie der Bursche mit sich selbst redete. Bei dem ist wohl eine Schraube locker?«

Jonas schwieg so lange, daß Jay schon keine Antwort mehr erwartete. Schließlich sagte der alte Mann: »Ich glaube, der hat im Krieg ziemlich viel abgekriegt. Er hat mal was von Gefangenenlagern und solchen Dingen erwähnt. Sollte mich nicht wundern, wenn er in einer von diesen Klapsmühlen gewesen ist.«

Kelso verbarg nur mit Mühe sein Entzücken. »Ja, das ist ein hartes Los. Mich wollten sie wegen meiner schlechten Zähne nicht nehmen, wissen Sie. Ich habe schon die Dritten, oben wie unten, und nach der Vorschrift muß man mindestens noch acht von den eigenen haben.«

Jonas Bright brummelte irgend etwas. Kelso lenkte das Gespräch auf das Wetter und ging dann langsam zurück. Als er sich außer Hörweite des alten Mannes befand, beschleunigte er seine Schritte.

Welche eine Wendung! Einen Psycho – direkt auf dem Tablett serviert. Er begann sofort zu überlegen, welche Indizien er ausstreuen könnte. Lawton hatte Kraft, also müßte es so aussehen, als ob es ein Muskelpaket getan hätte. Ein paar von ihren Haaren in seinem Zimmer wären schon einmal ein Anfang. Mit der zerfledderten Khakihose von Lawton ließe sich auch etwas machen. Ein kleiner Stoffetzen davon in ihrer toten Hand würde den Eindruck hinterlassen, als hätte es zwischen ihnen einen Kampf gegeben.

Das sollte genügen. Zu viele Indizien wären gar nicht so gut und würden selbst diese Provinzpolizisten stutzig machen.

Er hatte bereits die Hand auf dem Türgriff zu seiner Hütte, als er plötzlich haltmachte. Verdammt, die Gelegenheit war zu günstig, um die Sache noch weiter vor sich herzuschieben. Besser keine kostbaren Stunden vergeuden und gleich Betty Oliver zu der kurzen Zeremonie überreden, die ihn zum rechtmäßigen Erben machen würde.

Mit leisen Schritten ging er zu ihrer Hütte. Nirgends brannte mehr Licht. Er warf einen Blick auf die Leuchtziffern seiner Armbanduhr. Es war kurz nach zwei. Leise klopfte er an.

»Wer ist da?« fragte sie mit kaum vernehmbarer Stimme.

»Ich bin's, Betty. Jay. Ich muß mit dir reden«, raunte er.

»Hat das nicht Zeit bis morgen?«

»Ich bitte dich, Betty. Es ist wichtig. Laß das Licht aus, wenn du öffnest.«

Lange war kein Laut zu hören. Schließlich klickte es, und ihre Tür öffnete sich einen Spalt weit. Er ging hinein und zog sie sanft an sich.

»Oh, Betty«, seufzte er.

»Du hättest nicht kommen sollen«, flüsterte sie.

Ben Lawton wechselte gerade die Dichtungsscheiben in den Wasserhähnen von Hütte 5 aus, als Serena Bright verdrossen mit frischen Bettlaken, Kopfkissenbezügen und Handtüchern hereinkam. Er schaute kurz hoch und sah ihr Gesicht, das von Tränen und Kummer gezeichnet war. Er fühlte, was in ihr vorging und hatte Mitleid mit ihr. Kelso hatte ihr übel mitgespielt, aber das machte die Sache nicht weniger bitter für sie. Ben konnte sich sehr gut vorstellen, wie Serena darunter litt, die Betten in Hütte 11 zu beziehen. Seit zehn Tagen wohnten dort Kelso und seine neue Braut.

Allmählich wird es aber Zeit, daß sie wieder einrastet, dachte er. So konnte es mit dem Mädchen nicht weitergehen. Wenigstens mußte ihr nach dieser Heiratsgeschichte endlich klar sein, mit welcher Sorte von Mann sie sich die ganze Zeit über abgegeben hatte.

Ben grinste, richtete sich auf und sagte: »Na, vielleicht ist sie ihm eine gute Mutter.«

Ein schwaches Lächeln erschien auf Serenas Lippen. »Das dachte ich zuerst auch, Ben. Aber hast du dir das verflixte Weib mal genau angesehen? Sie sieht jetzt fünfzehn Jahre jünger aus. Jetzt weiß ich, was man unter einer ›strahlenden Braut‹ versteht. Ben, warum ging das alles nur so – so unheimlich schnell?«

»Wahrscheinlich hat er einen ihrer Kontoauszüge gesehen.«

»So schlecht ist er nun wirklich nicht, Ben. Irgendwie hat diese Frau Macht über ihn.«

Er legte den Schraubenschlüssel beiseite, wischte sich die Hände an der Hose ab und faßte sie an den Armen.

»Ich habe mit dir noch nie darüber gesprochen, mein Schatz«, sagte er, »und meine Vergangenheit für mich behalten. Ich arbeite hier nur, um einen halbwegs stabilen Geisteszustand zurückzugewinnen. Vor dem Krieg arbeitete ich in einer knallharten Branche in New York und ich war ein erfolgreicher Geschäftsmann. Kelso kommt auch aus der Gegend. Ich habe ihm das schon in der ersten Minute von der Nasenspitze abgelesen. Solche Typen gibt's dort oben im Dutzend zum Sonderpreis. Lauter Amateurhalunken und Trittbrettfahrer.

Man kann sie deswegen nicht einfach verdammen. Sie kommen aus den Elendsvierteln der Großstädte, müssen sich das Geld zum Überleben zusammenstehlen und geraten oft schon mit sechs Jahren auf die schiefe Bahn. Das Leben macht sie hart und selbstsüchtig. Die Gerisseneren von ihnen kleiden sich wie Kinohelden und machen einen recht manierlichen Eindruck. Kelso ist zwar gerissen, aber das veredelt noch lange nicht seinen Charakter. Er handelt eher instinktmäßig, wie ein Tier. Du bist ein liebes, blutjunges Mädchen, Rena. Es wäre jammerschade, wenn du dich einem Typen an den Hals werfen würdest, der das Zartgefühl einer Trüffelsau besitzt.«

»Aber er hat doch gesagt...«

»Serena, er hat dir gesagt, was du hören wolltest. Und wenn ich mich nicht irre, dann will er von beiden Kuchen naschen. Gib acht, was er macht! Bei der nächsten Gelegenheit wird er Süßholz raspeln, um dich bei der Stange zu halten. Wenn er Betty Oliver genug Geld abgeknöpft hat, wird er dich zu überreden versuchen, mit ihm durchzubrennen.«

Ihre Augen blitzten voller Zorn. »Bei mir hat er ausgeraspelt, endgültig!«

»Das ist es, was ich von dir hören wollte, Rena. Ich glaube, du hast die Sache hinter dir und bist noch einmal mit einem blauen Auge davongekommen. Und es war dir eine Lehre. Du bist ein sehr liebes Mädchen, glaub mir.«

Er hielt immer noch ihre Arme, beugte sich vor und küßte sie sanft. Als er sie losließ, fiel sie ihm stürmisch um den Hals. Er löste sich von ihr und legte seine Hände auf ihre Schultern. »Nun mal langsam. Gelegenheit macht Diebe, aber ich will keiner werden.«

Erstaunt sagte sie: »Und die ganze Zeit warst du ihn meiner Nähe, direkt vor meiner Nase!«

»Brems dich! Tränen für Kelso trockne ich nicht. Wenn du kein verweintes Gesicht mehr hast, werden wir feststellen, ob du mich immer noch so toll findest.«

»Ich hör' ja schon auf, Benjamin«, sagte sie schniefend.

»Gut. Willst du irgendwann mal mit mir ausgehen?«

»Klar, Ben. Wann?«

»In genau einem Monat. In Ordnung?«

Sie zog die Brauen hoch. »Du willst mich wohl auf die Folter spannen? Ich kann warten. Also, in genau einem Monat.«

Jay Kelso hatte die Stimmen von Serena und Ben gehört und unbemerkt einen Blick durch die offene Tür der Hütte 5 geworfen. Wütend ging er zur Hütte 11 und fragte sich, ob er schon zu lange gezögert hatte. Bevor er eintrat, setzte er jenes gekünstelte Lächeln auf, das ihm schon längst zur Gewohnheit geworden war. Es fiel ihm schwer, seine Abneigung zu verbergen, als Betty mit ihrem albernen Gegurre auf ihn zuhopste, ihre Arme um seinen Hals schlang und flüsterte: »Oh, mein Hasi, so lange weggewesen.«

»Ja, sicher«, sagte er abwesend, befreite sich von ihren Armen und vermied es, ihrem verletzten Blick zu begegnen. In seinem zweifelhaften Sprachschatz suchte er nach der treffenden Bezeichnung. Bedrückend, das war's. Sie war eine bedrückende Frau. Kein Wunder, daß ihr Mann abgekratzt war. Sie hatte den armen Kerl mit ihrem Zuckerguß erstickt. Wenn sie bloß nicht dauernd versuchen würde, wie ein zwölfjähriges Mädchen zu wirken. Sie machte sich damit nur lächerlich. Dieses ständige Herumgehopse und alberne Geschnatter drehte ihm den Magen um. Es war ihm, als würde er in einen Pfuhl mit zuckersüßem Haferschleim hinuntergezogen.

Und dann diese Kinderklamotten, die sie kaufte. Helle Oberteile, Shorts und Sandalen. Von hinten sah sie, zugegebenermaßen, wie ein junges Mädchen aus, aber von vorne betrachtet machte ihr Gesicht diesen Eindruck schlagartig zunichte. Jede Menge Fältchen und etwa ein halbes Kinn zuviel.

Ja, er mußte sich beeilen, wenn er nicht auch erstickt werden wollte. Ihm war, als hätte er eine Mischung aus Kindergarten, Provinzrevue und Pfadfinderinnenverein geheiratet. Wenigstens war sie mit ihrem Zaster großzügig. Sie hatte ihm gesagt, daß sie bald fortmüsse, um Nachschub zu holen und daß das Geld in einem Schließfach sei. Er hatte ein wenig herumgebohrt, um welchen Betrag es sich bei der Summe handelte, und sie hatte geantwortet, daß sie damit beide für den Rest ihres Lebens in Saus und Braus leben könnten.

Der Seidenanzug, den sie ihm gekauft hatte, war das beste Stück, das er jemals besessen hatte. Wie nach einem stillschweigenden Übereinkommen hatte keiner von ihnen je wieder seine mysteriöse Beschäftigung in Jersey erwähnt. Es war, als wüßte sie ohnehin, daß er gelogen hatte.

Ja, es war wirklich an der Zeit, ein paar ruhige Worte mit Serena zu wecheln und dann den Plan auszuführen. Es wurde ihm plötzlich klar, daß er schreckliche Angst davor hatte, Betty umzubringen. Andererseits war der Lohn der Angst einfach unwiderstehlich.

Ihr Herz besang den neuen Namen. Betty Kelso! Betty Kelso! Sie verglich sich mit einer ehemals kargen Winterlandschaft, in die der Frühling eingekehrt war und den Eispanzer weggeschmolzen hatte.

So war es noch nie gewesen. Sie hatte nicht gewußt, daß sie solcher Gefühle fähig war. Wie sie nur jemals auf den Gedanken hatte kommen können, Jay wäre ein amüsantes kleines Kerlchen? Nein, Jay war der wunderbarste Mann, der ihr je begegnet war. Er war herzlich und zuvorkommend, einfach umwerfend. Sobald sie an ihn dachte, war ihr zum Singen und Tanzen zumute. Seine Anwesenheit machte sie glücklich, und wenn er fortging, war ihre Ruhe dahin.

Ihre Vergangenheit war ein entfernter schlimmer Traum, voll von Dingen, die eine völlig andere Person getan hatte. Dieser Teil ihres Lebens war endgültig abgeschlossen. Sie fragte sich, ob das Schicksal sie bisher verschont hatte, um ihr dieses übergroße Glück zu schenken.

Gerade bei diesem Gedanken überkam sie eine merkwürdige Furcht. Schließlich hatte sie sich an der Gesellschaft, der Moral und den Geboten der Kirche versündigt. Nun befürchtete sie, daß zur Vergeltung ihr neues Glück in die Brüche gehen könnte.

Nein, es durfte nicht sein. Sie und Jay waren die glücklichsten Menschen unter der Sonne. Sie hatte ihre Spuren zu sorgfältig verwischt, um irgendwelche Verfolger fürchten zu müssen, selbst wenn man sie mit einem ihrer Morde in Verbindung bringen sollte.

Es konnte gar nichts schiefgehen, denn sie fühlte sich so lebendig und voller Wärme wie nie zuvor und bedauerte nur, daß sie Jay Kelso nicht vor Albert Gordon kennengelernt hatte. Sie schmunzelte. Es war schon etwas verrückt. Als sie Albert Gordon geheiratet hatte, war Jay Kelso höchstens vier Jahre alt gewesen, doch der Altersunterschied besagte überhaupt nichts. Sie fühlte sich sogar jünger als Jay und sie wußte, daß die neue Liebe ihr diese Jugend bewahren würde. Sie ging zur Hütte 11, blickte die leicht abschüssige Straße hinunter und sah Serena dort stehen. Sie lächelte und dachte daran, wie er noch mit Serena ausgegangen war, bevor sie, Betty, gekommen war. Nun wußte Jay, welch ein Narr er gewesen war.

Am Vortag hatte das ältere Ehepaar die Hütte 7 verlassen. Das Mädchen ging mit einem Stapel frischer Bettwäsche hinein. Jay war zum Hauptgebäude gegangen, um bei dem Mädchen an der Rezeption Zigaretten zu kaufen. Sie sah, wie er langsam die Straße zurückschlenderte, und wie immer, wenn sie ihn nach kurzer Abwesenheit wiedersah, fing ihr Herz an zu pochen.

Sie ging von der Tür weg, um ihn unbemerkt beobachten zu können. Sie wollte ihn einmal ganz nüchtern betrachten, um zu sehen, was sie an ihm so faszinierte. Sie blickte durch die Jalousie und sah ihn näher und näher kommen.

Gleich würde er sie in seinen Armen halten.

Er hielt inne und schaute in ihre Richtung, obwohl er sie natürlich nicht sehen konnte und lenkte seine Schritte zur Hütte 7. Sie runzelte die Stirn, doch dann fiel ihr ein, daß er dem Mädchen vielleicht nur einige Anweisungen geben wollte. Dennoch erwachte in ihr eine tief verwurzelte Eifersucht. Qualvolle Sekunden verstrichen. Schließlich hielt sie es nicht länger aus und schlich sich katzenhaft zur Hütte 7. Die Tür stand offen.

Sie preßte sich mit dem Rücken in der Nähe der Tür flach an die Außenwand der Hütte und lauschte.

»Laß mich zufrieden!« sagte Serena Bright mit gedämpfter und unruhiger Stimme, als müßte sie sich Kelso vom Leibe halten.

»Nun hör mir doch erst einmal zu, Serena, Liebling!«

»Sag, was du zu sagen hast.« Ihre Stimme klang völlig teilnahmslos.

»Ich habe einen Fehler begangen, Serena. Ich weiß auch nicht, was mit mir los war. Diese Frau ist einfach schrecklich. Ich kann sie nicht mehr ausstehen. Ich liebe nur dich, Serena. Ich hätte es von Anfang an wissen müssen. Bitte, verurteile mich nicht wegen dieses einen Fehlers. Verzeih mir.«

»Bist du fertig?« sagte Serena tonlos.

»Sei nicht so hart zu mir, Liebling. Bald bin ich sie los, glaub mir. Ich werde schon einen Weg finden. Du bist das einzige Mädchen, das ich wirklich liebe. Wenn ich frei bin, werden wir heiraten. Einverstanden?«

Betty Kelso entfernte sich, ging mit mechanischen Schritten zur Hütte 11 zurück und schloß die Tür hinter sich. Ein funkelndes, präzises Räderwerk in ihrem Unterbewußtsein, das vor wenigen Wochen zum Stillstand gekommen war, hatte sich wieder in Bewegung gesetzte. Während es in Ruhe gewesen war, hatte sie sich auf allerlei alberne Mätzchen eingelassen. Sie hatte sich zum Narren halten lassen und obendrein dieses starke Gefühl der Macht verloren, jener Macht über den Tod, mit der sie sich wie eine Göttin gefühlt hatte.

Nun war der Mechanismus wieder erwacht und bewegte sich zunächst träge, dann schneller, bis er schließlich so geschmeidig wie früher funktionierte.

Wie war sie nur auf den verrückten Gedanken gekommen, Kelso, diesen Kindskopf von einem Mann, für charmant und attraktiv zu halten? Sie errötete, als sie daran dachte, was sie alles zu ihm gesagt und wie sie sich benommen hatte. Damit war nun Schluß. Sie hatte wieder einen klaren Kopf und dachte an den Tod. Niemand hier kannte weder sie noch ihre Heimatadresse. Ihre Beschreibung würde auf zehn Millionen Frauen zutreffen.

Kelso hatte ihr das Autofahren beigebracht. Das beste wäre wohl, ihn schnell zu töten, mit dem Wagen eine größere

Strecke zurückzulegen, ihn dann stehenzulassen, die Spuren zu verwischen und eine neue Existenz aufzubauen. Idaho wäre nicht übel. Sie hatte noch nie dort gelebt.

Ja, das müßte sich alles schnell erledigen lassen. In diesem Fall war auch der Aufwand absolut gerechtfertigt. Diesmal würde sie rücksichtslos vorgehen und ihn im Sterben wissen lassen, warum er starb. Nun war wieder alles gut. Sehr, sehr gut.

Jay Kelso griff in seine Tasche, und seine Fingerspitzen berührten einen kleinen Fetzen Khakistoff, der zu den ausgefransten Shorts von Lawton paßte wie ein Teil eines Puzzles.

Serena hatte es ihm nicht leicht gemacht. Sie war kalt, reserviert und voller Verachtung für ihn gewesen. Allerdings dürfte es nicht so schwierig sein, sie wieder auf seine Seite zu ziehen, wenn erst einmal Betty und Lawton aus dem Weg geräumt wären. Er stellte sich vor, wie gut Serena in den Kleidern der besten New Yorker Geschäfte aussehen würde, die in Miami einige Filialen hatten. Ein Mädchen, auf das man stolz sein konnte.

Er ging in die Hütte, und Betty kam auf ihn zugetrippelt. Sie legte ihre Arme um seinen Hals und flüsterte: »Betty Sehnsucht haben nach dir.«

»Ich auch«, antwortete er sanft.

Als er aber wenige Minuten später in ihre Augen blickte, fragte er sich, ob etwas nicht stimmte. Ihre lilafarbenen Augen besaßen nicht mehr jene tiefe Wärme. Sie erschienen ihm irgendwie – gebrochen.

Mit einem Achselzucken wischte er den Eindruck beiseite. Vielleicht war alles nur Einbildung, weil er sie sich schon so oft als Leiche vorgestellt hatte. Wenn er daran dachte, sie umzubringen, wurden seine Handflächen feucht, und er spürte ein seltsames Prickeln im Nacken.

Es mußte noch in dieser Nacht geschehen. Der Plan war perfekt und alles war bereit. Ohne jedes Geräusch würde er sie umbringen und dann laut schreiend zu dem alten Mann hinunterlaufen. Er würde ihm sagen, er hätte keinen Schlaf gefunden, noch einen Spaziergang gemacht und bei seiner

Rückkehr gesehen, wie Lawton die Hütte verließ. In der Hütte hätte er dann die Leiche seiner Frau entdeckt.

Den Rest würde die Polizei besorgen.

Acht Uhr. Noch vier Stunden. Betty saß vor dem Toilettentisch, und er stand hinter ihr, die Hände auf ihren Schultern und betrachtete ihr Gesicht im Spiegel. Sie manikürte ihre Fingernägel mit einer langen, kräftigen Feile mit Plastikgriff.

Er spürte, daß sie ihn ansah und blickte in den Spiegel. Merkwürdig, sie schien geradewegs auf einen Punkt unterhalb seiner Kehle zu starren. Sie lächelte mit dem warmen, zufriedenen Gesichtsausdruck einer verliebten Ehefrau. Sie ging mit der Nagelfeile recht energisch um, und ein scharfes, zischendes Geräusch zerschnitt die Stille im Zimmer. Er nahm seine rechte Hand von ihrer Schulter und befühlte mit den Fingerkuppen die Stelle unterhalb seiner Kehle.

»Nach dem Essen gehen wir gleich wieder zurück und verbringen einen wunderbaren Abend zusammen, nur wir zwei«, sagte er ruhig.

»Mein großer Liebhaber spricht seiner Betty aus dem Herzen«, gurrte sie.

Er verbarg den Widerwillen, den er bei ihrem Babygeplapper empfand, lächelte sie an und betrachtete dabei ihr Gesicht und den schlanken Hals. Sie hatte feine Züge. Leider würden sie bald etwas in Unordnung geraten. Schließlich sollte der Mord aussehen, als sei er von einem kräftigen Mann verübt worden...

Er bewegte seinen Arm mit äußerster Vorsicht, bis er die Leuchtziffern seiner Armbanduhr sehen konnte. Es war Mitternacht. Fahles Mondlicht fiel ins Zimmer, so daß er gerade noch die Umrisse des Stuhles erkannte, auf dem er seine Kleidung abgelegt hatte. Neben sich hörte er das tiefe und regelmäßige Atmen von Betty.

Er hatte nicht gerade die besten Nerven. Es schien sehr kalt zu sein, und er zitterte. Es mußte dennoch getan werden. Er machte sich Mut, indem er an Serena dachte, wie sie im hellen Sonnenschein spazierenging. Er stützte sich auf den Ellbogen und betrachtete Betty. Für einen Moment hatte er den Eindruck, als spiegelte sich das schwache Licht auf ihren Augen. Unmöglich, sie schlief.

Vorsichtig bewegte er seine Hände, bis die Finger nur noch wenige Zentimeter von ihrem Hals entfernt waren. Er spannte seine Muskeln aufs äußerste und drückte mit einer blitzschnellen Bewegung zu. Seine Finger gruben sich tief in das weiche Fleisch.

Ihre Gegenwehr erwachte mit unglaublicher Kraft und so schnell, daß er darüber erschrak. Eine Hand rutschte ab, aber er konnte sie wieder um den Hals schließen und mit seinen kräftigen Daumen ihre Kehle zudrücken. Sie wehrte sich so heftig, daß sie beide vom Bett fielen. Ein stechender, brennender Schmerz durchfuhr seine Schulter.

Sie befanden sich genau in dem Lichtkegel, der durch das Fenster ins Zimmer drang. Er lag unter ihr, schnappte nach Luft und hielt sie mit starr ausgestreckten Armen hoch über sich. Er spürte einen neuen Schmerz, diesmal in seinem rechten Arm. Als ihre wild fuchtelnde Hand für einen Augenblick innehielt, sah er im Mondlicht die Nagelfeile in ihrer Faust blitzen.

Die plötzliche Furcht verlieh ihm ungeheure Kraft. Licht fiel auf ihr Gesicht, auf die weit aufgerissenen und hervortretenden Augen und auf ihre Lippen, die sich bewegten, als wollten sie noch etwas sagen.

Allmählich erlosch ihr Widerstand und irgend etwas gab unter dem Druck seiner Daumen nach. Die Nagelfeile fiel scheppernd auf den Holzboden. Als ihre Arme schlaff herabhingen, ließ er sie neben sich aufs Bett gleiten. Von panischer Angst getrieben, jagte er die Faust in ihr Gesicht, immer wieder und wieder. Er war einigermaßen erleichtert, daß ihr Gesicht im Schatten lag. Das Geräusch seiner Faustschläge klang naß und schwer.

Fröstelnd stand er auf. Ihre Beine lagen regungslos im Mondlicht. Schweißperlen liefen an seiner Haut herab und noch etwas anderes, das Blut von den beiden Stichwunden.

Das konnte gefährlich werden. Schnell schloß er die Jalousien und leuchtete den Boden mit einer Taschenlampe ab. Er vermied es, sie auf Betty zu richten. Aus dem Badezimmer holte er sich etwas Toilettenpapier, feuchtete es an und wischte damit die Blutstropfen auf. Er wusch auch die Nagelfeile, trocknete sie ab und legte sie auf Bettys Toilettentisch.

Die Zeit raste dahin. So schnell er konnte, zog er sich an und spürte einen plötzlichen Brechreiz in sich hochsteigen, als er den Fetzen Khakistoff in ihre Hand zwängte, die bereits erkaltete.

Einen Moment lang stand er still und sah sich um, ob er etwas übersehen hatte. Nein, er hatte ja Haare aus ihrem Kamm genommen und sie in Lawtons Zimmer versteckt, als er vor drei Tagen dort eingedrungen war, um sich den Fetzen von seinen Shorts zu besorgen.

Und noch eine Sache. In seiner Situation war es selbstverständlich, daß er das Licht in der Hütte anschaltete. Er tat es, ließ die Tür hinter sich offen und rannte laut schreiend den Weg hinunter.

»Hilfe!« brüllte er heiser. »Mord!« Noch während er rannte, fragte er sich, warum sie mit der Nagelfeile im Bett gelegen hatte. War es möglich, daß sie selbst...? Nein, das war zu abwegig.

Die Untersuchungen der Polizei schienen ganz nach Wunsch zu verlaufen. Jay Kelso saß an einem der runden Tische beim Trinkwasserbrunnen.

Neben den Zapfsäulen parkten zwei Polizeiautos. Die diensthabenden Beamten waren in Hütte 11 mit der Untersuchung beschäftigt.

»Warum haben sie Lawton noch nicht festgenommen?« fragte Kelso ärgerlich einen Mann, der bei ihm vorbeikam.

»Wenn sie es nicht schon getan haben, dann wird es wohl bald soweit sein«, antwortete der Mann mit düsterer Stimme.

Endlich hörte er Schritte auf dem Kies knirschen. Ein großer Beamter kam herein und rief über seine Schulter zurück: »Es gibt nichts mehr zu sehen. Sie können alle wieder in Ihre Hütten zurückkehren.«

»Haben Sie ihn schon geschnappt?« fragte Kelso drängend.

»Wir wissen, wo er sich aufhält. Ich wollte mich gerade

noch einmal mit Ihnen über die Identifizierung unterhalten. Sie sagten, daß Sie nach einem kurzen Spaziergang zur Hütte zurückkehrten und die offene Tür bemerkten.«

»Das ist richtig«, sagte Jay. »Es überraschte mich, und so blieb ich stehen. Ich stand im Dunkeln, aber das Mondlicht fiel genau auf die Tür. Lawton kam heraus, und er sah irgendwie ziemlich geschafft aus. Ich erkannte sein Gesicht sofort. Er trug seine zerschlissenen alten Arbeitsshorts. Ein paar Sekunden blieb er so stehen, als ob er auf etwas lauschte. Dann verschwand er in der Dunkelheit. Das beunruhigte mich, weil er sich in letzter Zeit überhaupt sehr komisch benommen hatte. Sprach zu sich selbst und so – ich habe vor einer Woche sogar mit Mr. Bright darüber gesprochen. Lawton ist einmal geisteskrank gewesen. Das ist eine schlichte Tatsache.«

Der Beamte gähnte unverhohlen und sagte: »Schön, Mr. Kelso, wenn Sie sich Ihre Geschichte mit der Identifizierung noch einmal überlegen, dann lösen wir den Fall so sauber und ordentlich wie ein hübsch verpacktes Weihnachtsgeschenk.«

Jay täuschte Entrüstung vor. »Ich sage Ihnen doch, ich habe ihn gesehen, wie ich jetzt Sie vor mir sehe. Da gibt es gar keinen Zweifel.« Heimliche Vorfreude verdrängte nun die Angst, die er vorher gespürt hatte.

Der Beamte drehte sich in seinem Stuhl um, sah den alten Mann hinter sich an und sagte: »Jonas, geben Sie mir doch bitte noch einmal den Wisch, den Sie mir vorhin gezeigt haben.«

Ohne Kelso eines Blickes zu würdigen, schlurfte Jonas Bright zu dem Beamten und übergab ihm ein zusammengefaltetes gelbes Blatt Papier.

Der Beamte faltete es auf. Seine Lippen bewegten sich, während er die Worte las. Dann schob er es auf dem Tisch zu Jay Kelso hinüber. »Ja, Sir, ich glaube, diese einwandfreie Identifizierung schließt den Fall ab.«

Als Jay das Telegramm las, lief es ihm eiskalt über den Rükken.

SEI NICHT BÖSE, VATER. ES WAR MEINE UND NICHT BENS IDEE. DIE HÜTTEN KÖNNEN FÜR EIN PAAR TAGE AUCH OHNE UNS AUSKOMMEN. WENN ICH ZURÜCKKOMME, WERDE ICH MRS. LAWTON HEISSEN. WIR SIND GEGEN MITTERNACHT HIER IN DAYTONA ANGEKOMMEN. IN LIEBE, DEINE SERENA.

Jay versuchte zu sprechen, aber er brachte nur einen kläglichen Laut hervor. »Dunkel, bloß der Mondschein. Wenigstens sah er Lawton ähnlich. Sie glauben doch nicht etwa, ich hätte – daß ich…«

Der Beamte öffnete seine mächtige Hand und legte einen Fetzen Khakistoff auf den Tisch.

Jay Kelso hatte fast seinen Wagen erreicht, als die Kugel sein Knie zerschmetterte.

Johnnys Flucht

Als der Morgen graute, erhob er sich mit der Geschmeidigkeit einer Raubkatze. Er hatte in einer Sandmulde zwischen zwei Felsblöcken auf dem Bauch gelegen und spürte nun die schmerzhafte Druckstelle des Revolvers, der in seinem Hosenbund steckte.

Sie konnten ihn bereits entdeckt haben und ihm auflauern. Er legte die Hand um den kalten Stahl und spannte den Hahn. Dann rannte er so urplötzlich und pfeilschnell los, daß in der Nähe Vögel krächzten und erschreckt davonflogen.

Er trank aus einem Bach am Fuß des Abhangs und schlich dann wieder auf die Anhöhe zurück. Auf den letzten paar Metern preßte er sich flach gegen den Boden, schob sich auf dem Bauch weiter vorwärts und teilte schließlich mit den Händen vorsichtig das trockene Gras vor seinen Augen. Er blieb regungslos liegen und blinzelte mit seinen hellen Augen in die Strahlen der aufgehenden Sonne. Aus seinem Gesicht sprach die geballte Entschlußkraft eines Mannes, der an der Schwelle zum Tod steht und um jeden Preis überleben will.

Die wulstigen Lippen und herabgezogenen Mundwinkel gaben seinem scharf geschnittenen Gesicht ein bösartiges Aussehen. Er machte einen etwas schlaksigen Eindruck, aber der Eindruck täuschte. Jede Bewegung seiner stahlharten Muskeln hatte etwas Endgültiges an sich. Auf dem Rükken seines zerrissenen grauen Baumwollhemdes war eine Nummernfolge eingenäht. Er sah kaum älter aus als dreißig, doch sein Stoppelbart wies bereits einige graue Stellen auf.

Als die Sonne schließlich hoch genug stand, fielen ihre Strahlen auf die weiße Lackierung der Polizeiautos. Sie hatten die Straßensperre genau dort errichtet, wo er sie vermutet hatte. Mit ein wenig mehr Glück wäre er über alle Berge gewesen, bevor sie die Gegend abriegeln konnten. Autos hielten an, wurden kontrolliert und fuhren weiter. Aus dieser Entfernung schien es, als würden sie kriechen.

Die Alarmsirenen hatten zu früh losgeheult, und so war ihm der Fluchtweg abgeschnitten worden und er hatte sich einen Weg durch die Sümpfe bahnen müssen. Der schwarze Schlamm auf seiner Hose war zu einem schmutzigen Grau getrocknet.

Eine Zeitlang sah er dem Treiben an der Straßensperre gelassen zu, aber plötzlich verengten sich seine Augen zu schmalen Schlitzen, als er auf etwa halber Entfernung zwischen sich und der Hauptstraße eine Bewegung bemerkte. Die Sonne fiel ihm direkt in die Augen. Dann sah er die Gruppe von Männern, die auf den Hügel zukam. Fluchend ließ er sich zurückgleiten und lief in gebückter Haltung auf die Sümpfe zu, um dort Schutz zu suchen. Sein Verhalten verriet Unentschlossenheit. Er war wie ein Käfer in einer Flasche, und sie waren dabei, die Flasche mit einem Korken zu verschließen.

Er dachte an die Möglichkeit, ihnen aufzulauern und sich freizuschießen und blieb stehen. Allerdings gab es im Tal einige offene Flächen, und er hatte ihre Gewehrläufe im Licht blinken gesehen. Ihm wurde ganz übel bei dem Gedanken, daß eine Gewehrkugel ihn treffen könnte, und er vergaß sogar den Hunger, der ihn schon seit vierundzwanzig Stunden quälte. Es blieb ihm keine andere Wahl. Seine Hinrichtung sollte in einem Monat und drei Tagen stattfinden, und die Regierung wollte diese Verabredung einhalten.

Er wußte zwar, daß es gefährlich war, doch irgend etwas trieb ihn an den Rand der Sümpfe, dorthin, wo die Hauptstraße vorbeiführte.

Es dauerte nicht lange, bis er die ersten Autos hörte, und ein paar Meter weiter sah er ihre Chromleisten im Sonnenlicht aufblitzen. Mit einem Auto war es vielleicht möglich, sich durch die Straßensperre hindurchzumogeln.

Wie aber sollte er einen Wagen anhalten, wenn vermutlich schon jeder Fahrer wußte, daß sich in dieser Gegend ein entflohener Mörder versteckte? Er überlegte fieberhaft, wie er eines der Autos stoppen könnte. Wenn sie nur nicht so schnell vorbeifahren würden. Vielleicht hätte er an einer Steigung eine größere Chance. Er lief wieder schneller und achtete dabei auf jedes Geräusch, daß ihm die Nähe des Polizeiaufgebots verraten würde.

Eine halbe Meile weiter bog die Straße von den Sümpfen weg und führte einen steilen Hügel hinauf. Er verbarg sich im Gebüsch und horchte, bis er weit und breit kein Auto mehr kommen hörte. So schnell er konnte, überquerte er die Straße, sprang in das Dickicht auf der anderen Seite und fing die Wucht des Sturzes ab, indem er sich geschickt abrollen ließ. Immer noch kein Zeichen von seinen Verfolgern!

Nach einer Weile vernahm er in weiter Entfernung zwei Schreie und vermutete, daß sich die Polizisten Anweisungen zuriefen. Der Weg den Hügel hinauf war äußerst beschwerlich. Das Unterholz war längst nicht mehr so dicht, und zweimal mußte er sogar offene Flächen überqueren. Einmal war er gerade noch in Deckung gegangen, als genau über ihm ein Suchflugzeug auftauchte. Er fluchte leise; schließlich flog es in Richtung der Sümpfe davon.

Glücklicherweise war das Gebüsch am Rand der Straße am steilsten Teil der Steigung besonders dicht. Die Morgensonne brannte heiß auf ihn herab, und das dünne, naßgeschwitzte Hemd klebte an seinem Körper. Immer mehr Pferdebremsen rückten ihm zu Leibe.

Er legte sich flach auf den Bauch und beobachtete die Straße. Von hier aus sah der Hügel gar nicht so steil aus. Die Autos schienen kaum langsamer zu fahren. Ein roter Lastwagen quälte sich die Steigung hinauf. Die Spannung in ihm wuchs, doch dann sah er den Beifahrer. Zuviel Risiko. Danach kamen zwei jüngere Frauen in einem alten Kabriolett, das immer langsamer wurde. Er hatte bereits die Pistole gezogen, als die Fahrerin herunterschaltete und der Wagen wieder beschleunigte.

Er fragte sich, wie lange es wohl noch dauern würde, bis das Polizeiaufgebot den Hügel erreicht hätte. Wahrscheinlich nicht einmal bis zum Nachmittag.

Die Sonne stand hoch, als er den Wagen sah. Er wußte sofort, daß dieser der richtige war, eine altersschwache Limousine. Ungefähr fünfzig Meter von seinem Versteck entfernt zweigte ein selten befahrener Weg von der Hauptstraße ab.

Nichts würde seinen Plan mehr durchkreuzen können, außer einem Wagen, der diesen überholte oder zum falschen Zeitpunkt aus der Gegenrichtung käme. Er versuchte, neben dem Geräusch des herannahenden Wagens noch andere Motoren zu hören, aber es blieb still.

Der Wagen hatte bereits einen Teil der Steigung bewältigt, als der Fahrer herunterschaltete. Wie der Beobachter voller Spannung erwartet hatte, fuhr der Wagen jetzt sehr langsam weiter.

Er nahm eine gebückte Haltung ein und lauerte wie ein Sprinter kurz vor dem Startschuß. Als der Wagen direkt vor ihm war, schnellte er hoch, lief drei Schritte mit ihm auf gleicher Höhe und sprang dann aufs Trittbrett. Er beugte sich über die Frau und hielt den Revolver an die Schläfe des Fahrers, der ihn mit weit aufgerissenen Augen ansah.

»Wenn ihr tut, was ich sage, wird euch nichts geschehen. Biegen Sie da vorn rechts ab!« befahl der Sträfling.

Auf dem holprigen Weg schwankte das Auto heftig hin und her und streifte mit dem Wagenboden das Gras. Als sie sich weit genug von der Hauptstraße entfernt hatten, um von vorbeifahrenden Autos aus nicht bemerkt zu werden, sah der Fahrer wieder zu ihm herüber. »Halten Sie hier«, sagte der Sträfling.

Die zwei strohblonden Kinder, die zwischen dem Gepäck auf der Rückbank saßen, starrten ihn mit ihren blauen Augen an. Das Mädchen war ungefähr drei oder vier Jahre alt, der Junge etwa neun. Sie sahen ihrer Mutter sehr ähnlich, die völlig verstört mit einem Baby auf dem Arm auf dem Beifahrersitz saß. Sie machte einen sehr abgehärmten Eindruck.

»Sie bleiben hier sitzen und passen auf die Kinder auf«, sagte er zu ihr, »sonst sehen Sie Ihren Mann nicht wieder. Und Sie kommt jetzt mit.«

Er schob den Mann mit seinem Revolver vor sich her und führte ihn ins Gebüsch. Als sie außer Sichtweite waren, stellte er ihm ein Bein und stieß ihn zu Boden. Der Fahrer war zwar bedeutend größer als der Sträfling, aber der Schock und die Angst ließen ihn am ganzen Körper zittern.

»Jetzt die Klamotten runter«, befahl der Entflohene.

Mit zittrigen Händen öffnete er sein Hemd, ein blaues Arbeitshemd mit schweißnassen Armbeugen. Die Kleider lagen auf einem Haufen, und der Mann kauerte bibbernd auf dem von Fichtennadeln übersäten Boden. Einen Augenblick lang hatte er eine Chance, um Hilfe zu rufen, aber er nutzte sie nicht.

Nur das Summen der Insekten war noch zu hören, nachdem der schwere Lauf des Revolvers seine Stirn getroffen hatte. Immer wieder schlug er auf den Schädel seines Opfers ein. Es geschah wie im Rausch; Knochen splitterten, und ihm wurde rot vor den Augen. Schließlich erhob er sich und sah auf den toten Fahrer herab. Von der Hauptstraße drang Motorengeräusch an seine Ohren.

Nachdem er den Gürtel enger geschnallt hatte, paßten ihm die Sachen recht gut. Die speckige Brieftasche enthielt dreiunddreißig Dollar und einen Gewerkschaftsausweis, auf dem Name und Beruf des Besitzers eingestanzt waren: Andrew Robelan, Mechaniker. Mit einer Handvoll Laub wischte er das Blut vom Lauf des Revolvers und ging zum Wagen zurück. Die Frau saß immer noch unverändert auf ihrem Platz.

Er setzte sich hinter das Steuer und ließ den Wagen an.

»Wo ist er? Was haben Sie mit ihm gemacht?«

»Ich habe ihn gefesselt. Es geht ihm gut.«

Er beugte sich zu ihr hinüber, entriß ihr das Baby und legte es zwischen sie, mit dem Kopf in der Nähe des Schaltknüppels. Es schlief.

Der Motor dröhnte immer lauter. Er schrie der Frau zu: »Eine falsche Bewegung von euch und ich werde...«

Er hielt seine geballte Faust über den Kopf des Kindes. Sie nickte und biß sich vor Angst in die Unterlippe.

Er fuhr den Wagen im Rückwärtsgang auf die Hauptstraße, legte einen niedrigen Gang ein und kroch den Rest der Steigung hoch. Das kleine Mädchen auf der Rückbank begann zu schluchzen. Die Frau wandte sich um und streichelte ihm über den Kopf. Er unterbrach sie mit barschen

Worten, doch ihr Blick ruhte unverändert auf den beiden Kindern im Fond des Wagens. Als er zu ihr hinübersah, bemerkte er, daß sich ihre Lippen bewegten, und er fragte sich, ob sie ein stummes Gebet sprach. Beten würde ihr jetzt auch nicht mehr helfen. Zumindest, was ihren Mann betraf.

Sie hatten die Straßensperre etwa eine halbe Meile vom Fuß des Hügels entfernt, in der Ebene, errichtet. Als er mit dem Fuß vom Gaspedal auf die Bremse ging, sagte er: »Keinen Mucksér, Schwester. Wenn sie Fragen stellen, werde nur ich reden.«

Er brachte den Wagen zum Stehen, und zwei Beamte mit mürrischen Gesichtern traten heran, auf jeder Seite einer.

Auf ihre Fragen antwortete er ruhig, fast gelangweilt. »Ich heiße Andrew Robelan und bin Mechaniker. Wir sind auf dem Weg nach Florida.« Sie verlangten nach Ausweispapieren, und er zeigte ihnen den Gewerkschaftsausweis. Er hielt sie in der linken Hand. Unter seinem Sitz lag der Revolver griffbereit. Die rechte Hand ruhte auf seinem Oberschenkel und war nur Zentimeter vom Kopf des schlafenden Babys entfernt.

Die Beamten winkten sie durch. Vor lauter Freude hätte er fast losgelacht. Das Schnattern des alten Motors klang in seinen Ohren wie eine Siegesfanfare. Er spürte eine übermenschliche Kraft und Größe in sich. Die Straße vor ihm war frei.

Sie betete wieder.

Die Schnellstraße war jetzt dreispurig. Plötzlich explodierte die Welt um ihn herum in einen orangeroten Feuerball, der sich in dunkle Flammen und fahles Licht auflöste. Es wurde ihm gerade noch bewußt, daß er vornübersank und sie nach dem Steuerrad griff. Er wollte sich wieder aufrichten, doch der zweite Hieb schleuderte ihn ins namenlose Dunkel zurück.

Der Abend dämmerte, als er wieder zu sich kam. Er lag auf einer Pritsche, und seine Hände waren hinter dem Kopf verschränkt. Er wollte sie bewegen und stellte fest, daß sie mit Handschellen an eine Wasserleitung gefesselt waren, die an der Wand herabführte. Durch das metallische Rasseln aufmerksam geworden, kam ein hünenhafter Polizist in die Zelle. Er knipste das Licht an und sah mit einem Blick, der sowohl Befriedigung als auch Verachtung verriet, auf ihn herab.

»Du hältst also deine Verabredung ein, Johnny«, sagte er.

Johnny fluchte, als er den grinsenden Beamten sah. Mitten in seiner Haßtirade hielt er jedoch inne.

»Was ist passiert?« fragte er. »Was ist schiefgegangen?«

»Du warst nicht neugierig genug, Johnny. Zu wenig Mißtrauen. Dein Plan war perfekt, und wir standen ziemlich dumm da, aber die harmlose Mrs. Robelan war eine Nummer zu groß für dich.«

»Das versteh' ich nicht.«

»Ich will es dir erklären, aber paß auf, daß dir die Gesichtszüge nicht entgleisen. Sie bekommt die Belohnung, das weißt du wohl. Wenn du genauer auf sie geachtet hättest, dann wäre dir nicht entgangen, daß sie dem Jungen gesagt hat, er solle dir mit dem Schraubenschlüssel, der hinten auf dem Boden lag, eins über den Schädel ziehen.«

»Sie hat ihre Klappe nicht einmal aufgemacht«, schnappte er.

»Aber sicher, Johnny. Sie hat.«

Plötzlich fiel es Johnny wie Schuppen von den Augen. Es dröhnte in seinen Ohren, als er die Erklärung des Beamten hörte.

»Nun, die Frau, das Baby und das kleine Mädchen sind völlig gesund, aber der Junge und ihr Mann sind taubstumm. Sie können aber beide von den Lippen lesen. Sie hat dem Jungen gesagt, daß er ohne jedes Geräusch auf dich einschlagen soll.«

Johnny drehte sein Gesicht zur Wand.